Modified Grounded Theory Approach

質的研究と記述の厚み

M-GTA・事例・エスノグラフィー

木下康仁 著

弘文堂

質的研究と記述の厚み

M-GTA・事例・エスノグラフィー

［目次］

序　章

記述の厚みの実践

本書の構成と読者の想定……014
何気なく読める、と、何気なく読ませる……016
記述の厚みについて……018
本書の読み方──ここは重要です！……020
第1章　作品・M-GTA　「老夫、老妻ヲ介護ス」について　020
第2章　作品・事例
　　　「ソレントへ──Mrs. A 最後の日々」について　028
第3章　作品・エスノグラフィー
　　　『スウェーデン思索の旅──成熟社会と高齢者ケア』について　036

第1章

作品・M-GTA
老夫、老妻ヲ介護ス

第1節　はじめに……048
第2節　介護日課の構造化……053
2-1　介護合わせの生活リズムと介護者スキルの蓄積　056
2-1-1　直接的介護行為と介護上の困難　062
◎直接的介護行為：
◎介護上の困難：
2-1-2　妻行為の確保、必要行為の合理的工夫、
介護関連記録化と健康トレードオフ　065
◎妻行為の確保：
◎必要行為の合理的工夫：
◎介護関連記録化：
◎健康トレードオフ：
2-1-3　自分のための行動と介護のための中断　071
◎自分のための行動：
◎介護のための中断：

2-1-4　予測対応と予期せぬ失敗　　　　　　　074
　　　　　◎予測対応：
　　　　　◎予期せぬ失敗：
　　2-1-5　外部限定支援と応援親族欠如　　　　076
　　　　　◎外部限定支援：
　　　　　◎応援親族欠如：
　2-2　サービス合わせの生活リズムと介護者スキルの蓄積　　　　078
　　2-2-1　サービス独自指定と介護保険への不満、ヘルパー・ナース関係不安定　　　086
　　　　　◎サービス独自指定：
　　　　　◎介護保険制度への不満：
　　　　　◎ヘルパー・ナースとの関係不安定：
　　2-2-2　妻不在時の心配　　　　092
　　2-2-3　自身も介護保険　　　　094
　2-3　介護者スキルの蓄積　　　　095
　　2-3-1　妻の発病による生活混乱と"それからですね"　　　095
　　　　　◎"それからですね"：
　　2-3-2　経験ナシからの出発と家事経験アリ　　　098
　　　　　◎経験ナシからの出発：
　　　　　◎家事経験アリ：

第3節　改めて夫婦であること……………102
　3-1　要介護妻の受容困難　　　　103
　3-2　妻を慮ると妻への思い　　　104
　　　　　◎妻を慮る：
　　　　　◎妻への思い：
　3-3　愛情文脈化　　　　109

第4節　砂時計の時間感覚……………117
　　　　　◎施設入所へのためらい：
　　　　　◎やり残し願望：

第5節　分析結果の実践的活用に向けて……………123
　　　　　◎コアのカテゴリー関係からみると：
　　　　　◎【介護日課の構造化】からみると……：
　　　　　◎〈介護合わせの生活リズム〉と〈介護者スキルの蓄積〉との関係……：
　　　　　◎〈サービス合わせの生活リズム〉と〈介護者スキルの蓄積〉との関係……：
　　　　　◎【改めて夫婦であること】からみると……：
　　　　　◎【砂時計の時間感覚】からみると…：

第 2 章

作品・事例　ソレントへ
──Mrs. A、最後の日々　131

- 第1節　はじめに……132
- 第2節　ソレントの街……134
- 第3節　ソレントでのMrs. A……135
- 第4節　不本意な転居……138
- 第5節　心身分離……139
- 第6節　ホステルでのMrs. A……142
- 第7節　人格の老衰……143
- 第8節　ホステルに戻る……146
- 第9節　最後の日々……148
- 第10節　葬儀……150
- 第11節　ソレントへ……152

第 3 章

作品・エスノグラフィー　スウェーデン思索の旅　155
──成熟社会と高齢者ケア

- 第1節　はじめに……156
- 第2節　高齢者ケアの現実……158
  - 2-1　ベアナドッテゴー　158
  - 2-2　"It doesn't work!"　163
  - 2-3　モーテンスルンドとヘルパーたち　169
- **点描1**　初冬ルンド　175
  - 2-4　ルンド市のイブニング・パトロール　182
    ◎小さな浮き島と生活の土着性

　　　　　　　　　◎在宅の試験期間
　　　　　　　　　◎どこまでも本人の意思
　　　　　　　　　◎今日一日分の会話
　　　　　　　　　◎"待ち人"と"不在"によるケア

点描2 **ホームステイと女主**　　　　　　　　212

　　　　2-5　クリッパン市のアプローチ　　　　　　220
　　　　　　　　　◎手作りの小さな福祉社会
　　　　　　　　　◎実践を支えてきた言葉
　　　　　　　　　◎森の中の一軒家とトトロの猫バス

第3節　**平和と福祉の関係**……………244
　　　　3-1　レジスタンスと老い　　　　　　244
　　　　　　　　　◎強制収容所からの救出と2001年の意味
　　　　　　　　　◎対立、排除からの共存の思想へ
　　　　　　　　　◎平和国家スウェーデンの影
　　　　3-2　不在と不死、そして平和の代価　　　253
　　　　　　　　　◎スウェーデン・パスポートとユダヤ人の救出
　　　　　　　　　◎墓標の系譜
　　　　3-3　中立の意味　　　　　　262
　　　　　　　　　◎第2次世界大戦と高齢者ケア
　　　　　　　　　◎中立維持のプロセス
　　　　　　　　　◎血を流さないための絶えざる戦い

第4節　**福祉社会の昨日から明日へ**………………270
　　　　4-1　近代化以前のスウェーデン　　　　　　270
　　　　　　　　　◎貧しき時代からの遺産
　　　　　　　　　◎共同体と相互扶助のルーツ
　　　　4-2　社会サービス法とケアの思想　　　279
　　　　　　　　　◎社会サービス法の内容
　　　　　　　　　◎社会サービス法の特性
　　　　　　　　　◎ノーマライゼーションの意味
　　　　　　　　　◎全人的アプローチと自己決定
　　　　　　　　　◎社会参加の意味
　　　　4-3　ミネスルンド──共同匿名墓地　　　291
　　　　　　　　　◎葬送方式と墓地形態への関心
　　　　　　　　　◎共同匿名墓地の普及
　　　　　　　　　◎尖鋭化した個人主義と匿名性

参考文献　　　　307
あとがき　　　　308

序　章

記述の厚みの実践

❦

質的分析においては
分析作業が完了し
書くべき内容が確認されたとしても、
最終的に書くこと自体も
実は分析作業の一部である
（木下、2003、245）

質的研究はその結果を記述によって表現するところに特徴があり、その場合の記述とは、単に文章で書けばよいということでもなければ表現力のあるなしでもなく、記述する人間に対して書くべき内容の明確化を促していく能動的な作業である。自分との濃密な対話（dialogue）とみることもでき、すでにあるものの相互作用から新しい要素が生成されるという対話のダイナミズムと同様に、記述を進める過程で関連性がより鮮明にみえてきたり、新しい着想が得られたりするものである。結果の報告である最後の記述においてもこうしたダイナミズムはみられる。

　記述についてのこうした特性は、質的研究の醍醐味とも関連している。当初自分が予想していなかった展開があったり結論がより鮮明に立ち現われてくるといった経験となる。別な言い方をすれば、どのような質的研究法を用いたとしても結果がどうなるかは、最初はわからないということである。仮説検証型の研究と比較すれば、この点は理解しやすいだろう。当然、初学者は不安に感じるし、それはもっともなことである。修士論文や博士論文などの課題に直面していれば時間の制約もあるからなおのことである。多くの質的研究法において具体的技法の明確化や手順の体系化がはかられているのは、彼らができるだけ安全確実に研究を展開できるよう支援するためではあるが、それだけ学べば十分というわけではない。不安な中をナビゲートしてくれるものがあれば取りあえずは安心できるが、これは程度ものであってコックピットで操縦棒を握るのは自分しかいない。自動操縦に最もなじまないのが質的研究である。不安であることは質的研究を成功させる大事な要件であると私は考えている。この種の不安は簡単には払拭できないし、すべきでもない。自分の立てた問いの意義の確認、採用した質的研究法で結果まで至れるであろうという方

法への信頼、まだみえない結果へのオープンさがあれば大丈夫である。それで迷ったら、この3点をいつでも確認することである。私は前著の冒頭に「An open mind but not an empty head」という簡単な英語を掲げたが（木下、2007a、7、11-12）、未知なる部分、不確かな部分へのオープンな姿勢があれば記述報告すべき独自の知見が得られる。

さて、この本は質的研究への理解を深めることを狙った1つの実験である。質的研究法とそれを用いた作品（モノグラフ・調査報告）の両方を提示し、方法と作品との関係を往復的に検討しようとする試みである。この種の書物があってもよいのではないかと考えたのは、主として、質的研究法への関心の過剰感と作品に触れることの意味の再確認の必要性という2つの理由による。

過剰感は質的研究に寄せられる関心だけでなく、関連書籍の増加傾向に対しても言えるだろう。こうした状況をみるにつけ、隔世の感があるのも事実である。私個人の関わりに限っても、最初にグラウンデッド・セオリー・アプローチについて紹介論文を発表したのが約20年前の1990年（木下、1990）、修正版グラウンデッド・セオリー・アプローチ、M-GTAの形に至る作業を始めてから10年になる（木下、1999、2003、2005、2007a）が、特に近年の動向をみるにつけ、多くの学問分野において質的研究がその多様性を含めて容認され、定着化し、主要な研究法として位置づけられるようになってきている。初学者は現在ではすんなりとこの状況に入っていける。そのこと自体が問題というわけではないが、いきなり立派な専門店街に入るようなものでどこから試してよいのか迷いやすい。また、学ぶべきものが多く目の前にあると、それを学習すれば質的研究が行えるようになると受け止めやすい。しかし、質的研究は方法を学ぶだけではむずかしい。

このような現状認識の中から改めて考えるようになったのは、作品を読むことの意味についてである。質的研究法による多くの作品に触れること、印象に残る作品に出会うこと、古典とされる作品に挑戦すること、こうしたことはかつてよくアドヴァイスされていた。なぜ作品を読むことが大事なのかは、実は明確には教えてもらえなかった記憶がある。おそらく、その意味も含めて読んで理解しろということだったのであろうが、さすがに今ではそんな乱暴な話は通用しないし、第1、自分の関心領域に限っても作品数は多いし時間もかかるので、先行研究として論文に関係するものであればともかく——もっとも、私は先行研究のレビューの仕方も十分教えられていないし出来ていない論文が多いと思っている（具体的アドヴァイスは、木下、2003、106-109）——質的研究法の理解のために作品を読むまでの余裕はないから、いきおい敬遠されがちになる。しかし、記述が単なる技術、技法ではなく執筆する人間の感覚や経験と一体の作業である以上、作品の一部分ではなく全体に触れ、批判的視点を入れて感想をもつことは重要である。なぜなら、いずれ自分が記述する研究報告の全体について考えやすくなるからである。

　質的研究法と作品とのバランスのとれた参考書があってもよいのではないか。

　通常、研究結果は論文や単行本の形で発表され、研究方法についての説明が目的ではないから、限られた扱いとなる。それでも数量的研究と比べると質的研究の場合にはある程度詳しい説明を求められる傾向があるが、結果に比重が置かれることには変わりはない。主と従の関係は歴然としているのである。作品を読めばその研究法が理解できるのであればよいのだが、質的研究の場合実際にはそれは非常にむずかしい。一方、質的研究方法

の解説を目的とする場合には技法や理論的背景などが取り上げられる傾向になる。その際、調査の手順や分析方法について具体例を交えて説明するのだが、目的上それは説明のための具体例であり作品ではない。

　もっとも、質的研究方法を説明する側からすると、具体例がないとよく理解できないという読者の反応は「理解」できるのだが、具体例によって方法が理解できるとは考えていない。少なくとも私はそう思っている。具体例抜きでも方法は方法として理解される必要があるからである。ただ、具体例がないとよく理解できない、本に書かれたようにやってみたけれどもこれでよいのかわからないといった反応の意味を考えてみると、研究方法を研究方法の説明で理解しようとしている、あるいは、できると思っているのではないだろうか。一見、当然のことのようだが、求める方向が違っているのではないか。

　つまり、質的研究の特性として作品全体を読まないとそれを導いた研究方法が理解しにくい。より積極的な言い方をすれば、作品を読むことで質的研究法は効果的に理解できる。なぜなら、分析結果があって記述するのであっても、記述は最後の分析でもあり、全体でもって表現されるからである。この全体としてのまとまりを理解するには、作品を読むしかない。しかし、質的研究の論文は十分な説明をする余裕がないから、論文全体をみても分からない部分が残る。単行本であれば作品全体が鑑賞できるが、その場合でも質的研究法をどのように活用したのかまでは通常詳しくは述べられない。作品は方法を説明するものでないから、そこは目的が違う話なのだが、兼ね合いのむずかしい問題である。参考例としてはグレーザーとストラウスの『死のアウェアネス理論と看護』（Glaser and Strauss, 1965 = 1988）がある。オリジ

ナル版グラウンデッド・セオリー・アプローチのもとになったモノグラフである。付録として「データの収集と分析の方法論」という短い説明が最後に付けられている。短いが内容的には重要で、研究結果であるアウェアネス理論とフィールドワークの関係に言及し、読者にグラウンデッド・セオリーをどのように提示するのが有効かについても触れているので、非常に参考になる本である。

　質的研究法と作品とを1冊の中で往復的に検討する試みが本書であり、1つの実験であると述べた所以である。ただ、往復と言っても調査のプロセスと執筆のプロセスを詳しく対応させながら説明するということではない。それは非常に煩雑になるし、また、そこまでする意味はない。読者が完全にオーディエンス／聴衆になってしまっては目的から外れるので、作品と方法との間を読者が行き来する材料の提供である。

本書の構成と読者の想定

　質的研究法には立場や方法に多様性がある中でここまでは質的研究法として総称してきたが、本書で取り上げるのは M-GTA、事例、エスノグラフィーの3種類の質的研究法と、それぞれによる作品3例である。なお、表記上、エスノグラフィーは方法であるフィールドワークとその作品の両方の意味とするが、方法だけを指す場合にはフィールドワークとしている。3種類だけの限定的な選択であるが、これは次の理由による。本書の目的からして自分が手掛けたものを取り上げるのが効果的で、調査と分析と執筆の実際、研究方法とその実践過程、そして、作品との関係について説明しやすいからである。また、質的研究法と作品を一組に絞った方がより掘り下げた検討ができる面はあるが、研究法

自体が選択の対象となるべきであるから比較できる方がよいと考えた。言うまでもないが、3例の作品はM-GTA、事例研究、エスノグラフィーそれぞれの代表例ではない。他に優れた作品はたくさんあるので、完成度の高さで選ばれたのではないことを初めに指摘しておく。

次に、3例の作品は私の研究関心を反映し、高齢者をめぐる内容になっている。対象や領域の多様性への期待には応えきれないが、この点は障害にはならないと考えている。3例は高齢者を主たる対象としている点で統一的であるから、作品とその研究法の比較、作品間の比較、研究法間の比較など多角的に相互に検討しやすいであろう。ミスマッチが起きないようにもう一言付け加えるならば、本書の読者は広くヒューマンサービス領域に関わっているか、関心をもっていると想定している。看護・保健・医療、社会福祉・ソーシャルワーク・介護、リハビリテーション、教育（学校・学校外）、臨床心理・カウンセリング、そして、マーケティング・コンサルタントなどの領域の人々や、質的研究法自体に関心のある人たちであろう。高齢者は社会の一員であり、しかも主要な構成員であり、また、3例の作品は高齢者に主たる焦点がおかれているが基本において人間理解の試みであるから、こうした領域の人々の関心とは本質的に重なる部分があると考えている。

序章でこの本の目的と3作品それぞれについて調査と分析の過程やそこでの経験のポイント、執筆について留意したことなどを述べている。作品は最初にM-GTAによる「老夫、老妻ヲ介護ス」を配置している。この章は書き下ろしである。次に、事例として「ソレントへ：Mrs. A 最後の日々」である。これは『改革進むオーストラリアの高齢者ケア』（木下、2007b）からそのまま

再録したものである。最後の例は『福祉社会スウェーデンと老人ケア』（木下、1992）の全体を、本書の目的に合致する範囲までかなり短縮している。今回、タイトルを少し変えたが、内容への加筆はない。それでも分量的にはこの作品がもっとも大きい。一番短い作品が第2章である。したがって、目次構成では統一的な項目立てになっているが、長短が著しい変則的なつくりになっている。調査のモノグラフとして最初に発表した時期もマチマチで、M-GTAの作品は調査が2003年、結果の報告は本書——ただし、分析例として途中までの分析の説明はすでに報告されている（木下、2007a、第2部）——、第2章は調査が1998年、報告が2007年、第3章は最も古く調査が1988年、単行本として出版されたのが1992年である。

　ところで、3例のうち2例が外国でのフィールドワークによる作品であるが、特別な理由はなく、私がこれまでに発表した仕事の中で今回の目的に合う内容として選択されたものである。ただ、社会的、文化的に背景が異なるので、ディテールの描写などについては参考になる部分もあろう。

　もう一点注意を喚起したいのは、読者の視点だけでなく調査者・執筆者の視点を合わせて本書を読んでもらいたいということである。この本の読者の関心も後者にあると想定できるし、作品と研究法との往復関係に焦点をおく本書の狙いからも、両方の視点を意識してもらいたい。

何気なく読める、と、何気なく読ませる

　質的研究は結果を記述するからといって、ただ書けばよいのではない。数量的研究のように得られた結果をコンパクトに書くのとは対照的に、結果を伝えるためにはかなりの量を記述しなくて

はならない。作品のほとんどがそれに相当する。要するに、たくさん書くことになるのだが、むろん分量だけが問題ではない。比ゆ的に言えば、人間を描くときに見たままを描くようでありながら実は骨格がおさえられていて、筋肉の動きが理解されて描かれている。それが、見たままを描いているような印象、現実感を見る者に対して与えるということであろう。骨格や筋肉とその連動した動きを理解するために、いずれかの質的研究法が用いられる。つまり、分析結果とその記述にはこうしたダイナミックな関係があり、記述は最後の分析作業と言えるのである。表現力以上に論理的な問題であって、逆ではない。

　質的研究の作品は一定の水準に達していれば「何気なく読める」のであるが、記述する側からみるとそれは「何気なく読ませる」ものとして周到に検討され構成されたものである。作品を題材にする狙いの1つは、読者と執筆者のそれぞれの立場から批判的な検討がしやすいところにある。

　別な言い方をすると、「何気なく読める」と「何気なく読ませる」の間には緊張感がある。一方には、読むのが負担で苦痛になるようであれば──授業で強制的に読まされるのでもなければ放棄されてしまう──何気なく、とはいかないという問題がある。他方では、単に読みやすければよいのではなく、伝えるべき内容が伝えられるかという問題がある。このような設定を突きつけられるとハードルが高く感じられるかもしれないが、実際にはこの関係を接続する要素がある。それは、読者と執筆者は一定程度関心を共有していることである。両者には相関関係があるから、読者によって、また、執筆者によって調整が働くと期待できるので、萎縮する必要はない。

　質的研究一般について述べてきたが、結果の記述には個々の

質的研究法によって特徴があるから、すべて同じというわけではない。本書が扱う3つの研究法にしても事例やエスノグラフィーに比べるとM-GTAの作品はスムーズ感が劣る傾向にある。これは、質的データの活かし方として前2者はディテールを記述に直接活かすのとは対照的に、M-GTAにおいてはディテールの豊富なデータは有効な説明概念を生成するための素材として活用され結果の記述に直接はつながらないからである（木下、2003、2007a）。研究目的によって長所が活かせるよう判断すればよい。この対比で行くと、M-GTAは骨格と筋肉の動きを重点的に記述するスタイルとなる。ただ、M-GTAの記述方法には概念説明的記述と現象説明的記述があり（木下、2003、240–243）、研究論文などのように字数制約がある場合には概念説明的記述が適しており、記述に余裕のある場合には現象説明的にすることができる。本書でのM-GTAの作品例は後者のスタイルによる。

記述の厚みについて

タイトルにある「記述の厚み」について次に説明しておこう。文化人類学者ギアーツが哲学者ライルの言葉を借りて提示した「厚い記述」（Geertz, 1973 = 1987）が一般には知られている。強調して、分厚い記述と表現されることもある（ちなみに、英語ではthick description）。まばたきと目配せの違いを例にした説明が引用されることが多いが、すでに紋切り型の感を否めないので、ここでは省略する。ギアーツが主張するのは、記録や資料、つまりデータの解釈の重要性であり、意味の世界を解読しそれを説得的に表現することである。ウェーバーを引きながら人間が編み出す意味のクモの巣を理解することを目指し、その巣を文化と位置づけ、「私が求めているのは、解釈であり、表面的には不可解な社

会的表現を解釈することである」と述べている（Geertz, 1973 = 1987, 6）。文化の概念と文化の研究、すなわち、文化人類学の課題についての個所であるが、解釈と分厚い記述の関係を読み取ることができる。ここでは、質的研究がその結果を記述によって報告するとき、その望ましい形が「分厚い記述」であることは大方の合意するところである点を確認しておきたい。

　分厚い記述とは、したがって、記述の方法であると同時にその方法によって記述されたものの両方を指す言葉である。方法が理解できないと書かれたものも理解しにくいものであるが、ギアーツの提唱したこの方法はどのように実践するかとなると難解である。読者は、彼が実践した作品群から読み取るように求められている。あまり親切ではないようでもあり、やさしいようでもある。

　要するに、分厚い記述とはまずは、解釈の厚み、深さであり、その結果は記述によって初めて理解可能な形となるということである。骨格と筋肉、それに多分神経系が加わって自然な人間の動きとして見えるようなイメージ、あるいは、構成の複雑さがあってデータのディテールがその生き生きとした説明となるようなバランスのよさが、この関係である。

　この本では、規範的な意味合いが強くなり、実践の観点からは扱いにくい感のある「分厚い記述」を「記述の厚み」という視点に切り替えることで、作品例を通して読む側と書く側の両方向から解釈の結果とその記述の関係について考えていく。さらに、研究方法と作品に比較ができるよう3種類のバリエーションを入れた。

本書の読み方──ここは重要です！

この本の狙いについてはここまでの説明で理解されたと考えているが、そのためには読み方が実は非常に重要になるので、できるだけ推奨パターンをとっていただきたい。

序章はここまでとし、ここから3作品のうちもっとも関心のあるものをまず読んでいただきたい。読者の視点と執筆者の視点から、疑問点や感想をメモにしておき、その後に序章のこのあとの説明を読むようにされたい。例えば、M-GTAに関心があれば、第一章を読んでから序章の関連部分を読む。事例でもエスノグラフィーでも同様である。

このまま序章を読み進んでからだと、作品を読むときに解説的な読み方になってしまい、両者の視点を生かしにくくなるので注意していただきたい。

第1章 作品・M-GTA 「老夫、老妻ヲ介護ス」について

M-GTAによるこの作品は、前著『ライブ講義M-GTA：実践的質的研究法 修正版グラウンデッド・セオリー・アプローチのすべて』(木下、2007a) の第2部で分析例（以下、『分析例』とする）として説明したものの分析結果という関係になる。同書では【介護日課の構造化】のカテゴリーが生成される流れをM-GTAの分析方法にそって説明しているので、部分的にはここで述べるべきことはすでにしていることになる。まだ読む機会がない読者は、ここで『分析例』を読んでいただきたい。

先に少し触れたが、この作品はM-GTAの結果の提示の仕方としては現象説明的記述となっている。M-GTAでは質的データのディテールの豊富さは直接記述で活かすのではなく説明力のある概念を生成するための素材として活用する（木下、2003、100–

104：木下、2007a、114-121）が、結果の記述においては具体例の提示を多めにすることで現象理解の助けとする。研究論文ではスペースの関係でむずかしいが、修士論文、博士論文、単行本など分量に柔軟な場合には可能である。本書では記述の厚みをキーワードとしていることもあり、現象説明的記述とした。どういうことかというと、コンパクトな結果提示が求められる研究論文の場合は概念説明的記述が適しており、その場合には具体例から概念やカテゴリーなどの説明力や説明範囲を理解するには限界があるから、読者や査読者は自身の経験を参照することで補うことが要請される。現象説明的記述では、概念の説明とその具体例とを、その提示だけで読者が理解しやすいようにバランスをとることができる。どちらであっても理解も評価も、方法面と内容面の両方でなされる必要がある。

　『分析例』と第一章とを読み比べると、かなり違うことに気付かれるであろう。

　作品からは『分析例』のプロセスはおそらく浮かんでこない。M-GTAに詳しい読者は相互の関連がわかるであろうが、作品は分析の結果を記述したものであるから分析の様子を記述した『分析例』とは同一ではない。例えば、作品をみると「生活リズム」というとらえ方は最初から考えられていたように思われるであろうが、実際にはデータからの概念生成により得られたもので、なおかつ、分析を軌道に乗せる重要な概念となったものである。しかし、作品ではこの概念を適切に理解してもらう狙いで最初に説明している。これは今回、作品をできるだけ理解しやすいようにと考え意図的にとった方法である。

　すでに、評価法との関係で論じてあるように（木下、2003、249-252）、分析のプロセスと結果の記述では順序が逆になるとい

う問題がある。分析の実際の流れは大方、データ→概念→カテゴリー→プロセス／結論、となるのに対して、結果の記述の際には、結論が最初に示され、カテゴリーから概念へという具合に下位構成のレベルを説明していく。全体を統合的に表現するために必要な記述方法だからである。内容面の評価からはこの結果記述が有効であるが、一方、方法面の評価では、どのようにしてその結論に至ったのかが理解しにくいので、いきおいその説明が査読などで求められる。M-GTAでは分析プロセスを明示できるのでこの問題には対応できるが、記述の問題として理解しておくとよい。

『分析例』では分析テーマと分析焦点者を設定し、インタビュー逐語録からの最初の概念生成の説明から始めている。この2つの視点にたってデータをみていき、そのある部分に着目し、そこを分析ワークシートの具体例の欄にコピー＆ペーストしていく作業の流れとそのときの解釈の流れを説明した。続いて、2つ目の概念生成について、具体例が複数出揃ってきたときの概念としての成立可能性を検討している。理解のポイントは作業の流れだけでなく、それが解釈の流れとどのように関連して進んでいるかにある。ここをおさえれば、分析ワークシートを使っての概念生成が理解できる。

M-GTAでは1人目のデータ分析から2人目のデータへと進むとき、作業中の分析ワークシートだけが継続される。個々のデータ提供者の個別的特性はこの分析法では取り上げない――そうするのが有効な場合は、後述するように事例研究がある。なぜなら、老妻を介護している特定の個人だれそれを理解するのが目的ではなく、「老妻を介護している夫」について説明力のあるグラウンデッド・セオリーを得ようとしているわけで、そのため

に分析焦点者という形である程度限定した集団の視点を導入している。解釈のレベル、生成する概念が分析焦点者に対応して一定の幅に収斂しやすいだけでなく、結果の実践的活用とも密接に関係する（とくに木下、2007a、155-159）。

データからの概念生成を行いながら、できるだけ早い段階から、生成途上の概念と概念の比較検討を始める。なんらかの意味でつながる複数の概念の関係は単一概念よりも、より複雑な現象を説明しうるのであり、カテゴリーへとまとまっていく可能性があるからこの検討作業は重要である。また、概念間の比較検討は抽象度を上げていきやすいので、結果を構成する軸になる着想を得やすくなる。

『分析例』においては2人目以降の分析に触れながら、中心的な概念をどのように生成していくのかを詳しく説明している。分析ワークシートで概念生成を続ければ中心となる概念がみえてくるかというとそう単純でもなく、このあたりになると分析者とデータとの"格闘"のイメージになってくる。概念間の比較がもたらす着想のダイナミズムである。手ごたえのある概念ができ始めると、それとの比較で、すでにある概念やまだ見えていないが可能性としての概念／アイデアが動き出し、データから何かを読み取らなくてはならないような緊張感が迫ってくる。着目したデータの内容が分析者をしてそうした姿勢を取らせる迫力があるからで、こうしたことは何もこの例に限られるのではない。M-GTAが用いられる研究は、内容は違っても厳しい現実を生きる人々を調査協力者とし、結果の実践的活用を重視するから、こうした局面は分析中に必ずと言ってよいほど確実に出てくる。むずかしく感じるかもしれないが、分析ワークシートの作業を継続しているからデータへの着目はだんだん馴染んでくるし鋭くもな

ってくる。分析焦点者の視点があるから肉薄した解釈はむしろしやすいのである。

そして、〈介護合わせの生活リズム〉という概念（最終的には【介護日課の構造化】を構成するサブカテゴリーの1つ）の生成が今回の場合には突破口になった。『分析例』では「1日の自分の行動が妻の介護を中心に規定されていること」を定義とするこの概念が、最初に着目されたデータ部分（洗濯のために夕方のテレビの天気予報を決まってみる）からより深刻な内容の具体例（夜間の頻繁な介護や昼夜逆転への対応）が追加されていく中で多様な現象を説明できる概念として重要度が増していく解釈過程が述べられている。「言われてみれば」の概念であっても M-GTA の方式で具体的内容から導かれると現実を説明するパワーを獲得できる。つまり、自分がその有効性について納得できる。

概念生成は最初の形でそのまま完成まで行く場合もなくはないが、具体例の追加に応じて解釈（定義）を調整し最適化を図っていくので修正されることは珍しくない。また、概念間の比較から調整することもおきてくる。

中心的な概念ができると、今度はその概念を基点に比較検討に入れる。抽象度が高いところでの比較になるので、一種の空中戦のような作業で、どのような関係で全体がまとまりそうか考えやすくなる。〈介護合わせの生活リズム〉から〈サービス合わせの生活リズム〉というもう1つの同レベルでのサブカテゴリーが生成され、異なった動きをもつ両者の関係から介護者である老夫の日常がとらえられるのではないかと考えられた。

しかし、まだ十分ではなく、両タイプの生活リズムの間で老夫はさまざまな介護行為を行っているのでその部分を説明できる概念が必要であることがサブカテゴリーの比較検討から明らか

となる。それに対応する概念としては単独では生成されていなかったが、「直接的介護行為」を筆頭に多くの概念がそれに関係する位置にあった。サブカテゴリーのレベルでの比較からすれば、〈介護合わせの生活リズム〉とバランスが取れ、同時に、〈サービス合わせの生活リズム〉ともバランスが取れ、それにより妻を介護する生活が成り立つとすれば、その概念は何かという解釈上の問題が浮上した。この検討の流れからわかるように、求めるべき概念の定義が先にはっきりしていた。生活リズムは介護との関係でもサービスとの関係でもどちらもタイミングをとらえたものであるから、そのときに夫が何をするかを、それを個別的内容ではなく包括的にとらえる概念は何だろうかを考えた。包括的というのは、サブカテゴリーのレベルに対応する必要があったからである。そして、介護スキルが概念として最初に検討されたが、個別スキルだけでなくマネジメントもスキルに加わっているので、介護者スキルが概念として候補になった。平面的にはこれでサブカテゴリー3者の関係の説明モデルにはなるが、老夫は最初からそうしたスキルを持っていたのではないから——作品にあるように、それ以前に家事経験アリの人もいるが——、介護者としての経験の蓄積の意味も含める必要があった。現在のことを説明しながら、同時に、現在までの時間的意味も組み込んだ概念が検討されることになる。最終的に〈介護者スキルの蓄積〉をサブカテゴリーとして生成し、〈介護合わせの生活リズム〉と〈サービス合わせの生活リズム〉との3者関係で【介護日課の構造化】というカテゴリーを構成することになった。

　しかし、問題はまだ残った。老夫が現在行っている介護行為とそれまでの経験的蓄積に関してすでに生成した概念があるのだが、これらをどのように位置づけられるかが解決される必要が

あったのである。上記の「今」と「これまで」の2方向の時間をどのように統合するかという問題である。通常は、概念は上位の概念（サブカテゴリーなりカテゴリーなり）に包括していけるのであるが、この場合、それではうごきが十分とらえられないし老夫の日常世界のダイナミズムを表現しきれないという問題であった。これは結果図をめぐっての試行錯誤となった。作品の中で提示されているように、現在の時間と蓄積の時間を合わせて表現するためにサブカテゴリー間の関係に関連する個別概念を位置づけることとし、日常のかなりの部分を占める〈介護合わせの生活リズム〉と〈介護者スキルの蓄積〉の関係は、中心に「直接的介護行為」と「介護上の困難」を対比的におき、さらにこの関係に照らして肯定的意味の概念と否定的意味の概念とを対比させることにした。

　以上が、【介護日課の構造化】が作品でまとまるまでの分析の流れである。

　カテゴリーはこれだけでなく【改めて夫婦であること】と【砂時計の時間感覚】の2つがあるが、これらについては次の点を述べておきたい。【改めて夫婦であること】のサブカテゴリーである〈愛情文脈化〉であるが、これは当初「介護状況の受け止め」という概念で検討されていたものである。しかし、この概念名では状況がどのように「受け止め」られているかはつかめても、概念としてはうごきに乏しい。そのため、分析焦点者の視点を強化して再度データを見ていくことにした。つまり、極めて困難な状況にありながらそれをどのような意味付けによって受け止めているかを読み取ろうとしてデータをみていくと、愛情がキーワードであることに気づいた。最初はD氏の文字通りの愛情物語であった。非常に深みのある語りであった。他のデータをみて

いくと夫自身が愛情を否定したり愛情とは異質の関係性に言及していると思われる内容もみられ、最初は対極例ではないかと考えたが、それぞれの文脈をたどると、つまり、語られている妻との関係性から解釈すると多様ではあるがこの多様性を愛情という視点でとらえられるのではないかという判断に行きついた。作品でも触れたが、介護者が夫だから〈愛情文脈化〉が成り立つのかもしれない。介護者が老妻であれば夫婦の関係性は別の視点で成り立っている可能性もあろう。それは今後の課題であり、興味のある点である。

　もとよりこれで分析が完結しているわけではないし、基本的な情報が欠落しているといったデータの問題点もなくはなかったが、21名の協力者が提供してくれたデータに応えられるだけの分析にはなっていると思っている。概念構成やその関係についてさらに緻密に、精緻化すべきかもしれないが、結局のところM-GTAによる分析結果は実践的活用において応用され、そこで評価されるべきものであり、実際に応用される場は今回のデータにはない考慮すべき種々の特性を含めて成り立っているのであるから、応用者が必要な修正を加えてこの結果をモデルとして最適化していくことが期待されている。換言すると、これはどこまで緻密にまとめるのが適切か、理解しやすく活用しやすいかという兼ね合いの問題であり、あまり緻密にまとめても必ずしも活用しやすくはならない。人間と人間の直接的相互作用のレベルが想定されているのであるから、そこはおのずから適正な分析水準としてのレベルがある。こうした基本的な理解があいまいなままに、論文の評価などにおいてデータとの関係を細かく、細かく問うて行くのは分析者の力量の問題以上に、評価者の力量の問題である。データは有効な概念を生成する素材である。このことが

理解できれば評価すべきはデータと概念の関係だけでなく、概念と概念の関係のもつ説明力でもあることが理解できるはずである。

ただ、この作品で明らかにすべき点でありながら分析が不十分なままになっている点があるのも事実で最後に触れておく。それは【介護日課の構造化】と【改めて夫婦であること】そして【砂時計の時間感覚】の関係である。この3者は相互に補い合って全体の秩序を維持しているところまでは理解できたが、補い合いのプロセスとその限界、危機的状況が現実化する前の把握までは明らかにできなかった。

第2章　作品・事例「ソレントへ——Mrs. A 最後の日々」について

1人の人をその人として理解するのは、人間を対象とするいかなる研究においても基本中の基本である。これは質的研究法に限られたことではなく、数量的研究法の場合にも言えることである。データとして集計するにしてもその背景にそれぞれかけがえのない人が存在することを常に心にとめなくてはならない。

1人の人として理解するにも目的に応じて方法はいくつかあるが、事例あるいは事例研究と総称できるだろう。臨床領域では事例研究は症例研究と同義に扱われるのかもしれないが、ここでの意味はむろん症例としてではない。私は学部生の最初の調査経験として演習でインタビューを経験させることにしている。協力を依頼し、訪問面接を行い、了解のもとにその記録を録音し、自分で逐語化し、その内容をていねいに読み込んでいくことで、自分が経験してきた世界とは違う世界を生きてきた人を言わば他者として"発見"してもらう。他者として理解し自分を相対化

することで、柔軟で、しなやかな感性をまず身につけ始めてもらいたいからである。もっともこれは上品な言い方で、社会学的乱暴さで言えば、それまでの自分の経験の狭さを打ち破り、社会には自分と異なる様々な人々が多様な現実下で生活していることに気づいてもらう意図がある。他者とはそうしたところで現れる。インタビューという形式で話を聞くこと自体に不安と緊張を感じる学生たちは、一連のやり取りを経て、人は自分を理解しようとして関心を持っている人に対しては語ってくれることに気づいていく。調査というよりは実習に近い作業で、高齢の方々に協力してもらうことが多い。したがって、事例は基礎的な理解の作業という面と、研究目的上適した方法として用いられる場合とがあることになる。この点を指摘しておきたい。

　M-GTAと事例研究との関係について簡単に触れておくと、M-GTAはデータ提供者個々の特性は捨象し分析焦点者の視点で分析をまとめていくのであるが、この作業は1人の人を1人の人として理解することを踏まえた上で行われる必要があると考えている。つまり、個別特性の捨象は分析結果の一般化可能な範囲を確保するため必要な、意図的なことであり、仮に個人特性をそのまま活かした記述が研究目的に照らして有効であれば事例研究に切り替えればよい。この点については後述する。ここでは、M-GTAは分析過程においてデータ提供者の個別特性よりも分析焦点者としての共通特性を重視するが、個別の理解の経験がないと一気に抽象化された分析焦点者の視点から分析をするのはむずかしい。

　事例研究について詳しい解説をするのはここでの目的ではないので、第2章で紹介する作品との関連に絞って述べることにする。この短編は1998年度にオーストラリア、メルボルンのラト

ローブ大学のリンカーン老年学研究所に客員研究員として滞在したときに行ったフィールド調査に基づいている。その時の記録は拙著『改革進むオーストラリアの高齢者ケア』(木下、2007b)として報告されているが、その第一章にこの作品をおいている。この本自体はオーストラリアの高齢者ケアの変遷を主に社会政策的に検討した内容であるが、Mrs. A の物語はその導入として位置づけられている。その理由は作品の「はじめに」で述べているとおりである。文化や社会の違いを超えて、老いを生きることと老親を看取ることの意味を確認するのが狙いであった。

ただ、読むとわかるようにこの作品は事例としては変則的な面がある。Mrs. A その人に話を聞くことは状況的に困難であったが、逆に、彼女にもっとも身近な人たち、一人息子とその妻から自分たちとの関係の視点を含んだ内容として詳しく聞くことができた。作品中では「ライフヒストリーの手法」と説明しているが、正確には Mrs. A のライフヒストリーについての息子夫婦によるライフストーリーである。Mrs. A は主人公であるが自らが語るのではなく語られる対象であって、語る主体は息子夫婦という位置関係になる。こうした複雑な構成自体が研究上の目的となる場合もありうる。

語られた内容に関しては息子夫婦の間では共有化されていたが、Mrs. A がその内容を認めるかどうかは別の問題である。夫婦の間では Mrs. A は結婚後一貫して重要なテーマであったから共有される見方が形成されてきたのは自然なことである。この点を理論的に理解するにはピーター・バーガーが提示したバイオグラフィー biography の概念(Berger, 1977)とその観点から高齢夫婦について検討した拙著(木下、1997)が参考になろう。夫婦関係を対象に、語りによる解釈の共同生成性が社会秩序とも関連

していることを論じている。

　一方、語り手と語られる側の関係に関心があれば息子夫婦の見方に対する Mrs. A の反応が重要となるが、亡くなる3か月前からの調査であり、衰弱が進んでいたため現実的には直接のインタビューは無理であった。ただ、仮に可能だったとしても、おそらくそこまではしなかった。Mrs. A と息子夫婦の関係がうまくいってないことは分かっていたから、そのことをさらに掘り下げていくのは必要以上の負担を強いることになりかねないし、研究の方向としても生産的ではないと考えたからである。

　息子夫婦によって語られる Mrs. A を事例として取り上げるという設定は、実は、意図的ではなかった。計画したものでもなかった。最初に漠然とあったのは、オーストラリアの高齢者ケアをテーマとし制度や政策を中心にみていくにしても当事者である個人の視点を盛り込みたいという考えであった。

　では、この作品はどのようにしてまとめられたのか。

　サバティカル（研究休暇）を利用して1年間メルボルンに滞在したのであるから、例えば博士論文のフィールドワークで調査に入る場合などとは違い、あらゆる面で柔軟であった。調査だけが滞在の目的でもなかった。私は自分の博士論文のために、計画主導で建設された欧米風に言えばリタイアメント・コミュニティ、日本では有料老人ホームに区分されるリゾート地の施設に13か月住みこんでフィールドワークを行った。当然、かなりカチッとした調査であったが、長期のフィールドワークでは実に膨大な記録が残るのだが論文などで発表していくときにはその一部分しか活用できないものである。個人差もある話だが、たいていはこのパターンであろう。私の場合そうであったし、メルボルン滞在のときも同様であった。

フィールドワークでは最初から焦点を絞ることはないから、さまざまなことについて記録を残したり資料を集めたりしていく。ある程度調査が進んでも、どの程度重要かはわからなくても先々関連してくるかもしれない事柄については同じように記録していく。その結果が膨大な資料の山となる。デジタル記録が多くなった現在でも、事情はさほど変わらないであろう。

　オーストラリアでの緩やかな調査の際も、事例として取り上げることができる高齢者については常に意識にあったが、報告を記述する段階になって記録や資料を見直した結果、内容に富み、展開に特徴のあった Mr. A が候補となった。また、このときに本人の語りではなく息子夫婦の語りという変則的な構成が、逆に、家族関係をも含めることができると判断した。

　個人についての記述はどのようであれ所詮平板なものなのかもしれない。伝記の類を思い浮かべればよいだろう。しかし、普通の人の普通の人生を理解しようとするのであれば、平板といえば平板なわけで、そこでの問題は第 1 に、読み手ではなく書き手の側にある。平板にみえる普通の人の人生にその人なりの波瀾万丈さを読み取るといえばよいだろうか。

　Mrs. A は、どんな人だったのだろうか。死を間近にして自分の人生をどう思っているのだろうか。本人と直接話せなければ、沈黙の対話をすればよい。息子夫婦の協力により、それだけの材料はあった。私とのやり取りも 1 つのきっかけにはなったと思われるが、息子夫婦は彼らの立場から Mrs. A についてその時に備えた話し合いがあった。

　そして、私が理解できた Mrs. A のキーワードはソレントの街であったから、それを作品のタイトルにした。メルボルンの人々にはソレントはよく知られているが、日本の読者には無名であろ

うから街自体の説明も多少は必要であった。ソレントで始まり、ソレントで眠ることになったMrs. A。「ソレントへ」を構成の主軸とし、彼女の人生最後の3か月はおおむねその時間軸にそって主要な出来事を取り上げ、息子夫婦の反応などを関連させていった。見当識障害など、話の構造は同じでも内容にオーストラリア特有のものがあれば記述に活かすようにした。ディテールを活かした記述である。当然、ときには時間は息子の子供時代や夫と工場を経営していた頃にも立ち返る。そして、背景において全体を貫く軸としてMrs. Aの性格、人となりの特徴を、幼児期と関連させて解釈した。こうしたいくつかの軸から構成して記述したものがこの作品である。ただ、これは記述のための構成というよりも、私たちの日常からは遠く離れた地で生きたMrs. Aという1人の女性、特にその人生最後の日々を理解しようとして導かれた構成である。こうした全体の要約は第1段落で述べてあり、最初は何気なく読めても全部を読み終えてからもう1度読むとその意図は理解され、読者の記憶にMrs. Aが少しでも残ることを……期待してのことである。

　詳しい内容の方が理解につながるということは一般論としては言えるが、分かったことをすべて記述すればよいかというとそうとも言い切れない。ここでいう構成、記述する側の組み立てがないと断片情報の提示となり、まとまった像として伝わらないものである。まとまった像とはその人を理解するために重要なテーマを見出すことであり、通常はインタビュー記録や資料をていねいに検討するが、その過程での解釈メモが重要になる。

　次に、このデータの収集について述べておこう。息子夫婦との間でフォーマルなインタビューの形式ではなくフィールドワークの中で聞いた内容が蓄積され、時にこちらから話題を出していっ

た。日常的な会話でのやりとりであった。また、かなり長期間にわたり Mrs. A の状態の変化にそって行われたので、まとまって聞くというよりもそのつどある部分について話されるという展開であった。これは、事例のデータはインタビュー形式ではなくこうした方法でなくてはならないという意味ではない。どちらの方法でもよいのだが、機会はいろいろな形であるからタイミングよく対応できるようにオープンな姿勢でいることである。

　フィールドワークではデータ提供者をインフォーマントと呼ぶが、フィールドの大きさや範囲の境界などの違いはあっても、自分も行動しているから日常的に、あるいは、定期的に接する人々がそれなりに登場することにあり、親しい間柄にもなる。ラポールのある関係がつくれる。そうした中である出来事が起きたときに立ち会えたり、行事などに参加させてもらえるようになる。例えば、最初で最後となった息子宅でのクリスマスパーティや葬儀の様子などは参加したときの観察がもとになっている。この短い作品を読みながら、調査者がどこにいたのかを考えると参考になるかもしれない。

　最後に、記述方法としての事例と M-GTA の関係について整理しておく。復習になるが、事例は特定の個人を取り上げ、詳細なデータを活かした記述となるのと対照的に、M-GTA では分析焦点者のレベルで生成した概念の関係をまとめる。作品『老夫、老妻ヲ介護ス』では介護者である夫を分析焦点者としたので、この結果はその立場にある他の老夫の場合についても説明と予測に有効であると期待されるし、それだけでなく介護者が老妻の場合、あるいは、他の条件下の場合にも部分的には応用が利くかもしれない。また、この作品は現象説明的な記述を採用したから引用も比較的多くなっていて、実際の様子も分かりやすくなってい

る。

　在宅で老夫が老妻を介護している厳しい日常をより広く理解してもらうのが目的であれば事例の方式を採用することも可能である。例えば、アルツハイマー病の妻の介護をしているO氏の場合は強いインパクトを持って読者に訴える内容となろう。B氏、C氏、D氏、E氏、G氏、H氏、L氏、M氏、それ以外の夫たち、皆、候補になる人たちである。それぞれに厳しい現実に雄々しく立ち向かっている。事例として理解することで、彼らの経験している現実はより広く理解されるであろう。

　ただ、仮に事例として取り上げるとすれば、誰になるのだろうか、その理由は何であるのかが重要となる。ここも選択判断の問題である。だから、個別にその人の経験として理解しようとするのか、彼らに共通の視点にたって全体的な理解を求めるのかの違いであって、ここには優劣の問題はない。【研究する人間】としての判断による。

　技法的なことだが、M-GTAでの分析を事例研究として記述する際に次の点を理解しておくと有効である。M-GTAの分析結果を緩やかな骨組みと位置づけ、取り上げる人について分析ワークシートの具体例を中心に挙げながら、その説明に概念や定義を記述していく。例えば、取り上げる人について【介護日課の構造化】はどうなっているのか、〈介護合わせの生活リズム〉と〈サービス合わせの生活リズム〉と〈介護者スキルの蓄積〉の関係はどうなっているのか、一方、〈愛情文脈化〉がどのようになされることで【改めて夫婦であること】が意味づけられているのか、近い将来の変化に対してどのように受け止めているのか（【砂時計の時間感覚】）、さらには個別の概念についても具体例をみていくと、記述の骨組みの構成となる。むろん、事例の場合にはさ

らに、その人に特有の重要な部分は補充しなくてはならないが、この組み合わせで事例としての記述はしやすくなる。

なお、これは分析結果を実践的に活用するときと実は同じ考え方である。違いは事例として取り上げる時には分析に用いたデータを活用する点だけである。結果の応用のときはカテゴリー、サブカテゴリー、概念の視点にたって自分が応用しようとする現実の中に具体例を確認していく方向になる。

M-GTAから事例研究へといったこうした2次的活用は自覚的に行われるべきであって、M-GTAとして結果をまとめた上で、さらに事例として取り上げることが研究目的に照らして効果的である場合（併用型）、あるいは、M-GTAでまとめようとしたがデータとの確認が不十分なため方針変更が必要な場合などが考えられる。

第3章　作品・エスノグラフィー　『スウェーデン思索の旅——成熟社会と高齢者ケア』について

同じ光景をみても、同じにはみえない——この思いを痛感したのはこの作品をまとめたときであった。フィールドワークを行ったのは今から21年前、1988年の秋、滞在はわずか2か月であった。その後、ある雑誌に連載し、それを構成しなおして単行本として刊行したのが1992年であった（木下、1992）。自分の仕事の中で一番好きなのがこの本で、今後もこの点は変わらないと思っている。フィールドワークがもたらしてくれる知的な醍醐味を経験できたからであり、自分がフィールドを理解するという一方通行ではなく、フィールドによって自分の見方が広がっていく、自分とフィールドとの相互的関係、あるいは、一種の対話としての経験であった。フィールドに内在している多様な要素が自分の問

題関心と共鳴、共振して、思ってもいなかった展開が調査を進めていくにつれて幾重にも起きてきた。こうしたバランスが成り立つのは極めてまれなことで幸運の一言に尽きるのかもしれないが、同じものをみても同じにはみえないと感じたのも事実で、それであればそれはフィールドワークという活動一般にも共通するのではないだろうか。メルボルンで Mrs. A に出会えたことも、スケールは異なるが基本的には同じことのように思える。Open mind の実践なのである。

　調査の概要は作品で説明しているので省略するが、スウェーデンについて最終的に 1 つの像を得ることができた。その像は当時――今も同じかもしれないが――福祉先進国として脚光を浴びていた像とはずいぶん異質なものであった。20 年も経過しているので当時の状況を振り返っておきたい。なんらかの形で高齢者ケアにかかわっている人であれば思い起こせるであろうが、1980 年代後半からの 10 数年は日本においては特別な時期であった。高齢化の進展を受けて家族介護から社会的介護へと大きく舵が切られつつあり、それに向けたマスコミのキャンペーンが先進国である北欧、とくにデンマーク、スウェーデンを紹介する形で精力的に展開された。例えば、寝たきり老人が日本では非常に多いのに、北欧ではすでに解決されたといった論調がみられたものである。そして、90 年代にかけて地域での住民活動が広がり、サービス供給体制の整備を急ぐ地方自治体と連携して、住み慣れた地域社会で相互に支え合いながら老後生活を送れることを目指し、コミュニティの在り方が模索された躍動的な時代であった。政策的にみれば、この一連の動きは 2000 年から開始された介護保険制度の導入に向けた準備であった。

　そして、介護保険が定着化するにつれ介護は事業化され、地

域住民の活動も変質し沈滞していく。『老夫、老妻ヲ介護ス』の調査が行われたのが2003年である。

　スウェーデンは模範的な国とされ、多くの視察団が日本から出かけて行った。多少乱暴な言い方になるが、同じ光景をみて、同じ理解で戻ってきた、のであろう。言い過ぎであれば、「同じ」を「同じような」に変えれば済むだろう。先入観が強ければ、それに見合った理解になるのは当然であり、学ぶ側の姿勢として少なくともその自覚化は不可欠である。いわゆる視察とは違い、研究としてのフィールドワークの場合には研究計画の段階から先行研究のレビューとそれに基づく研究テーマが検討されているから、そうした心配は少ないが、前提のところで思い込みがあると研究テーマにも反映されかねない。

　私の姿勢は、作品のはじめに述べてあるとおりであった。

　ただ、今読み返してみると、こうした当時の日本の状況や私自身が高齢者ケアの現場で働いていたときでもあり、そのことが解釈や記述に影響している。カリフォルニア大学での大学院を修了し、高齢者ケアの現場で働くようになって4、5年が経過した、30代中頃のことであり、経験の浅さが反映されているが、反面、自分の問題意識には正直なフィールドワークであった。粗っぽさが目につくが、若さには未熟さだけでない面もあることを願っている。

　フィールドワークから20年という時間の経過を確認しておくのは、エスノグラフィーという記述手法に何を求めるのかという問題を考えやすいからである。20年前の調査記録は古くなっているが、もう意味がなくなっているのか。当然、この間にスウェーデンの事情はずいぶん変化してきているので最近の動向はこの作品には反映されていない。その点、誤解のないよう注意して

いただきたい（最近の動向に関しては、例えば西下、2007 に詳しい）。1980 年代後半は 1982 年に施行された社会サービス法によるケアシステムが整備され、大きな制度改革の始まりとなった 1992 年のエーデル改革の前夜、スウェーデンのケアモデルの完成型が理解しやすい時期であった。この作品はその時の記録としても読めるが、それ以上にフィールドワークで知り得たことの解釈に力点がある。

　換言すると、1988 年秋という時間でのこと、その時私が見聞できたこと。これが素材となって考えたことがこの作品であり、その内容が 20 年を経て読者にリアリティを持ち得ないのであれば作品の失敗であり調査者の限界となるのであって、見聞したことそれ自体の古さの問題ではない。エスノグラフィーとはそういうものだと考えている。

　同じ光景をみても同じにはみえないとすれば、この作品のフィールドワークが行われた 1988 年でもそうであったし、20 年を経て変わったであろう現在の光景をみたとしてもやはり同じであろう。時間の問題ではなく解釈の作業なのであり、フィールドワークからエスノグラフィーを生み出していくには、技法によるごまかしがきかない厳しさがある。

　されど、エスノグラフィーはフィールドワークの報告である。しかも、この間には時間差があり、フィールドワークをしているときにエスノグラフィーができているわけではない。このことは、フィールドワークで収集した膨大な記録や資料のごく一部しかエスノグラフィーに活用できないという先の指摘と関係している。

　ところで、エスノグラフィーを研究方法として理解している人は、この作品に違和感を覚えるかもしれない。エスノグラフィー

ではなく紀行文ではないか、エスノグラフィーと位置づけられるのであればなぜだろうかという疑問である。確かに、タイトルにも『思索の旅』とある。研究論文としてのエスノグラフィーに比べると研究目的や先行研究のレビューもなく理論的な議論も少なく、研究臭さがないというか読み物的な印象を受けるであろう。一言で言えば、審査される研究論文の必要はなかったからであり、フィールドワークからエスノグラフィーを作成するおもしろさ、醍醐味をもっとも経験できたのがこの作品だからとなる。「何気なく読める」と「何気なく読ませる」のバランスというか、この記述形式をとることで臨場感というか、読者があたかも自分も一緒にそこにいるような視線で読めると考えたからである。そしてそれだけでなく、読み終えたときにある印象が残るであろうことを期待している。

　フィールドワークの実施方法やエスノグラフィーの書き方に関しては良書がすでに出されているので、ここではそうしたことについて説明するのではなく、他の研究法では射程が届きにくく、かつ、解釈の大胆さの具体例が適していると考えた。

　エスノグラフィーの作品例を検討した際、もう1つ候補に考えたのは伝統的なフィールドワークに基づいたエスノグラフィーである自分の博士論文であった。しかし、エスノグラフィーがもつ魅力、おもしろさという点ではここに取り上げた作品の方がより適していると判断した。エスノグラフィーとはいえ、博士論文は審査の対象となるから、まずは研究論文として基本的なところがおさえられていることが重要で、その上でオリジナリティの提示がポイントとなる。エスノグラフィーで博士論文を書くことには研究領域によって位置づけは異なる面があると思われるが、その方向を検討中の読者は、専門書として出版されているので参考

になるであろう（Kinoshita and Kiefer, 1992）。英語ではあるが外国語として学んだ私が書いたものであるから読みやすい。フィールドは経済的に自立した約 300 人の高齢者が住む、日本ではさきがけのリタイアメント・コミュニティ、調査は 13 か月間、施設内に住みこんで行ったものである。退職者たちの生活の場は、一見平和にみえて、運営側と入居者側との対立状況にあり、ナイーブなフィールドワーカーが落下傘で舞い降りたようなものであった。自分の立場の取り方を含め、フィールドワークの実践過程も記述されている。

スウェーデンについてのこの作品では、フィールドワークは狭い意味での研究目的で行われたわけではない。いきさつと私自身の問題意識、新たな地に向かう姿勢は、作品の「はじめに」で述べてある通りである。フィールドについて説明するのであれば、特定の場所ではなくこのときはスウェーデンそれ自体という大まかな設定であった。フィールドとは限定された場所、空間であるべきだという立場からは理解しにくいかもしれないが、文化の視点にたつと、フィールドは焦点距離を調整し時に狭く、時に大きく設定できる。したがって、スウェーデンそのものをフィールドとすることに違和感はなく、むしろ自在なフィールドワークが可能であった。

作品の構成に表わされているように、『旅』は実際に自分の移動行程だけを指しているのではない。『思索の旅』であり、さまざまな高齢者ケアの現場をみていく旅、第 2 次世界大戦の時代への短い歴史の旅と、近代化以前のスウェーデンへの長い歴史の旅、そして、成熟した福祉社会の最後の福祉サービスの利用者と考えた死者と墓地を介した未来への旅から構成されている。フィールドを大きくとったおかげで、旅を表象とするこの構成と

内容になった。

　むろん、自分の解釈だけでなく、観察した事柄、話し合った相手の発言や主張などについては忠実な記録者であった。フィールドノートには観察部分、発言部分、重要と判断した会話の全体、それぞれに分けて記録した。2か月のフィールドワークは大判のノート3冊になった。日記風に1日の流れにそって記録する方法がもっとも自然であった。オープンな問題意識から始まったフィールドワークであったが2か月という時間は言わば短距離走のスピードで中距離を走るような感じで、1日、1日、気を張り詰めた連続であったが、1年間特定のフィールドに住みこむ長距離走のペースに比べると緊張感が持続できるギリギリであったように思える。調査の終り頃になるとフィールドノートに前に書いたことと同じことを書く場合があり、書いた後で見直していてそのことに気づくといった経験があった。そろそろ潮時だなという飽和感があったのを覚えている。

　フィールドワークでは資料の収集も重要な作業であり、自分が独自に見つけることもあるにはあるが実際には訪問先やディスカッションのときに相手の方が提示してくれることが多かった。もうひとつ、写真の活用である。のちに発表するエスノグラフィーに入れてもよいが、ここでの活用は少し違う。よくとれた写真というよりも自分にとっての記録的な写真で、ノートにメモする代わりになるものとしてである。記憶の呼び出し役としてとしての写真といえばよいだろうか、後でノートの内容と突き合わせることで詳しい描写ができる。

　ところで、先の、同じ光景をみても云々とも関連するが、私たちが何かに気付くのは外からの働きかけによってではなく、自分の側に反応する何かがあるから外からの刺激に気付けるのであ

る。フィールドワークには、そうした機会が実は無数といっていいほど溢れている。私たちはフィールドにある時、とくに意識していなくても、感情レベルも含めさまざまに反応している。そうした変化をもっとも自然に受け止めるには open mind であることなのだが、それに加え、フィールドノートを毎日つけることがきっかけになる。記録という形で自分の考えや感情を自分から外在化させてしまう、つまり、ノートをつける作業により自分の関心の動きに敏感になり、ノートを見ることで自分の関心がどのように展開してきているのかをつかみやすくなるのである。この点は、強調しておきたい。

　もともとは 1 冊の本であったものをこの本では 1 つの章に押し込めているので目次だけではわかりにくいが内容的には 3 部構成になっている。「高齢者ケアの現実」、「平和と福祉の関係」、「福祉社会の昨日から明日へ」、に分かれている。実際のフィールドワークは高齢者ケアの現実にまとめてあり、ルンド市のイブニング・パトロールの様子やクリッパン市の部分はフィールドノートにできるだけ詳細に記録した内容に基づいている。観察記録はできるだけ正確に心がけた。実際、フィールドで動いている時は解釈までの余裕はなく、印象を書きとめる程度しかできない。粗いメモや雑な図であっても帰ってすぐに清書すればかなりのところまで思い起こせる。疲れた中での作業は大変ではあるが、のちにどの部分が重要となるか判断できないときはこの作業をきちんとしておくしかない。フィールドワークが終わると、頼りにできるのはこうした記録になるからである。ちなみに、私はフィールドワークでは録音はしない主義である。自分のメモを元に清書してデータ化する。経験にもよるが、表情や声音を含め発言内容はかなり詳しく記録できるものである。

エスノグラフィーを書くためにはフィールドワークが終了した後、フィールドノートやさまざまな資料などを検討しながら、テーマや構成、その記述の仕方や使用するフィールドデータの選別などの作業をすることになる。これは、もう１つの、自分の中でのフィールドワークのようなものであり、実際のフィールドワークとエスノグラフィーにつなぐところになる。

　例えば、最初の訪問先、デンマーク、ロスキレ市の施設で言われた"Listen to them!"はクリッパン市の施設長からも語られ、「高齢者ケアの現実」のセクションの最初と最後に配置することで主軸としているが、このセクションの他の部分とも基底をなしている。コミュニケーションへの信頼は、実はこの作品全体の結論でもある。実際に訪問した順序だけが重要なのではなく、報告の記述に当たっては解釈に基づく構成が検討される。フィールドノートが重要なのはこのためであり、実際に記述に活用できるのが膨大な資料のごく一部分になるのは自然なことでもある。

　「平和と福祉の関係」はまったく予想だにしなかった展開であった。作品にあるとおりの内容なのだが、せいぜい観念的にしか考えていなかった問題が突然目の前に浮上してきたような興奮があった。高齢者ケアだけに関心をもち、寝たきり老人が本当にいないかどうかを確かめようと思って訪問したのなら、気付けなかったであろう。平和、福祉、戦争、歴史への責任などの大きな問題が高齢者ケアという「点」を通して全部が関連して見えてきて、現実の国際政治や国家戦略との関連がその先に展望された。平和と福祉の関係を理想論ではなく現実化しようとすれば、こうしたところまで視野を拡げなくてはならない。福祉が充実するためには国が平和でなくてはならないと思いがちで、それはその通りではあるが、このセクションの考察は、平和のために福祉

の在り方が深く関係しているということである。

　ここでのフィールドワークは文献や資料の収集であった。大部分はスウェーデン語で刊行されているはずだが、英語を広く取り入れている国でもあり、英語の文献や資料の収集は効果的に行えた。むろん、この場合はということであるが。

　「福祉社会の昨日から明日へ」の昨日と明日は、言うまでもなく、歴史的な時間としてである。理解したいと漠然と考えて始まった探求は、「昨日」に関しても、「明日」についても驚くべき結果をもたらした。こちらが不勉強だったからの驚きではあるが、人から教えられるのではなく自分から探求していって見えてきたことは新鮮な経験であり、発想を活性化させる。高齢者を基点にみていけば近代化以前の社会ではどこであってもそれなりの工夫や特徴があるのだとは思うが、スウェーデンの例は先入観となっているステレオタイプを打ち砕く迫力があった。「明日へ」の探求も1つの方向を指し示してくれた。共同匿名墓地、ミネスルンドはその仕組みもさることながら、人間の意識が死と死後の居場所を媒介としてこれからの社会でどの方向に進もうとしているのかを考えさせるものであった。この作品で取り上げたミネスルンドについても、高齢者をめぐる近代化以前の慣習や制度にしても私が最初に取り上げたのではなかったかもしれないが、それまで日本には紹介されてこなかったようである。

　このセクションに関して言えば、フィールドワークのポイントは誰に会えばよいかにあった。この場合は専門家に絞ればよかったから、比較的判断はしやすかった。これも、一種の理論的サンプリングである。

　この作品は1992年に単行本として出版されたが、反応の大半は「高齢者ケアの現実」についてであり、次いで「福祉社会の

昨日から明日へ」であった。私からすればもっとも重要である「平和と福祉への関係」についてはなかったように思う。

　最後に、点描について触れておこう。ここでは2例のみ入れてあるが、紀行文的エッセイである。気候、風土、街の様子、人々の日常生活の様子などを伝えている。フィールドの様子、フィールドワーカーの過ごし方などを叙述することで、「彼の地」を読者がイメージしやすくなることを意図している。こうしたスナップショット的な描写はフィールドノートにはたくさん残された。その都度、気がついたときに記録する習慣をつければ、材料に事欠く心配はない。描写的記述の練習にもなる。

第 1 章

作品・M-GTA
老夫、老妻ヲ介護ス

第1節　はじめに

（あなたは）ご自分の体験がないでしょ。こういうことってのは、たとえば介護のこととかね、そういうのは経験している人としていない人ではずいぶん受け止め方が違う。で、どうしても落差がでてきますよね。そういう意味で本当の姿をつかむっていうのは非常に難しいかなっていう気がしますね。僕自身も、以前と今とではずいぶん考え方も変わってきたし、どう受け止めたらいいのかってことも違うなっていう、逆にそういうことをしみじみ思う。

（D氏、67歳、妻、63歳、要介護度5）

　この章では、高齢夫婦世帯における夫による妻の介護プロセスを分析テーマとし、介護者である夫を分析焦点者としたM-GTAによる分析の結果を報告する。D氏の語りにあるように"本当の姿"とは当事者にあってさえ変化するものであるが、その意味するところを理解しようとするひとつのアプローチである。[i]

　高齢夫婦世帯において夫が要介護状態にある妻を、介護保険を利用しながら介護している日常は、介護行為や家事を行いサービスを利用しながら現実を切り盛りしていく【介護日課の構造化】[ii]と、介護状況において妻との関係に意味づけを更新していく【改めて夫婦であること】のバランスによって安定がはかられ

---

[i]　本章は、『ライブ講義M-GTA 実践的質的研究法　修正版グラウンデッド・セオリー・アプローチのすべて』（木下、2007a）の「第二部　分析例：高齢夫婦世帯における夫による妻の介護プロセスの研究」の分析結果である。同書では、【介護日課の構造化】に関する分析過程を説明しているが、ここでは全体の分析結果であるグラウンデッド・セオリーを提示する。なお、概念の一部はその後の検討の結果、名称が変わっている。また、データの扱いも同書と同じである。
[ii]　便宜上、カテゴリーを【　】、サブカテゴリーを〈　〉、概念を「　」で表記する。なお、結果図はデザインにより若干変わっているので、注意していただきたい。

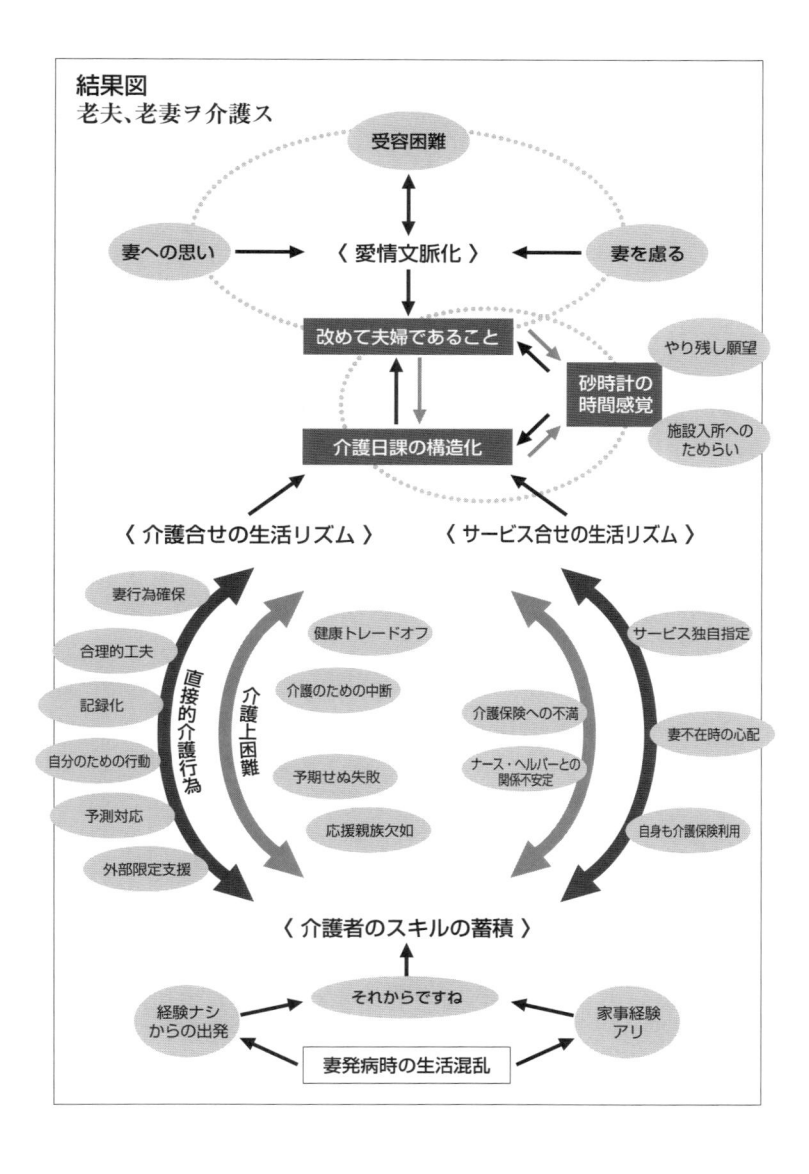

結果図
老夫、老妻ヲ介護ス

- 受容困難
- 妻への思い → 〈愛情文脈化〉 ← 妻を慮る
- 改めて夫婦であること
- 介護日課の構造化
- 砂時計の時間感覚
  - やり残し願望
  - 施設入所へのためらい

〈介護合せの生活リズム〉　〈サービス合せの生活リズム〉

直接的介護行為
- 妻行為確保
- 合理的工夫
- 記録化
- 自分のための行動
- 予測対応
- 外部限定支援

介護上困難
- 健康トレードオフ
- 介護のための中断
- 予期せぬ失敗
- 応援親族欠如

- サービス独自指定
- 介護保険への不満
- 妻不在時の心配
- ナース・ヘルパーとの関係不安定
- 自身も介護保険利用

〈介護者のスキルの蓄積〉

- 経験ナシからの出発 → それからですね ← 家事経験アリ
- 妻発病時の生活混乱

ている。しかし、現実対応領域と関係性領域からなるこのバランスは、一般に思われている以上に複雑にして複合的な役割を果たしている老夫によって支えられているが、介護者もまた高齢であるため近い将来の不安定さを内包する【砂時計の時間感覚】との相互作用となっている。図が示すように、老夫による妻の介護プロセスはこの3者の関係が中核をなしている。

その中でもっとも大きな比重を占めているのが【介護日課の構造化】であり、これは、1日の夫の行動が妻の介護を中心に規定されてくる〈介護合わせの生活リズム〉と、ホームヘルプや訪問看護、デイサービスなどサービスを利用するための生活リズムの調整である〈サービス合わせの生活リズム〉という性質の異なる生活リズムのバランスで構成され、そのために重要となるのが、介護生活が展開する中で必要となる介護行為や家事を行いながら同時にサービス利用に伴う種々の調整作業をしていく〈介護者スキルの蓄積〉である。単に介護スキルではなく介護「者」スキルであり、後述するように方向性が異なる動きを特徴とする2つのタイプの生活リズムを"合わせていける"介護者としての力量とその経験的蓄積を意味する。

【改めて夫婦であること】は、介護者である老夫が介護状況を受け止め、妻の介護を担うことの意味づけを日常的に行っていく作業であり、愛情をキーワードとする〈愛情文脈化〉を中心に構成される。また、【砂時計の時間感覚】とは近い将来の不確実さとその不安に耐え、【介護日課の構造化】と【改めて夫婦であること】との間に現実的時間意識を持ち込むことを意味する。

詳細は次節以降で述べていくが、図を一瞥しながらこの結果が彼らへのケアにどのように結び付きそうかイメージしてみよう。結果の実践的活用に向けてのウォームアップを、想像力を働

かせてここで少しやってみる。例えば、老々介護の問題は社会的にも関心がもたれ、最近では悲劇的結末として報じられる例が少なくない。とくに夫が介護者である場合に困難性を増すと思われているようだが、共倒れや虐待など問題が現実化する前に防止しようとすれば、一体どうしたらよいのだろうか。どこに着目すれば危険な兆候をキャッチできるのか。問題が現実化すれば何が起きたのかは理解できる。起こった結果については誰でも論評できる。ところが、問題を防止しようとすれば当然何らかの具体的な対応をしなくてはならないのだが、サービス提供に限度がある現実の厳しい状況下でその判断を自信を持って行い、さらにそれを実行するのは容易なことではない。

　この図は、一義的には高齢夫婦世帯において夫が妻を介護している場合に関するものではあるが、現状を理解し、問題点を確認し、どのように対応していけるかを判断、実行するための導き、1つの作業仮説となると考えている。実践的質的研究法としてのM-GTAが目指す研究の方向である。

　ここでは図だけをみてのウォームアップであるから簡単に触れるだけとし、結果の実践的活用については本章の最後の節で取り上げる。さて、老夫を介護者とする在宅での夫婦の生活は危ういバランスで維持されているのであるが、主要3カテゴリー、とりわけ【介護日課の構造化】にみるように単純構成ではなく、3つのサブカテゴリーとその関係から多層的に構成されている。このことは、大きな柱（カテゴリーのレベル）が倒れれば当然在宅生活の危機に直結するのだが、実はそれ以前にさまざまな小さなリスク（サブカテゴリーや概念のレベル）があることを示唆しており、したがって、ケア専門職は老夫を中心にみた介護生活の全体像を理解することにより、大きな危機が生じる前に小さなリス

クの位置と深刻さの程度を予測でき、方向性をもってより効果的にサポートを提供することができるようになる。

　たとえば、ある部分の崩れは連動しながら波及していくから、放置すると介護生活を破綻させかねない。どの局面でどのようなサービスが必要かは要介護者である妻のニーズだけでなく、在宅生活全体のバランスの崩れを回避する方向からも検討されなくてはならない。【介護日課の構造化】は現実対応領域であるからもっとも直接的に不安定化しやすく、また、【改めて夫婦であること】は〈愛情文脈化〉をするだけの精神的な力が保てなくなると気力と意欲がくじける危険がある。しかも、この両カテゴリー間のバランスは一方の不安定さを他方でカバーすることで調整が図られやすいから、放置されると危険度が増していく。しかし、老夫がかろうじて介護生活を維持できていたとしても、【砂時計の時間感覚】に想定されている夫自身の発病や入院などの状況変化が現実に起きると介護者としての機能はマヒし、高齢夫婦の生活は一挙に危機に陥る。

　一方、うごきの特性としては、介護者である老夫の日常行動は要介護状態の妻と空間的に一緒にいることが基本となり、それに対して居宅内であれ、あるいは、一時外出であれ、生活維持に必要なさまざまなことがらを行うために"一時的に妻のもとを離れられるか、そして、間に合うように戻ってくることができるか"にある。夫婦での暮らしであるから、離れられるのは妻が寝ている時、他の誰かがみている時、あるいは、デイサービス利用時のように妻の方が離れている時、なかには稀に妻を連れだし一緒に出かける場合（同伴移動）もみられるが、こうした移動調整は妻の状態に影響を受けるから重度化すると一時的に離れることは回数や時間の両方で一層困難な作業になりやすく、介護負担

だけでなく生活維持も困難度を増していく。しかも、妻との距離感は物理的移動の場合だけでなく心理的な面にもおよび、妻がショートステイや入院などにより自宅から離れている時であっても十分なケアを受けているかどうかが心配になるなど、介護者である老夫の関心は妻から離れられなくなる傾向がみられる。

第2節　介護日課の構造化

　【介護日課の構造化】は、介護保険の利用により日常生活が一定のスケジュールで組み立てられ、個別性の強い介護者の役割や行動がそれと調和することで生活を安定化することと定義され、〈介護合わせの生活リズム〉、〈サービス合わせの生活リズム〉、〈介護者スキルの蓄積〉の3つのサブカテゴリーから構成される。この組み合わせによりサービスを利用しながら老夫は妻の介護や介助、家事を行っている。

　私はね、7時半起床。それで食事の準備したりして、大体8時15分かな。(NHKの連続)ドラマに丁度間に合いますわ(笑)。ドラマ見てる間、本人幸いね、首出してうっと食卓の前に手ついて食事(摂取)はできる。それは助かりますよ。むろん長く時間はかかりますよ。いちいち、手でこう、口に入れてやらなくちゃならない。終わるのは9時半だね。歯磨くでしょ、顔を洗ってもってかなきゃならんでしょ。それでクリームつけたり。薬飲まして。それで部屋に連れてって、寝かせるわけ。オムツは代えなきゃあかんしね。紙オムツだからね。それで、寝かせる。そうすると最近は、リハビリの人が来て、なるべく椅子に座らせてくれる。本人も早く良くなりたい、歩きたいっていうわけね。ほんとはね、もう駄目なんですけ

ど。……月曜日は、午前中に入浴(サービスが)来るから。で、2時から買い物いかなあかんです、4時からヘルパーさん来るから。……水曜日は午後に看護婦(師)さん来るから午前に買い物。……
(K氏、84歳、妻、77歳、要介護度5)

 生活リズムとは1日24時間を構成する規則性で、食事や睡眠などのもっとも基礎的行為、炊事や掃除や洗濯などの家事、学校や職場への行き来やそこでの活動、それにそれ以外のさまざまな社会的、日常的活動を内容とし、誰であっても通常は安定したパターンとなっているものであり、日常生活を基盤において支えている。夫婦での生活では共同生活を送る上での共通の生活リズムとそれぞれ個人の生活リズムが加味されバランスが図られる。
 ところが、高齢夫婦世帯で夫が妻を介護している日常は、本来安定しているこの生活リズムが狂う。そのため、夫は介護や家事をこなしながらそれを安定化しなくてはならなくなるのだが、苦戦を強いられる。ここでは分析焦点者である老夫を中心にみているが、生活リズムが狂うのは介護者だけではない。むしろ、要介護の妻本人にとって切実であり、一緒に生活している夫婦にとって深刻な生活維持の問題となる。
 生活リズムという視点は、1人ひとりを1人の人として理解するための戦略的な視点を提供する。介護者である老夫とサービスを提供するケア専門職はともに要介護者のケアのために協働しているのだが、他方で両者は決定的に異なる。自明性の陥穽というか、生活を共にする介護者の場合には自分の生活リズムが混乱させられ調整が難しくなるのに対して、職業的介護者は「自分自身の」生活リズムは基本的に調整できるということである。

仕事を離れれば自分の生活に戻れるからである。例えば、施設勤務であればシフトで夜勤が入ってもあければ自分の生活リズムの調整に戻れる。ところが、在宅介護の場合、例えば昼夜逆転と呼ばれる問題を考えればわかるように、介護者は自身の生活リズムの中でその歪みに対応しなくてはならない。これがよく言われるように在宅介護は24時間ということの意味である。むろん、ケア専門職にとって夜勤は負担が大きく労働条件も厳しいであろうし、ホームヘルプであっても利用者の食事時間を優先すれば自分の生活リズムにしわ寄せがでることがないわけではない。ただ、在宅介護者に比べれば、仕事を離れれば時間的、空間的に自分の生活を確保できる。生活リズムとは本来誰であっても生活人として保障されるべきものである。在宅介護では個別の介護行為、家事行為もさることながら生活リズムがしわ寄せを受け、今回の場合のように介護者が夫であること、高齢であることがさらに条件として加わると、生活リズムのコントロールは困難の度合いを増す。

　このように述べても当然すぎることは、伝わりにくいかもしれない。在宅で妻を介護している老夫の生活リズムが崩れ、精神的にも身体的にも負担が大きいことは誰もが「理解できる」。そのため、実は理解しきれていないのではないかという疑問を感じることもない。このもどかしさをどうにかしないと、この先の記述も靄は晴れない。これは、感覚的理解の問題である。たとえで言えば、人身事故の影響で途中停車した込み合った電車内に長時間閉じ込められた人が、その時の不快感、いらだち、やりきれなさを帰宅後家族に話しても「それは大変でしたね」と言われ、確かに共感してくれた反応ではあるのだが何かニュアンスが違うと感じるときのように、当事者としての生の状況感覚、その

時・その場のことはいったん離れると本質的に理解されにくいものである。しかも、これは当事者であっても時間がたち別の状況へと変われば薄らいでいくものである。自宅で電車内の様子を話しても自分ですらその状況から遠のくと生々しい感じは薄らぎ、翌日ともなれば過去の出来事の類となる。

　ここで用いているインタビュー・データは、妻を介護している老夫による現在進行中の生の状況感覚を反映した語りであり、それをどこまで読み取れるかがここでの課題である。生活リズムへの着目はそのために有効であるので、初めに説明した。

　さて、【介護日課の構造化】は〈介護合わせの生活リズム〉、〈サービス合わせの生活リズム〉、そして、〈介護者スキルの蓄積〉の3者で構成されるのであるが、次に3者の関係を具体的にみていく。

2-1　介護合わせの生活リズムと介護者スキルの蓄積

　〈介護合わせの生活リズム〉とは妻に必要な介護や生活維持のために必要な家事などを行うことにより、介護者である老夫の1日24時間のリズムが偏っていくことを意味し、〈介護者スキルの蓄積〉とは必要なことがらを実行でき、その力量をそれまでの経験から夫が有していることである。したがって、サービスを利用せず、分担してくれる家族がいない場合は、介護者が1人で妻に必要な介護や自分たちの生活のための家事を行っていることになり、孤軍奮闘のこのパターンだけとなる。介護者スキルが十分でなければ必要な介護や家事ができなくなり、また、介護に合わせた生活リズムが維持できないと妻への介護が適切なタイミングで行えないことになる。在宅介護一般のむずかしさがここにあるのだが、今回のように妻の状態が変化したり老夫が体調を崩

したりすると対応力は落ち、〈介護合わせの生活リズム〉と〈介護者スキルの蓄積〉のどちらか一方あるいは両方に問題が発生しこのバランスは安定を失う。

> 私ね、朝ないんだ、朝、何時におきて、夜何時に寝るっていうそういう生活じゃないの、24時間体制だから。だからね、一応布団をひくのが夜の11時頃かな、そう、ひくのがね。たたむのが朝、大体、8時頃かな。うん、だけど、それ、寝てる（眠っている）わけじゃないんだ。あの、寝てもね、1時間以上、寝たことないよ。うん、これ、母（妻）さんのやらなきゃならないから。だから、物理的に無理ですよね。うん全く、その寝るのがゼロじゃないけどね、だけどあの、無理なんだよね。だから、ほら、普通の人の感覚で考えるとね、違うんだ。何時に起きて夜は何時に寝るとか。母さんが夜昼がないから。 　　　　　　　　　　　（L氏、66歳、妻、65歳、要介護度4）

睡眠は生活リズムの根幹である。眠れないにもかかわらず、夜に布団を敷き朝たたんでいる。布団を敷いてたたむという生活習慣行為は行っていても、実際には介護のために介護者の夜の時間は浸蝕されていく。こうして介護に合わせることで生活リズムは偏っていく。

> 3時間ごとに、（妻の体を）返して、おしめとか、夜中もね、夜中もよ。（夜）8時に大体寝せるんですよ、9時、10時、11時ね、11時になったら、今度（体の）向きを変えて、左だったら右、右だったら左にして、おしめ変えて、今度、12時、1時、2時の時間に起きて同じことをやる。2時だから（次は）3時、4時、5時、5時になったら、今度また起きるんだ、大体。それは大変、……慣れたけどね、やっぱり疲れるね。 　　　（G氏、77歳、妻、79歳、要介護度5）

（夜）9時に寝てもですね、痰が多いときなんか、ほんっと1時間から30分おきにずーっと朝までそういう状態が続いていたんです。

(M氏、妻、要介護度5)

　このように夜間に行うことは体位交換やおしめ代え、あるいは、痰の吸引などである。妻の要介護状態が重度化すると、ケアは24時間対応になるから夜間にも及ぶ。睡眠が寸断されそれだけでも影響は大きいのだが、生活リズムからみると問題はそれだけでは済まない。1日24時間の中でしわ寄せが起きていく。

いまは昼夜逆転しちゃってるんですよね。昼間寝て、夜起きてる。そういうタイプになったんです。それに私があわせてるんですよ。そうしないと、こっちが普通どおり寝ちゃうと、夜寝ちゃうとね、あのね、（私を）呼ぶんですよ。（それで、私が寝るのは）早くて（夜中の）1時。ただし火・木・土だけは8時起き。ゴミを出さなきゃいけない。これを忘れると溜まっちゃいますからね。

(C氏、73歳、妻、71歳、要介護度5)

　十分睡眠をとれなくても、曜日によっては朝の用事のために起きなくてはならない。ゴミ出しのパターンは通常であれば生活リズムを乱すものではないが、夜間がこのような状態であれば「8時に起きなければならない」夫の生活リズムは当然影響を受ける。ゴミ出しは介護サービスではないが、日常生活上怠るわけにはいかないのである。

　あるいは、介護のために食事のリズムが変則になり、食事内容もバランスが悪くなる。食事は、睡眠に次いで生活リズムの主要な部分である。

（妻には流動食を）飲ませますからね。飲ませながら自分も食事って言うのはね……あの、たまにあるんですけどねぇ、大変ですよ。自分が食べんの一生懸命だともうこっち（妻）寝ちゃってるんです。……だから、こっち（妻）が終わったら今度こっち（自分）ってね、そういう食べ方してるでしょ。だから大体昼も、それから夜も（妻が）寝てるときにこっちが食べる。だから中間、昼、長いですから、大体4時か5時ごろに、私、パンと牛乳でつなぐわけですよね。ええ。（訪問看護師は）それがいけないってんですよ。肥満のもと。ちゃんと3度食べなさいって。少しでもいいから3度食べなさいっていうんですけど、それがちょっとねー。ダメなんですよね。
(C氏)

〈介護合わせの生活リズム〉により老夫の日々の生活は制約を受けるが、その一方で、特定の介護行為が夫に特有の生活リズムと調和する場合も見られる。前立腺肥大などのため夜間トイレにいく回数が多く、そのタイミングと妻へのケアのタイミングを合わせることができる場合もある。

僕はね、ご飯（の準備）と毎晩起きて、3時間ごとに起きて、おしめを変えたり、向きを変えたり、体位を変えたり、それは大変は大変なんだけど、こちらのほうは男性に多い、あのなんと言うの、すぐ忘れるんだ、おしっこが近くなるでしょう、前立腺。僕もすこし肥大になって、夜おしっこに起きるんですよ。ひどいときは、1時間1回。自分が起きておしっこに、それ（妻の介護行為）が加わる。
(G氏)

こうした例はG氏のほか、30分から1時間おきに妻の痰の吸引と前立腺肥大と膀胱炎とで2時間おきにトイレに起きるタイミ

ングをできるだけ合わせようとしたM氏、他にも数名が、回数がほぼ同じのため自分がトイレに立つときに妻のトイレ誘導（ポータブルトイレを含む）もするなど、夜間はトイレとの関連が特徴的である。高齢に伴う自身の身体リズムと〈介護合わせの生活リズム〉が自然的に調和する場合である。むろん、だからと言って夫の負担が軽くなるわけではないが、老夫による介護の特徴のひとつではある。

　〈介護合わせの生活リズム〉にはここで挙げた例のほかにたくさんの具体的内容があり、この先説明していくが、生活リズムはサービス利用とも関連して多様な様相をなしている。

　ここでは、次の点を指摘しておく。それは、この研究の協力者21名に関しては〈介護合わせの生活リズム〉と〈介護者スキルの蓄積〉のバランスが成立しないケースはなかったということである。つまり、全員が老妻の介護にあたり何らかの生活リズムの影響を受けていたが、その影響の程度が在宅での介護を危機状態に陥らせてはいなかった。調査遂行上、介護保険のサービスを利用しながら一応の安定した在宅介護ができている人たちを対象としたのでこの結果は当然ではあるが、高齢夫婦世帯で妻が要介護状態にあるとき、あるいは、少し拡張して在宅介護一般の場合、介護者において〈介護合わせの生活リズム〉が成立していないとすればまず適切なタイミングで介護が行われていない可能性が示唆され、〈介護者スキルの蓄積〉が不十分であれば仮にタイミングは合っていて、それゆえ生活リズムへのしわ寄せは起きていても、そのとき必要な介護が力量的にできないことになる。〈介護合わせの生活リズム〉と〈介護者スキルの蓄積〉がかみ合うことによって、老夫による妻の介護は成り立っているのである。

ただ、毎日のこととなると常に完ぺきにというわけにはいかない。

> 体の向きを変えたりとか、そういうこともね、もう忘れる時もあるんですよ……（笑）。毎日できないですもんねぇ。まぁ、毎日できればやるんですけどね。やっぱ忘れる時もあるもんですから。もういまでも暑いもんですからね、あの、アイスノンですか、あれで肩の方とか頭だけやってね。もう、手間がかかってしょうがないです（笑）。しょうがないですよねぇ。でもねぇ、本人が口もきけないし、なーんにもわかんないんですよ。
> 　　　　　　　　　　　　　　　　　　　　　　　　　　　　（M氏）

　まだ危機的な段階に突入していないことは笑いながらの語りからうかがえるが、状況は深刻である。訪問看護師やケアマネジャーが指示する通りにはやりきれないのである。
　さて、もう一度図に戻ろう。図の〈介護合わせの生活リズム〉と〈介護者スキルの蓄積〉をつなぐ中心に位置に配置されている概念が「直接的介護行為」と「介護上の困難」で、両側の概念群はそれに関連することがらを説明している。外側の実線は「直接的介護行為」に関連する肯定的なもの、内側の網かけの線は「介護上の困難」に関連する失敗経験や阻害要因になりやすいものなど否定的な意味合いの強いもので、どちら側であっても介護の実践経験は〈介護者スキルの蓄積〉となっていく。実線側と網かけ線側が向かい合って表示されているものは、おおむね対比的関係にある。夫の生活リズムは妻のニーズが変化すればそれに対応して変化していく関係にあるから、日々の介護実践で経験的に身につけたことがらが介護者スキルとして蓄積されていく。この"うごき"が、実線と網かけ線の矢印に含意されてい

る。

2-1-1　直接的介護行為と介護上の困難
◎直接的介護行為：

　この概念は〈介護合わせの生活リズム〉と〈介護者スキルの蓄積〉をつなぐ位置にあり、夫が妻に対して行っている介護行為全般を指し、非常に多様な内容となっている。直接の介護行為だけでなくそれに関連し夫婦の日常生活を維持するために必要な家事なども、この概念に含む。例えば、食事摂取が困難な妻に食事介助をするとしても、調理や片付けがあり、献立作りや材料の買い物があるというように１つの介護行為は家事とも連動している。介護と家事を分けるのはサービス提供側の枠組みであり、当事者たちにとっては一連のプロセスなのであり、そのどこかが途切れると食事自体ができなくなるので、基本的に介護と家事は分離できない。言われれば当然のことと誰もが思うのだが、盲点になりやすい。連動しているプロセスは途中のどこかが寸断されれば全体に影響が及ぶからである。介護者の視点にたてば、まずこのとらえ方が重要で、施設に入居しトータルなサービスが提供されている場合と異なり在宅生活ではサービスはこうした一連のプロセスのある特定部分を肩代わりしているにすぎないことになる。しかも、後述するようにサービスがあるからといってその特定部分を完全に肩代わりしてもらえるわけではなく、今度はそのサービスの利用に付随しての仕事が介護者に新たに発生することもまれではない。

　したがって、夫の日常行動のほとんどは「直接的介護行為」によって占められている。介護に関する研究ではその詳細を明らかにすることに力点がおかれがちである。しかし、ここではこの概

念1つでそれをとらえる。

　妻への直接の介護行為は、1日の時間の流れにそって行われる。朝起きるとおむつ替えやトイレ誘導、歯磨き、洗顔、着替えなどのいわゆるモーニングケア、流動食を含めて朝食の準備と介助、糖尿病や腎臓病があれば血圧と血糖値の測定やインシュリンの注射、昼食、昼間の買い物、入浴、夕食、イヴニングケア、夜間対応、等々、等々、老夫たちは在宅介護のフルメニューの世界を実践している。

　しかもそれだけでなく、トイレの回数が多い妻にとってトイレットロールが使いにくい場合には昔風のチリ紙を買ってきて夫は夜寝る前に2枚ずつ折って用意する（これも介護者スキルの一例）というようにいろいろな工夫をしている。必要なことをしているのだが、単に決まったことだけをするのではなく介護や家事に関係する細かなところでのさまざまな工夫もここに含まれる。

◎介護上の困難：
　老夫は〈介護合わせの生活リズム〉と〈介護者スキルの蓄積〉のバランスの中で「直接的介護行為」を行っているのだが、その際に本人が困っている、戸惑っていると現在認識していることなどを指すのがこの概念である。定義上、包括的な内容となる。

　非常にトイレが近いんですよ。それで昨夜もそうですけどね、一晩に10回ぐらい行くんですよ。もう今行ってきたかと思うと、10分か15分でまた行くってな状況でね。何が一番困るかって言うと夜寝られないことですね。しょっちゅう起こされるから。（B氏、81歳）

　夜間の対応だけでなく、1階と2階の移動、車いすへの移乗な

ど体力を要する行為が挙げられる。朝、昼、晩の3食の食事作りも同じ内容ばかりにはできないため、大変である。家をあけられない、季節の変わり目に女性の下着の買い物に戸惑うこともある。

　解決や改善が困難で長期化する問題もあれば、慣れを含め対応していける問題もあり、また、主として妻の状態の変化により新たに困難化する問題もある。

　より複雑なのは介護や家事を行う際に、アルツハイマー病に典型的にみられるが、受け手である妻とのコミュニケーションが円滑にいかない場合である。夫は必要な介護はしているのだが、妻の反応により精神的ストレスが蓄積する。

　風呂場に2つバケツに水入れといて「汚した物はこん中入れとけよ」っていう風に言ってるんですけどもね、なかなかねぇ、入れないんですよ。でもねぇ、あの、パンツなんかもねぇ、小便で濡らすとねぇ、乾くまで部屋に置くんですよ。だから部屋が臭い。だから、それで、乾いた物を今度水の中入れとくとまたそれが臭い。だから、風呂、始めはね、（自分が）風呂入ってた時それを洗って……たんですけどね、とても風呂の中へ入ってね、あの、あれなんですよ、心がね癒されないんですよ、この野郎ってね、感じになっちゃうからね。だから、それで今、昼間それをやって、風呂へ入る時やる事はやめてって言う風にして。　　（O氏、69歳、妻、67歳、要介護度4）

　それだけではなく、O氏の場合、こうした食い違いは日常的なやり取りで頻発している。

　（妻は家族が部屋に入るのを）うん、嫌がる。娘が来てくれたときでも嫌がる。……「娘達が来るとね、なんか無くなってるんだよ」

とかね、とんでもないこと言い出すんですよ。昨日なんかね、娘が「歩いてお買い物に行くから駅の方でなくてもどこでも何か買える物ない？」なんて親切に聞いてやったらね、「それはあるけどお前には頼まないよ。」とかね、「お前じゃ駄目」とかね……。

　感謝の言葉までは望まなくてもせめて協力的であってほしい、少なくとも気持ちを逆なでするようなことはしないでほしいと思っても、病気の特性を理解できないと介護者は体力的な大変さ以上に精神的に消耗する。そして、こうした食い違いは当然妻との関係性に影響を与えるから、後述するように【改めて夫婦であること】にも関連する。

2-1-2　妻行為の確保、必要行為の合理的工夫、介護関連記録化と健康トレードオフ

◎妻行為の確保：
　これは老夫が自分で行うことができることでも敢えて行わず、妻ができることは妻にさせることである。

食器の後片付けは私が全部やりますね。で家内は何やるかっていうとね、あの洗った皿を拭いて、家内は力がないしね、えーあのつまり膝関節症もありますんで、長く立っていられないわけですね。だから、きれいに洗えないから私が洗ってね、拭くのを家内がやるわけです。
　　　　　　　　　　　　　　　　　　（F氏、71歳、妻、76歳、要介護度1）

（夕食後）9時ごろから家内がずっと洗ってますよ、自分で皿を。でまあ俺がやった方が早いんだけどね、（妻が）やるとやっぱりリハビリにもなるし。
　　　　　　　　　　　　　　　　　　（N氏、72歳、妻、65歳）

できる範囲で妻が洗濯物をたたむようにする場合などもあり、家事を担ってきた妻がその一部を継続できるようにしている。そして、妻が実際にはできなくなってもどうするかを判断して、夫に指示することにより役割意識は維持できるようにする。

> 車椅子になるとねえ、お皿1枚しまうのでもねえ、どこにしまうかってのはやっぱり、問題になるわけよ。でも、そうゆうのを決めるのは夫じゃなくて妻のほうになってしまうっていうのかな。それを両方で話し合って決めるっていうのは、ちょっと現実的ではないし、実際には妻のほうがこのお皿はここに収納するっていうのかな。そういうのは決めるってそういう感じだよね。
> （D氏、67歳、妻、63歳、要介護度5）

リハビリの視点で考えられているし、要介護者としてではなく共同生活者としての妻の存在が読み取れる。在宅生活は要介護者と居住環境との相互作用接点が豊富に見出せるので、介護者である夫にこうした配慮があれば残存能力を自然に活かせる機会は多い。

　この点は妻の日常生活動作になると、もっと強く反映されている。夫が直接介護しようとすればできることであっても、妻のことを考え本人にさせる。

> 夜は、あのー、ポータブル（トイレ）使うんですけどね。昼間はね、あのー、ポータブルは使わせないんですよ、そうしないと全然歩くことがないから。それで、ここでテレビを見て、ここからトイレまで、玄関すぐ横にトイレがあるでしょ。そこまで行く間でも、ま、歩けるからね。で、ポータブルだと、ほら、すぐそこだから楽でしょ。でもそうするとますます歩かなくなるから。ほいで、あっちか

らこっち側に手すりをつけて、自分で歩けるように。

(B氏、81歳、妻、77歳)

「妻行為の確保」は家事であれ身体動作であれ、要介護状態の妻に対して介護者である老夫がある程度余裕をもっていることを示唆する。したがって、この概念がみられるのであれば、老夫が状況をそれなりにコントロールできているとみることができよう。

◎**必要行為の合理的工夫**：
　老夫は妻の介護ニーズに対応しているのであるが、日常生活上必要なことを工夫して合理的に行っている。介護は相手のあることなので工夫の余地はあっても限られるが、家事の世界はやろうとすればいろいろな工夫が可能となる。例えば、洗濯。

(夕方) 6時53分にね、NHKの次の日の天気予報がありますでしょ。それを見てね、明日はお天気がいいとか悪いとかによって、ほいで、明日お天気がいいとなると、晩に洗濯しておいて、そいで、次の朝起きたらすぐ干すと。お天気がいいと、あのーうまくいくと1日で済みますんでね。どうしてもその天気予報は、見なくちゃならない、ですよ。

(B氏、81歳)

そして、食事の準備に関しても。

近頃はあのー自分で何と何と何をね、買ってこなきゃだとか、こんな風にしてみようかだとかね、えーもう彼女（妻）は全然考えるのよそうと思っちゃってるらしくて、なんらその考える気がないから、こっちが考えないとマンネリ化しちゃうわけですよね。食べ物で同

じなんていうんじゃね、いかにも情けないんで。

(J氏、妻、要介護度 2)

洗濯するのではなく使い捨てで対処する場合もある。

色々考えてやってますよ。あのね、この床がね、床の、あそこ、ちょっと見て見ます？　これ柔らかくて（良いのだが）、1つひとつ外して洗ってると大変なんで、すぐ捨てるやつに変えたんですよ、これだけは……。 (O氏)

はめ込み型の床マットの話である。
　他にもさまざまな例が見られた。洗濯1つにしても乾し方やたたみ方、上手な乾かし方など細部も多様である。家事は工夫すれば際限がないほどであり、工夫はそもそも合理的に行われるものであるしその程度もいろいろだから、あえて「必要行為の合理的工夫」などと概念化することはないかもしれない。しかし、年老いてから言わばフルタイムで介護と家事に取り組むことになった男性たちが試行錯誤を経ながら安定したスタイルを作ろうとしているわけであり、合理的な工夫は1つの重要な特性である。
　妻が夫を介護する場合には、すでに家事のスタイルができているであろうからこれほどではないかもしれない。あるいは、妻の介護という課題に直面して夫たちは長年身についた対処方法、いわば仕事モードが復活作動しているのかもしれない。この点は次とも関係する。

◎介護関連記録化:
　妻の介護をするようになり、日常的に記録をつけるようにな

る。家計簿が一般的だが、それだけではない。

> いつも同じの食わせるとまた文句いわれそうな気がするんで、僕は、あの、暦、ちっちゃい暦にですね、いつ何食べてたかって言うのを全部書いて、書き込んでね、とにかく1週間以内に同じのを食べさせないように、……例えば、肉じゃがを前にいつ食べさせたかっていうと、ここで食べさせたとか、そういう風にしてできるだけね、1週間以内に同じのを食べさせないような計画は立てて。……大変なんだよ、悩んでんだよ。何にしたら良いかなあって。（スーパーで）これは安いからね、これにしようっていう事じゃなくて、やっぱり、計画に沿っていったほうが絶対にっていうのがあって。
> （O氏、69歳、妻、67歳、要介護度4）

食事は毎日のことであり、計画的にするために記録をつけて参考にしている。

病状や入退院に関しても継続的に記録している。

> ここに赤字が書いてあるでしょ。ここの中にメニエル、メニエル、メニエルって書いてあるでしょ。ここ、みんなメニエル（の発作）、このぐらい倒れたの。最後になったのは6月の25日。X病院に治療行くようになってから、メニエル（の発作を）起こしそうになったら、頓服もらってんだ。……ああ、今全部で、26回ぐらい起きたんだな。
> （H氏、70歳、妻、67歳、要介護度2）

> 家に連れてきたのが、（平成）13年、（記録を探す）退院したのがね、僕が記録とっているんですよ。10年の9月に怪我してね、ここだ、13年だから、平成13年だから、おととし、11月。……10年に（病院に）入ったでしょ、11、12、13、3年間いたわけ。
> （G氏）

メニエル病の発作がこれまでに「26回」、退院が「ここだ」という反応から、こうした記録が過去の確認でありながら現在の状況を受け止める時間軸となっていることがうかがえる。

また、こうした記録付けは今後も続けると想定できることから、現在から将来への時間志向も組み込まれている。この点がはっきりするのが、漠然とした将来というよりも現在進行しているサービスの利用に関しての記録である。〈サービス合わせの生活リズム〉と〈介護者スキルの蓄積〉にかかわることだが、記録化と関連するのでここで取り上げる。

> 訪問看護に週に1回来るんです。でこれも同じようなことで、これはまぁ僕黙っていてもいいんだけども、あの結局私が平常観察をしているので、その観察報告をしなきゃならないんですよね。で本人に、が聞かれても、本人はとんちんかんで、えーなんていうかな。あのぴったりと答えられませんからね。答えることは少ないから、まっ、いつもあの一話ができないわけじゃないんですけどね。えー、私の記録に基づいて、えー説明しなきゃならない。
> （P氏、77歳、妻、75歳、要介護度2）

報告のための記録であり、必要に迫られてであろう。しかし、記録をつけるということはそのこと自体だけでなく、内容面、つまり、妻のどこに注意してみているかという介護者の観察の視線があることになる。

◎健康トレードオフ：
　介護者である夫も高齢であるからさまざまな健康問題を抱えているが、自分の健康問題を最優先できない状況にある。腰や

膝の不調や高血圧症、ぜんそくなどから、緑内障、眼底出血、急性腸炎、腸閉そく、腎臓結石、胃がん、膀胱がんなどが挙げられる。自分の問題で救急車を呼んだことや入院経験もみられる。受診はしていてもその日程は、妻の介護日課に大きな影響がでないように二の次にしてやりくりしている。

　一方、そうした優先順位はあっても、夫が定期的な受診が必要となると、その時は妻のための〈介護合わせの生活リズム〉が一時的に棚上げされ、夫（自分）中心のスケジュール調整となる。

　また、夫も介護保険の要介護認定を受けることで、あるいは、その結果軽度であれ要介護の認定を受ければサービス利用に接続されるので健康問題のトレードオフ状態が専門職、特にケアマネジャーによってチェック可能となる。この点は、後述する。

2-1-3　自分のための行動と介護のための中断
◎自分のための行動：

　老夫たちは妻の介護の日常の中で、自分のためのことや自分がしたいことをしていないわけではない。そのためにはサービス利用などとのタイミング合わせが重要となる。

　運動するんですね、私はほら、大体1万歩くらい歩く。大体毎日、1万歩くらい歩くんですよ。……昼できなかったから、夜娘が来てから、10時頃からほら、歩くとか。それ、毎日大体やってるんですよ。そうしないと、ほら、自分の体力が持たないから。　　　（D氏）

　その間（妻がデイサービスに行っている間）で私何しているかというと、それこそあちこちね散歩に出かけたり、ま、普段も散歩に行きますよ、1時間2時間ね。で例えばこの間の水曜日にはね、あの

—N温泉ってゆうのがありますよね。……えぇ、あの、日帰りの温泉浴場があるんですよ。　　　　　　　　　　　　　　　　　　（F氏）

　このように自分のための行動はその間の手立てができるのが条件で、妻を1人残していくわけにはいかない。そのため外出できるようにサービスの予定をかなり前から入れておくこともある。

　（ショートステイの申し込みは6か月前から可能だから）6か月前に（幹事の人に）予定立ててくれよと言ってあるの、クラス会やね。……早めに（こちらの予定が）分かってると……合わしてもらえる。でないと、介護してくれる人いないでしょう。　　　　　（G氏）

　妻の状態が改善してある程度の時間1人で留守番ができるようになると、かつての職場の同僚や大学時代の同窓会などに出かけることもある。
　しかし、そうしたやりくりができなくても自分のバランスをとるために趣味を続ける。

　趣味が無かったら神経衰弱になっちゃう、もう次から次へ、病気があるわ、本人は病気で泣くわ、もー、（笑）そんなん大変ですわ。それで……意識不明の時に何でそのままほっといてくれなかったのか、そのままにしてくれたら死ねるのにとかね、そんなこと言い出してさ。ま、そんなこと言いおったら、色んなこと考えおったら外になんか絶対遊びにいけないでしょ。外行けない。外行くのも大体1時間半とかね。1時間半いなかったら本人大変だから。帰ってこなきゃあかん。だから、今度は2階で、日本画をやってたからね。今水墨画と日本画をやってるわけですよ。ほんで2階でやってま

072

> たぐずぐずぐずぐずぐず言って呼び出すわけ。しょうがないから無線のあの、ジリジリって、押したら鳴るやつを、備え付けてあるわけ。そんなんもう10分もしないうちに呼び出されるわけよ。呼び出したいときに呼び出しおるでしょ。それが大変ですわ。それがもう今から30分は駄目だよって無理やり上（2階）に行って、それでやる（絵を画く）わけ。30分たったらその前にもうビービービービーこう鳴るわけ。まだ30分経ってないっつって……（笑）やるの。だけどね、絵とかやっとるから良いけどね、趣味が無かったらそらもう駄目ですわ。
>
> （K氏）

84歳のK氏は、要介護度5の77歳の妻を介護している。そうした日常にあって、趣味を続けることの意味はこの語りで尽くされている。

◎介護のための中断：

対照的に妻の介護のために、自分の趣味や活動を中断せざるを得ない場合は多い。

> この部屋、彫り物（を）僕がやってからね、（退職後に）……やろうと思ったら、本人（妻）が怪我して本人の部屋になっちゃった（笑）。道具いっぱい入っている、押入れのなかに。（いろいろ見せながら）途中まで彫った……そう、これもそうです。夜に彫って。……そのつもりで（部屋を）作ったんだけど、（妻の）部屋になっちゃった（笑）。あそこでね、やるわけいかないのよ、ほこりたつからね。
>
> （G氏）

〈介護合わせの生活リズム〉は1日のスケジュール面への影響だけでなく、夫の生活自体を再編させていく。時間的にも活動内

容的にも自分のための部分が侵食され、介護者はいよいよ介護者化されていく。

2-1-4　予測対応と予期せぬ失敗
◎予測対応：

かなりの確率で予測できる事態に対してあらかじめ対応しておく。例えば、自分が病気で現在の役割が果たせなくなる場合に備えて日常的必要品を必要以上に用意しておくのもその一例である。

> 病気ってのはね、あの自分がなりたいと思ってなくてもなっちゃうんだよ。だから、普段から慣れていないと。私が持病で（を）持ってるでしょ。そのためにね、ものを買うのがね、みんな複数になっちゃったのよ。しょうゆならしょうゆを必ず予備を買っておくの、すべてね、1つ1種類あるでしょ。もう1種類作っておくの。……倒れたときの為に。もし買い物に行かなくちゃ行けないことがないように。野菜なんかもいつも冷蔵庫一杯にしちゃうわけ。だからホームヘルパーさん、そんなに買わなくていいよって言うの。今はだんだんだんだん落ち着いてきたから、なるべく少なくしていこうとやってるんだけどね。もう癖になっちゃった。　　　　　　　　（H氏）

さらにこれまでの経験から自分が急に入院することになるかもしれない場合に対応しやすくなるように考えたサービスの利用をしている。

> 2か月に1回くらいは、（ショートステイ先に）予約を入れて（利用している）。あいている時に。うん。なぜかっていうとですね、結局、私がほら、急にですね、入院しちゃったから、腸閉塞で。だか

ら、あのー、そういうときに困るからっていうことで、まあ一応ですね、あちこち、ほら、顔つなぎをしとくんですよ。私がほら、入院したら、誰も介護する者いなくなりますから。だから、そういうわけで。……急にくるから困っちゃうんですよ、全く予告なしですから、腸閉塞っていうのは。朝なんともなくてですね、夕方からもうおなかがこんな、パンパンってくるから。　　　　　　　　　（D氏）

ショートステイはサービスとして利用されてはいるのだが、定期的な利用を複数個所ですることでいざという時にこのサービスが利用できるよう「顔つなぎ」をしているという策である。

今後起こりうる事態への事前対応とは別に、現在の介護状態を改善するために居宅を改造することもこの概念に含まれる。規模は大小幅があるが、トイレや浴室などに加え、妻が移動しやすいように手すりを設置することから、車いすなしでの移動ができるように居宅内を大規模に改造することもある。

◎予期せぬ失敗：

介護が試行錯誤のプロセスである以上、失敗もまたさまざまに経験されている。良かれと考えてしたことが、結果的に効果が中断したり逆効果になる。住宅改造のようにお風呂場を改造しても妻が入るのを怖がってしまえば利用できないし、初めは活用できていても状態が変われば利用できなくなる。

物的環境であればまだ納得もしやすいが、妻の身体に対しての失敗は良かれと思って行っただけに影響が大きい。

彼女ね、（食事が）ねり状のもんでねぇ、ちょっと硬い（もの）、柔らかいものでも、固形はダメなんです。歯、1本もないんですよ。

これはねぇ、知らなかったんでね。もう少し歯医者さんが言ってくれてれば……歯医者さん（訪問診療で）来てたんですけどね。これ流動食ばっかなんですからねぇ、病院でくれるのは。……じゃつまんないだろうってジュース、間に飲ましてたんですよ。そしたら歯が溶けちゃって。全部溶けちゃって。そう。で、磨いたってダメなんですって、もうはじまっちゃうとね。もうゴミみたいになって、でポロっと落ちちゃう。金だけかぶせてあった（歯）は平気だったの。……だから１本だけ残ったの。（それで）下唇噛んで切っちゃう。それが逆に危ないんですって。しょうがない、麻酔かけてとりましたよ。……何本かは呑み込んでいたみたいですけどね。それはねぇ、恐ろしいなって思いましたね。これが早くわかればなって思いますよ。あんまり糖分の多いジュースをやってると歯が溶けちゃうって。これはちょっと気がつかなかったぁ。　　　　　（C氏）

流動食だけではかわいそうと思い自分なりに取った行動が、結果として妻の歯をダメにしてしまった。

2-1-5　外部限定支援と応援親族欠如
◎外部限定支援：
高齢夫婦だけの生活であっても、介護する夫に対して近隣住民の手助けがないわけではないが、近所であるだけにありがたいこともあれば単純にそうとも言えない時もある。

このご近所の方も、みんなうちの状態知ってますからね。駅まであのー、バス停やなんかで待ってると、「駅まで行くんだったら、どちらおいでですか？」っていうと、「〜駅まで行きます」って言うと、「じゃあ、車に乗って、一緒に乗っていってください」とかね。嫌でもあの、ご近所の方が親切にしてくださるんですよ。親切にし

ていただけるけども、家の中に入ってヘルパーさんの代わりまではできませんのでね。ほいで何かあったら買い物は、あのー、言ってください、してあげますよって言ってくれるんですけどね。あのー、よそ様の買い物っていうのはなかなか難しいですからね。あんまり高くってもいけない、安くってもいけない（笑）。色々、人様の買い物って言うのは難しいですからね。それは頼まないでね、自分でねー、やってますからね。
(B氏)

　先の例のように夜時々娘が来てくれてその間に散歩に出かけたり、アルツハイマー病のため妻からは歓迎されずまるで物盗呼ばわりされても、父のために孫を連れて時々手伝いに来る娘たちのように、限られてはいるが子供からの応援がみられる。
　応援に来るのは娘たちとは限らない。

次男と三男が交代で話し合って、病院に行くとき必ず1人来るわけよ。ただ、三男坊が今、仕事柄、海外出張が多いんですよ。今日もアメリカで2週間ぐらい行ってるわけだけど。……その間、次男が仕事を休んで、来たりしてる。
(H氏)

　2人の息子が、それぞれ仕事の合間を縫って協力して応援している。この次男は食事作りを始めた父親に、参考にしやすい料理の本を探してきている。

◎応援親族欠如：
　子供など親族からの助けがなく、あるいは、助けを期待せず、夫が自分でみることになっている。子供がおらず、兄弟姉妹がいても住んでいるところはまちまちであるし、「それぞれ色々問題をかかえているもんですからね、実際問題として私が全面的に今

見ているんです」(B氏)となる。子供がいても仕事や子育て等々で、助けにはならない。

　子供家族との関係には微妙さがあり、介護者である老夫が現状に納得しきっているとは言い難いのも事実である。

　私、うん、息子いるでしょ。だけど、全然、介護について、協力してくれって、言ったことない、うん。(面接者：それは、なぜですか) それは、あれだよ、私は、息子の性格を知ってるし、それから、息子の連れ合いいるでしょ、その性格も知ってるし、それで、向こうがほら勝手に来てね、なにか、母(妻)さんのためにやってくれるなら拒まないよ。それ、拒まない。だけど、定期的にそれをやってくれ、あれやってくれなんて、絶対に言ったことないよ。　(L氏)

2-2　サービス合わせの生活リズムと介護者スキルの蓄積

　これまでにみてきたように、介護者である老夫の1日は妻に必要な介護のために生活リズムがしわ寄せを受け偏っていく傾向にあった。単に時間がズレるだけでなく、夜間のケアは睡眠不足だけでなくそのままの状態では昼間の介護や家事の負担増となるので、生活リズムの偏りは複合的なものとなりやすい。

　〈サービス合わせの生活リズム〉とは、要介護の妻が介護保険によるサービスを利用するために、介護者である夫がそのために必要となる生活リズムの調整を行うことを意味する。そして、その過程での経験が〈介護者スキルの蓄積〉となっていく。中でも、〈介護合わせの生活リズム〉との関係では「直接的介護行為」を中心として介護行為のスキルが重要になるのとは対照的に、〈サービス合わせの生活リズム〉ではケアマネジャーやサービス提供者とのさまざまな調整やサービスを利用するための準備が

大きな比重を占める。

> 家内はですね、毎週水曜日にデイサービスに行っていますね。だいたい8時50分に迎えが来て、4時20分に（帰りを）迎えるというタイプですかね。だからそうなってくると、あの、朝急がさないと、待ってもらうことになるからね。えー、8時50分には家を出るように少しずつ、私がね、うるさく催促しているわけですよ。　　（F氏）

データの前後を補足すると、いつもは朝6時に妻を起こし、朝食に時間がかかるので終わるのが10時頃になるのだが、デイサービスを利用する水曜日は送迎バスが8時50分に来るのでそれに間に合うように妻を準備させなければならないという意味である。朝食が10時頃に終わるのは〈介護合わせの生活リズム〉で実際に通常はそうしているから、〈介護合わせの生活リズム〉と〈介護者スキルの蓄積〉はかみ合っている。一方、毎週水曜日8時50分に来る予定になっているデイサービスへの送迎車に妻を間に合わせるのは〈サービス合わせの生活リズム〉となり、催促し準備をさせることは〈介護者スキルの蓄積〉があるからで、この状況に対応できているのでこの両者もかみ合っている。介護者である老夫が前者の通常パターンを、水曜日には後者のパターンにスイッチしていることになる。

日常的生活の1コマとしてごく普通に見えるこの作業は、しかし、それほど単純なことではない。送迎バスは時間通りにきて、遅れるわけにはいかない。他の利用者やサービス提供者に迷惑がかかるからである。〈介護合わせの生活リズム〉は夫への負担は大きくなるが妻のニーズに対しては的確なタイミングでの対応となり、時間をかけた朝食は夫婦が在宅で1日を送るのであれば

適切である。これに対して、〈サービス合わせの生活リズム〉は決められた日時と場所で、所定の準備をして、合わせなくてはならない。それは介護者の責任となるから、柔軟さはなく厳格さが求められる。

　すでに、昼夜逆転の妻の介護で夜間何度か対応していても週に3日はゴミ出しのために朝8時に起きなくてはならないC氏の例をみているが、介護保険のサービスではないがこのパターンも基本的には同じである。他にも、次のような例がみられる。

　夜寝られないことですね。しょっちゅう起こされるから。それで、よくヘルパーさんが皆さん午前中に見えてるから、その間に寝てたらどうですか、とこう言われるんですけど、午前中ヘルパーさんがみえてる間に私があの、買い物に行くわけですね、食料の。……
　午前中にヘルパーさんが材料をこれとこれとこれを用意してください、この次に来た時に何を作りますからと言う……そうすると私の方は、午前中にヘルパーさんのいる間に、冷蔵庫を見て、絶えず、その、材料が切れないように揃えていなくちゃならない。それで野菜とか肉とかだけじゃなくて、その、調味料がありますね。で、調味料は今はもう覚えてきましたからいいんですけれども、絶えず調味料も切らさないようにしていなくちゃならない。それで、ヘルパーさんが9時半にみえて、それで、10時に店が開きますからね、ヘルパーさんが11時半までですから、それまでの間に、材料を買って帰ってくるというような状況で。午後はどこにも出られない。ですから、材料を買いに行くだけじゃなくて、銀行だとか、郵便局だとか、色々ありますわね。で、それもとにかくその全てが私1人でやらなくちゃならないというのが、あの、現状なんですよ。　（B氏）

これはホームヘルプの場合だが、ヘルパーに来てもらえば介護

者である夫がその間完全に休めるのではなく、逆にその時間を使って生活上必要な他のことをしなくてはならない。ヘルパーが言うように仮眠をとれればB氏の〈介護合わせの生活リズム〉は偏りが多少是正されるであろうが、現実にはサービス利用に合わせてしなくてはならない事柄が発生している。これも〈サービス合わせの生活リズム〉の一例である。

　むろん、サービスの利用により夫が時間的な余裕を持てる場合もある。次のように、妻がデイサービスに行っている間が、貴重な自分の時間になっていることがうかがえる。

　そういう（妻がデイサービスを受けに行っている）時に（駅周辺）へ出たりね、するわけなんですけどね。デイサービスってのは10時から午後4時までってことになっていますから。うんやっぱし自分で本読んだり、それから時々は買い物に行ったり、デパートがいろいろあるでしょ。○○デパートというのがありますよね。それのね、7階にかなり広い書店があるのですよ。　　　　　　　　（F氏）

　同様の例は、「自分のための行動」のところでも説明した。一時的にせよ、妻と離れるためには段取りが必要であり、デイサービスやショートステイのように妻が自宅外でケアを受けている時がその機会となる。

　ここから〈介護合わせの生活リズム〉と〈サービス合わせの生活リズム〉の関係について2つの方向性が考えられる。1つは、前者の偏りを後者が緩和し介護者の負担を軽減する方向で、一般にサービス利用が介護者の負担軽減になると期待されている方向である。もう1つは逆に、サービスの利用が介護者に新たな作業をもたらすためサービスの利用が十分な負担軽減につなが

らない方向である。つまり、サービスが投下されればその分介護者の負担が軽くなるというほど単純なわけではなく、介護者の生活リズムの歪みが改善されるのではなく増幅されることも起こりうる。

このダイナミズムの調整を介護者ができれば〈介護者スキルの蓄積〉が機能していることになるが、そのためにはまずその方向に向けてケアマネジャーが介護者に対して〈介護合わせの生活リズム〉と〈サービス合わせの生活リズム〉がバランスし【介護日課の構造化】が達成されるようイニチアチブを取ることができる。

ダイナミズムという言い方をしたのは、8時50分の送迎バスのところですでに言及したように、この2つの生活リズムは性質の異なるうごきをしているからである。生活リズムとの関連で、時間特性を考えれば理解しやすい。すなわち、〈介護合わせの生活リズム〉は、妻の要介護状態に対応するため夫の生活リズムが制約を受け、具体例の中にはかなり極限に近い状態もみられた。妻の状態は非常に個別的であり、また、同じ人でも変動幅がある。したがって、〈介護合わせの生活リズム〉は固有にして個別的な時間特性の中で夫が行っている多様な対応を説明することができる。しかも、夜間も数時間おきに定期的に起きて体位交換をしなくてはならない場合のように、妻の要介護の度合いが強まるにつれて夫の生活リズムへのしわ寄せは増幅していく関係にある。

対照的に、〈サービス合わせの生活リズム〉は、介護負担の軽減だけでなく新たな負担の発生という両方向で、複合的な現象を説明できる。例としてみたのはホームヘルプとデイサービスであったが、介護保険によって専門的に提供されるサービスの時間

特性はスケジュール化されている点で、これは一般の社会生活を秩序立てている標準的時間である。仕事の時間といってもよい。介護保険によるサービスが妻の要介護状態にできるだけ対応させて組み立てられているという面はあるにしても、現実には希望通りにはいかずさまざまな条件によって規定される。この点を理解するにはいったんスケジュール化された後の変更のむずかしさを考えれば、サービスが標準的時間、社会一般における時間特性で成り立っていることが理解できよう。むろん実際には予定変更は決して珍しくはないが、許容幅はそれほど多くないし例外的なこととして扱われる。

　だから、サービスを利用することはスケジュールを守ること、守ろうとすることが前提になっているのであって、標準的時間はそれに合わせるよう介護者に対して強制的影響力を伴う。

　要約すると、介護に合わせた生活リズムによって夫の1日の生活パターンは変則化し、しわ寄せを増幅させる方向で変化する。一方、サービス利用によって在宅生活は維持されているのは確かだが、利用するにはスケジュール化に合わせなくてはならない。固有にして個別的な時間と標準化された時間とを"合わせる"ことが介護者に課せられているのであり、それによって日課が構造化されている。そして、それが継続できるためには〈介護者スキルの蓄積〉が重要となる。

　したがって、〈サービス合わせの生活リズム〉は介護者をサービス利用者化し、その生活スタイルを言わばサービス仕様にしていく。この傾向は直接の対象者である要介護者にも言えることではあるが、それ以上にマネジメントをする介護者に当てはまる。介護者は利用者のために調整を行わなければならないからである。実際、ホームヘルプ、デイサービス、訪問看護、訪問リハビ

リ、ショートステイなどいろいろなサービスを利用しているとスケジュール管理を含めた総合的なやりくりが発生し、さらにサービスの種類と利用度が増していくと生活全体がそのスケジュールによって複雑に規定されてくる。介護者が意識しているいないにかかわらず〈サービス合わせの生活リズム〉と〈介護者スキルの蓄積〉のバランス関係がもたらすのは、生活をサービス仕様に仕立て上げていく介護者のマネジメント・スキルとなる。

　これをプライベートな領域に対する制度的浸蝕とみる立場もあろう。社会生活全般が種々の利便サービスで満たされてきた現代社会にあって、人生の終盤になって最後の私的生活空間である居宅だけでなく、個人にとってはこれまた最後の私的領域と言える自身の身体にまでサービスが及んできている——介護サービスとはそういうことなのだが——ことを、どのようにとらえるべきかという問題である。とりわけ、高齢夫婦での居住形態を近代家族が最終的に到達する形態とみれば、この問題は介護論、福祉社会論、福祉社会学、家族社会学、そして、それらを包括する社会学など関連研究分野で議論されてよい。

　一方、現象的にみると〈サービス合わせの生活リズム〉があることによって介護者の生活リズムが調整され、日課の構造化がうながされている。〈介護合わせの生活リズム〉だけであると、夫婦の生活は固有の偏りにうごき、介護者への負担が大きくなる。介護者スキルも対応しきれなくなる可能性がある。そして、在宅での生活が密室化、タコ壺化していきかねない。ここに〈サービス合わせの生活リズム〉が入ることによってスケジュール化された標準的時間により、在宅介護閉塞化のうごきは自動的に調整されることになる。実際のサービス自体の重要性、有効性とは別に、サービス利用にこうした機能のあることは十分認識されてよ

いだろう。そして、介護者はこの狭間で性質の異なるスキルを使い分け、身につけていく。
　実際、介護者の日常はかなり忙しく、2つの生活リズムが拮抗していけばギリギリのバランス状態となる。

　　色々あるわけですよね。もう1日の時間ってのが、ものすごく短い。人がね、ちょっと来ると、自分の中の時間割がいろんなことでもって変わってくるでしょ。そうすると今度、自分の休息がなくなってきちゃうんだよね。　　　　　　　　　　　　　　　　　　（H氏）

　1日の行動が関連して組み立っているため、予期せぬ来客や一時的な訪問があるだけでしわ寄せが発生している。補足すると、週4日ホームヘルプ・サービスを利用しているH氏にとって「人がちょっと来る」ことは、〈介護合わせの生活リズム〉とも〈サービス合わせの生活リズム〉とも異なる出来事であり、こうしたごく普通のことが大きな影響を及ぼしかねない。
　介護日課の構造化とは2種類の生活リズムのバランスで成り立つのであるが、それぞれが要請するスケジュール化により介護者の1日が予定で埋め尽くされていく世界でもある。
　自分のための時間や活動が制限され、睡眠、食事、入浴といった基本的な生活行為がしわ寄せを受ける。すでにみたように夜間の対応のための睡眠不足、不規則な食事と内容、あるいは、妻が確実に寝ている早朝の入浴。介護者である老夫は、驚くほど忙しいのである。
　次に、〈サービス合わせの生活リズム〉と〈介護者スキルの蓄積〉に関係する概念を対比的関係にまとめて説明する。

2-2-1　サービス独自指定と介護保険への不満、ヘルパー・ナース関係不安定

◎**サービス独自指定：**

これは、所定のサービスは一応受けるのであるが、実際には自分の判断で妻に最も必要なサービスをしてもらうことである。次が好例である。

> ヘルパーさんはね、午後に入ります、1時から3時までの間、土曜日とね、水曜日。ヘルパーさんはね、掃除しない。掃除頼まないの、僕は。2人だけだからね、会話があんまりないでしょう、夫婦の会話って。だからね、これ駄目かなと思ってね、刺激与えないでしょう。(刺激が) ないと痴呆 (認知症) になってくる。だから、あの普段、私は皆おしめ全部、取り替えますからね。……それ (を) きれいに洗ってもらう。その程度してもらって、あとはね、お話、と本を読んでもらうこと、そういうことを頼んでるんだよ、ヘルパーさんに。掃除はいいんだ、僕が (できるし)、たいして (家は) 広くないんだから。洗濯だって、ほら、機械に入れるんでしょう。できれば食事は配食でしょう。土日だけですから、僕がつくればいい。…… (夫婦) 2人だけだと、話が本当に決まっちゃうからね、ほとんどないでしょう。……だから、だったらね、他人様 (ヘルパー) が来た時に、話してもらって、子供さんのことだとかね、孫のことだとかね、お宅はどこでいたんですか、どこの生まれですかね、そういう話が、少しずつ変わってくるけどね、そういうことをやってもらったりして、話をね、それから、あと本読んでもらったり。(妻の部屋に行って本を持ってきて) 今、この本を読んでもらっている、『少年 H』。　　　　　　　　　　　　　　　　　　　(G 氏)

こうした柔軟さは現在では許容されなくなっているのであろう

が、介護者である夫の判断としては十分、理解できる。サービスが単品でそれ自体が目的化すると介護は矮小化されるが、ホームヘルプであれ、サービスが要介護者と介護者に対してその提供者であるヘルパーの関係性をつなぐものと考えることができれば、ヘルパーは第3の人間として社会関係の世界が導入できる。サービスを目的と同時に媒介とする発想と実践があれば、その効果は相乗化できる。

「サービス独自指定」は妻のことを考えてのことであったから、先に見た「妻行為の確保」と関連し、介護状況にある妻を夫がどのようにとらえているかを示している。この傾向は夫婦の関係性のあり方ともつながる。

◎**介護保険制度への不満：**
　この具体例は多い。保険料や自己負担額など費用への不満もあれば、実態に対応できない資格制度上の問題もある。

> もちろん、助かってますよ、助かってる部分は。（しかし）間違ってる（部分も）、ありますよ。肝心なところは抜けっちゃってるんだな。……俺がやってるんだから、うん、経管栄養だって、吸引だって、私がやってできるんだから。俺が、俺みたいな、ばかがやってもできるんだから、（ヘルパーに）できないなんてことはない。だから、さっき言ったように、実際になんかあったとき、事故がおきたときに、訴えられたらどうしようかというのが頭のなかにあるかのな。（ヘルパーがそれをすると）看護婦（師）さんの職域を荒らされるというのがある、そういうところがあるんだろうと、私は想像しているんだけどね。　　　　　　　　　　　　　　（L氏）

また、希望するサービスが制度上の理由で利用できないことへ

の不満もある。

> 昨日も、夫婦が、あのー、ヘルパーさんだけを残して夫婦が外出したら、それは困りますとこう言われて。……ヘルパーさんと、我々との間に、もうコミュニケーションが良くできて、お互い信頼関係の下に仕事をしてもらっているんだ。……けれども、片一方にすると、何かあったときに、何か金銭的なものがなくなったとか物がなくなったとかいうときに問題が起こって困るから、……2人ともいないときに、ね、ヘルパーさんだけ残ったらそのー、困りますとかね。で、そうなると、医者へ連れて行くのも車椅子に乗せて私が行くと、どうしてもヘルパーさんだけ残っちゃうわけですよ。で、それはいけないとかね。そうすると、ヘルパーと私たちの間には信頼関係はないのかと。信頼関係があってこそ初めてうまくいくんじゃないかと思うんだけれども、中に、そういう、物が盗まれたとか通帳が盗まれたとかっていう事故があるから、事故があって後で責任を問われると困るから、それだからそういうことが駄目ですよと、何かそっちのほうへ重点が行ってしまう。……私はちょっと疑問を感じますね。
> (B氏)

夫にしてみれば必要性は現実であるのに、可能であるにもかかわらず制度的な理由で利用できないことへの不満が語られる。

◎ヘルパー・ナースとの関係不安定：

信頼関係があればそれに立脚した不満がある一方で、実際に訪問してくるヘルパーやナースに対しての不満もある。介護者や利用者はヘルパーやナースを指名することはできないし、途中交代も基本的に受け入れるしかない。

ホームヘルパーさんが来始めたんですよ。……もう少しになると、家の中の何がどこにあるかというのをみんな理解しちゃうようになるんですよ。で、私がいなくてもできるようになる。そうすればね、私はもっといろんなことができる。散歩もできる、運動もできる。で、たまたまヘルパーの人が、変わるかもしれないという話をするわけですね。それは困ると。また新しい人が来たんじゃねえ、困ると。だから、うちの厨房の中のね、何がどこにおいてあって、食器はどこに置いてあるかとか。やるほどだんだんみんな理解していくの。で、家内の食事の好みってのを段々、段々分かってくるの。

(H氏)

　これはサービス利用に伴う介護者負担の変形例とみることもできるが、ヘルパーはいつ誰が来ても同じなのではなく、自分たちの生活の様子や妻の状態をよく理解してくれた人はパートナーとなるが、別の人に変われば慣れて理解してもらうまでの作業が介護者である夫の側にその都度発生することを指摘している。

　むろん、ていねいな引き継ぎによってこうした問題へは対応できるのではあるが、うまくいっている場合には変わってもらいたくはないのは自然なことである。制度上の制約や、相性や能力とは別の問題で、制度化されたサービスは標準化され提供者が誰であるかに左右されないレベルを志向するのに対して、人間関係はそれぞれの人格的要素を抜きには成り立たないからである。

　似たような例もある。複数のヘルパーに来てもらっている場合である。

大変だなー、いちいち断るのめんどくさい……ヘルパーさんって毎日変わるでしょ。……何か作ってもらうにしてもね、みんな違う、それぞれみんなやり方が違うもんだから。人によって馬鹿にたくさ

ん作ったり、それからあの野菜だとか、……女が何人もいて気づかないかなって思うんだけど、野菜なんかもしなびさしちゃったりして捨てちゃったりね……だから使いかけ、前の人が使いかけで残したやつが翌日そのままになってて、捨てちゃうってな事があるんですね。だから、まあなんかうまくいかない……こっちが作る訳じゃないもんだから……。（ヘルパーが）何か作ろうと思ってもあれがないこれがないなんてなったり……物が無駄になっちゃうんですね。野菜だとか果物だとか……腐らせちゃったり。 　　　　　　（O氏）

　ヘルパーたちにはヘルパーたちの言い分がある話であるが、利用者の受け止め方である。細かな点での不満は多く、魚を3枚におろせない、掃除をもう少し丁寧にしてほしい、水道の栓をすぐ閉めない、物を動かしても元に戻さない、風呂場の洗剤を使用後に元の場所にもどさない、等々。ヘルパーといえども他人がホームヘルプに来るわけであるから、利用者夫婦のスタイルや流儀と完全に合わせることは不可能であることは理解したうえで、それでも気になることとして語られている。
　その一方で、不満ではなく、ヘルパーの行動を見てその力量に気づくこともある。

指摘されて初めて分かった。だからあの、こっちがよく見ててもね、家に来てくれたヘルパーさんが、この人（妻）を連れて散歩に出るわけさ、それを見てるとホントに（妻は）実によたよたしても、こうよたよたっとなってもきれいにこうピシッと支えてくれるんですよ。ところが我々はそういう基礎的なものが何もないから、支え方が全然なってないから、ただ転ばなければいいんだというそういう発想だ。 　　　　　　（E氏）

ヘルパーとうまくいっている場合であっても、継続性が心配となり、不安定さの一因となる。担当替えだけでなく、熱心なヘルパーの健康を心配することもある。

　うちに来てくれるヘルパーさん。この人がまた、いい人が来てくださっているわけですわ。……自分の生き方に合うような人、そういう人が来てくれる。……心配なことは……介護に夢中になって、自分の体を壊さないようにね。もう、相手さんのことばっかり夢中になってしまって（それで）自分の体を壊したらね……。　　　（H氏）

　妻の言動がヘルパーやナースに不快感を与え、印象を悪くすることを心配することも、関係不安定化の具体例である。

　訪問看護はね、今ね、あの、来てくれてる方はね、非常に、あの、頑張ってくれる方でね。その人も始めはね、（妻の部屋に入って）「こりゃ臭いわ」なんて言ったらね、（妻は）それをすぐね、ケアマネージャーに言いつけたんですよ。「あの看護婦（師）さんは冷たい。臭いって言うんだもん」とかね、言い出すんです。それで、（その看護師は）注意されたみたいでね。……汚い所も何でも、段々段々慣れてくると、もうその人は良いんだけども、例えば、その人が例えば夏休みで来れないとき、……新しい看護婦さんを連れてきた。あの、見習をね、一緒につれて来たんですよ。でも女房が、水、なかなか水分を摂らないんでね。……（その見習い看護師が）朝ヨーグルトかなんか食べるのも良いわねって話をしてたら、「あんた私の事知らないで何言ってるのよ！あたしはヨーグルト嫌いなの」と（妻が）言ったら、看護婦さんビックリして「あ！ごめんなさい」って言う様な状態だから、なかなか慣れるまではね。　　　（O氏）

アルツハイマー病の妻の言動が、よくしてくれている看護師を不快にすることを心配している。専門職だから理解できるのはわかっていても、間に入る介護者としてはやはり気になる。

2-2-2 妻不在時の心配

〈サービス合わせの生活リズム〉と〈介護者スキルの蓄積〉の関係は、妻がサービスを利用できるようにすることであるが、実際にそこまでは行っても心理的に任せきれない場合もある。入院やショートステイのように比較的長く不在となるときに、介護者である夫が示す反応である。

(妻が) 入院してるときは、やっぱり、逆に言うと、心配ですもん。ああ、トイレ、うまく起こしてもらってんのかな、とか。だから、あのー、ショートステイなんか行ってもですね、やった（利用した）のはいいけど、ヘルパーさんが、こう、トイレうまく起こしてくれるのかな、とか、やっぱり心配ですもんね。うん。できたらやりたくないです。自分でやったほうがわかるから。ところが、やっぱり私の体もあるから。で、こっち（妻）のほうが、ああ、大変だから行ってやるよ、とか言うから、休んだほうがいい（と言うもんだから）。
(D氏)

人に、まかせるのは、ちょっと、気になるのね。5日間、ショートステイにいく日だって、僕、いっぱい、書いて、行くたびに書いてた。最近、書かなくなったんだけど、最初の頃はいろんなことを書いてね。神経は切れているんだから（感覚が）分からないし、2〜3時間に体、寝返りさせてください。便所は、あの、排便は2日か、3日……いろんなことを書いてあるんですよ。何回か行っていると、向こうも分かってると思うんですけどね。
(G氏)

介護者として自分の方が妻の状態も、必要なこともよくわかっているので、任せてはいるのだが心理的には任せきれないのである。これは〈介護合わせの生活リズム〉と〈介護者スキルの蓄積〉が成立しすぎている結果とも考えられるが、他方、〈サービス合せの生活リズム〉との関連では〈介護者スキルの蓄積〉が十分ではないと解釈できる。利用が増えていくと徐々に慣れていく面はあるにしても、サービスに任せることは重要な介護者スキルである。
　これに対して、入院では少し事情が異なってくる面もある。

　これ（妻）が入院するでしょ、仮にX病院でも、昼、晩、私行くんですから。Y病院も昼、晩。行かないとだめなんです、食べさせなくてはいけないでしょ。そして、Y病院でもですね、あのー、完全看護っちゅうけど、食べさせてはくれないんですよね、人手が足らないから。だから、食事に行くでしょ、昼に行くでしょ、夜に行くでしょ。だから、入院しても、私は全く休まらないですね。昼でも行ったら、時間とれないですよ。ええ。その間にこの家の掃除なんかやるんですから。ええ。布団なんか乾して行けないですもん。だって10時に（家を）出ないと間に合わないですからね。　　　（D氏）

　入院中の妻が基点となり、老夫は昼と晩、食事介助に病院に行かなくてはならない。これもサービスの利用に伴って発生する介護行為の具体例に入るが、夫が移動しなくてはならないので家事に支障が出ている。妻が自宅を離れてのサービス利用という点ではショートステイと入院は類似しているが、任せていいのに任せきれない場合もあれば、任せ切りたくてもそれが許されない場合もある。介護者にとってはこうした違いにもなる。

2-2-3　自身も介護保険

　介護者である夫も高齢であるから、中には自身も介護保険の適用を受け自分用のサービスと妻のサービスとを組み合わせることができる。夫婦での生活であるから、どちらのサービスとして提供されてもホームヘルプは夫婦の在宅生活を支える。

> 前は家内だけのあれ（要介護認定）で家事もしてもらっとったんですが、介護保険の枠をすごくはみだすので、それで私が今度はあの、介護援助を受けるようにして。それでその、僕は、あのあれですね、月曜日、水曜日、金曜日、夕飯の支度ですね。それから月曜日1回まぁ2時間ですけど、これはあの部屋掃除。それを週1回、受けています。　　　　　　　　　　　　　　　　　　　　　　　　　（I氏）

　軽度であっても夫が要介護認定を受け、サービスを利用することで手厚くなる。ただ、この組み合わせが機能するのは夫が妻に対して介護者スキルを発揮できているときとなる。
　これに対して、夫自身が自分自身のために介護保険のサービスを活用する方法もある。自分が要介護者となりデイサービスを利用することで、妻の介護者としての役割から一時的にせよ離脱することができる。

> あの介護保険のデイサービスですね。あれに1日だけ行ってます……木曜日に。えー9時過ぎに迎えに来てもらって帰ってくんのが（午後）4時過ぎですかね。（面接者：そちらのデイサービスは奥様と一緒に……）いえ、うちのはまた別の日に行ってますけど……私は木曜日で、家内が月曜日と金曜日と行ってるんですよね。　（O氏）

2-3　介護者スキルの蓄積

　ここまで〈介護合わせの生活リズム〉と〈サービス合わせの生活リズム〉、それぞれとの関係で〈介護者スキルの蓄積〉について説明してきた。単に1日のある時間に合わせられるだけでなく、その時介護者である老夫が必要な行為を行い対応できなくてはならず、その経験が蓄積され介護者としての力量を形成するのが〈介護者スキルの蓄積〉である。したがって、このサブカテゴリーは時間的な概念である。これには2つの意味があって、1つは妻の介護が始まってからの時間であり、もう1つはそれ以前に介護者スキルに関係する経験の有無とその内容である。

2-3-1　妻の発病による生活混乱と"それからですね"

　妻が要介護の状態になることによって夫はさまざまな対応をせまられ、それまでの生活パターンが変化する。脳血管障害、転倒骨折などのように発病、発生が急な場合には急激な変化に見舞われ、リューマチや進行性難病などでは比較的緩やかな変化となる。

　突然入院となると、一挙にいろいろなことが発生する。

　発病してから1か月ほどは全然口聞けない状態ですから、えー手術して病院入っててリハビリやってという1か月口聞けない状態で、で、その間私はあのー洗濯物が出るので、あのー毎日病院へ通ったんですね。で、（妻に）全部任せてた（会社の）経理も見なきゃいけないわ、病院にも毎日行かなきゃいけないわ、確か4時間、片道2時間、往復4時間ですよね、それを毎日。こっちも会社の仕事の時間も気になるし、確か4時ごろ会社出てそれで病院つくと6時ごろで面会が7時までなもんですから、はい。……今から思うとまぁ、

大変だったなぁていうようなことを思いますよね。

(A氏、妻、要介護度3)

家庭での分業がはっきりしていると、断絶の影響も大きい。

私は一切家庭のことは一切やった事ない。家事から何から一切やった事ない。お金のことから税金のことから全て彼女がうちのなかのこと全部やってくれた。だから私は何も知らなかった。だから余計困っちゃった。その私が急に、私がね、隣近所、親戚とかとの付き合いとか、税金から家計のことから私がぜんぶやらなきゃなんなくなって、何が何だかさっぱりわからなくなった。もう暗中模索の状態で。……一切彼女がやってた。それを彼女に倒られて動けなくなって慌てて……するようになっちゃって。余計面食らった。どうしたらいいんだかわからない、当初はね。やっと今はなんとか。

(E氏)

共に当時を振り返って「今思うと」「やっと今は何とか」と語っているように、これまでの過程で介護者スキルがさまざまに習得され蓄積してきている様子がうかがえる。

病気や怪我であれば大変であるがまだ状況は理解でき具体的な生活面の混乱に直面する場合は、まだ受け止めやすい。しかし、アルツハイマー病の初期には生活自体の問題以上に関係性の問題が先鋭化してくる。理解したり、受け止めようとする以前に、夫は戸惑い、混乱する。

それで、最初、まだ、今みたいに（言動が混乱する）前にね、（ある大学病院）の医療相談に行ったんですよ、医療相談の方に行った方がいいって言う事で。で、そん時もね、急に医療相談（員）と、

あの、話をしてた時にね、「あたしはね、家で閉じ込められてんの」って（妻が）言うんですよ。そしたら、相談員の人、びっくりしてね、どういうことって言うから、「だって部屋に入れられる、閉じ込められてんだもん」て言う。でね、俺言ったんですよ。女房はね、ちゃんとベランダのある日向のところ、私はね、北向きの台所の隅っこで、そこの奥にね、昼間も電気つけなけりゃいけないようなところにいるんだ、どっちが閉じ込められてんだってね。それで、その時も、その相談員さん、びっくりしてね。え、そう言う言い方をしたんですね。 (O氏)

◎"それからですね":
妻が要介護の状態になってから、ある出来事、ある変化をきっかけにそれまでの状況が変化する。直接の介護ニーズであったり、在宅での生活状況の変化であったりするのだが、介護者である夫には質的な変化のエピソードとして語られる。

初めてなんですけどね、去年あのー、今年か、正月のね、夜中にね、寝小便したんですよ。で、布団1枚だめにしちゃったんですよ。それからね、夕方になると、また失敗するんじゃないか、また失敗するんじゃないかっていう、そういう、まー強迫観念ていうかね、それが一番大きい原因じゃないかと私は思うんですけどね。んー、失敗したらいけない失敗したらいけないという気持ちがあるから、うーん、それからなんですよ。それまではね、そんなことなかったんですけどね。結婚して今年で50−、51年ですからね。言いたいことはもう何でも私には勝手なこというんですよ。 (B氏)

精神的に不安定になり、性格が変わったように夫に対して自分の気持ちをぶつけるように変わった。妻のそうした変化を夫はこ

の出来事がきっかけであると考えている。

2-3-2　経験ナシからの出発と家事経験アリ
　妻を介護する日常生活は夫を新たな現実に直面させることになったが、すべてがそうであったわけではない。中にはそれまでの人生での経験が呼び起こされ、受け止め方にも影響を与えている。

◎経験ナシからの出発：
　妻の発病以前には、家事はおろか介護の経験もなかったので、新たな経験を急に開始することになり、その経験を蓄積していく。それまで家のことは妻に任せきりの傾向が強く、いきなり対応を迫られる。とくに、食事作りの大変さが語られる。

　最初はもう、作り方がわからないから大変だったですよ。ええ、それから、本見ながら（笑）、今でもまだ本見ながらやっているあれもあるんですけどねえ。まあ、だから、男が介護をするので一番大変だってのは食事ですね。他のやつは変わんないんですけどもね。……だから、食事が一番、毎日毎日3回いつも、もう。大変ですよ。考えるのが。まあ、それが大変ですね。男の場合は。だって準備してないですからね。急になったからもう……。　　　　　　　　　（D氏）

　例えばその、食事なんかはですねぇ、最初の頃はもう全く手を加えなくてもいいその、インスタントのうん、ラーメンから始まって、ちょっと火を通すような食べ物にこう、変わって、でちょっとその、2〜3点を単に切ってその盛り付けるというところに移ってきてと。それで味がどうこうというところまではまだまだ行きませんけれども。　　　　　　　　　　　　　　　　　　　　　　　　　　　（A氏）

それであの、自分は厨房ぜんぜんできないでしょ。それで色々努力したわけですよ。……結局すべて私がやらなくてはいけない。そこで、次男がですね、食材、食事用の本をくれたわけなんですよ。その本がですね、『基本の和食レシピ』というやつなんです。これをだいぶやって、全部すべて、いろんなものを網羅して、ここに丸があるでしょ。これが私が今まで紹介させて来たやつなんですよ。この中のレシピに基づいて、すべてをやってきたんですよ。もう数はちょっと数え切れませんけどね。これを食事にあわせているので、食材は買わなくてはいけないでしょ。食材を買うのにですね、名前が分からないわけですね。野菜の。例えばね、ご存知だと思いますが、たかの爪っていうのはご存知ですか。……もう、何するにもそうでね、まごつきまごつき、食事の用意に2時間3時間ぐらいかかるんですよ。　　　　　　　　　　　　　　　　　　　　　　　　（H氏）

　食事は毎日、3食用意しなくてはならず、そのためには献立を考え、買い物をし、調理と片づけまで、作業量だけでなく思考量も求められる。この3氏が語っているように、最初の大変な状況から努力と工夫を重ねそれなりに対応できるようになってきている。しかもH氏のように食事療法にも対応しなくてはならない。

　うちの場合は、さっき言ったとおり家内は腎臓なんです。腎臓にはね、食事療法っていうのがね、色々注文があるわけです。塩がいけないとか、何がいけないとか、ね。だから、食事作るのにもね、何でもいいってわけにはいかないわけです。これ（料理の本）にはね、塩使えというやつ（レシピ）もあるんです。だから、全部料理には、塩をカットする。　　　　　　　　　　　　　　　　　　　　（H氏）

　必要に迫られながら、食事作りから治療食作りへと進んでい

る。こうしたことも介護者スキルとして蓄積されていく。
　妻への直接介護についても、これまでの関わりが振り返って語られる。

> 女の人が旦那の世話をするというのは問題はないのだろうけど、今まで一切女房の身の回りのことやった事ない人が自分の女房の下の世話までするということになると、相当抵抗がある。これはね、ホトホト困った、慣れるまでは。そのためにはね、どうしても夜の8時を過ぎたら水を飲ませない、とかね、何も固形のものを食わせないとかそういう事まで考えちゃいますよ。それでね、ケアマネージャーにさんざん怒られたんですよ。　　　　　　　　　　　　（E氏）

　介護行為の大変さに直面して考えたことが、自分には便利であっても要介護の妻には間違った対応になることを専門家に指摘されて理解していく。なお、これは先にみた「予期せぬ失敗」の具体例になりそうであるが、自分のためであって妻のためを思って行ったことではないので別の扱いとする。
　そして、介護の経験の蓄積は他者との比較では自信として語られるようにもなる。

> 夜は、私が世話する。世話するってもね、結局やることったら、オムツ替えとか、衣服を変えるだけなんですよ。こういうのはまぁ、ヘルパーさんが、こうやればっての、取り替え方をね、みんな教わってね、ヘルパーさんがこうしたらいいですよって。だから私は今ヘルパーさんより上手かもしれないですよ。もうほんと新しいヘルパーさんよかね、……「Cさんに聞いたほうが早いよ」って言われるくらい、うん、もうすっかりねぇ、手順よくねぇできるようになりましたけどねぇ。　　　　　　　　　　　　　　　　　　（C氏）

ヘルパーに教わり手際よくできるようになったので、新しいヘルパーに自分が教えられるようになったという内容である。
　以上いくつかみたように、経験ナシからの出発であっても直面する課題に取り組む過程で介護者としてのスキルは相当に蓄積されてきている。家事や介護に関心があったからではなく必要に迫られてのことであったが、正面から受け止めてきた。次のコメントに率直に表されている。

　不慣れと言えば不慣れは不慣れですよね。最初何もわからないから。それはもうどなたでもそうでしょうけども、そういう立場になればなるようになるんじゃないんですか。最初は何もかもわかりませんでしたよ。だからあまり不慣れだとか何とか感じないうちにずーっと来ちゃったんですね。そういうことですね。　　　　　　（P氏）

　定年退職後の生活適応の大変さに比べれば、家事や介護の生活への取り組みの方がまだましであったという感想もある。日々何をしたらいいかを決めなくてはならなかった退職後の頃と比べると、家事と介護の生活は大変だがすること、しなくてはならないことがはっきりしているのでその違いが実感されている。

◎**家事経験アリ：**
　妻の介護者となった老夫が、すべて経験ナシからの出発であったわけではない。それまでの人生で経験してきたことが、新たな課題状況に取り組む際に参照される。軍隊での調理経験、結婚前の自炊経験、共働きでの家事分担、病弱な妻の入退院などである。好んでしたわけではなかったが、こうした経験が否定的に受け止められていない点も注目される。

私は割とね、あのー家の仕事するの嫌いなほうじゃないし、前から家内、あのー、何回も入院したりなんかしてますからね。まぁ家事も私いくらかやっていましたから、それほど嫌じゃないんですけど。……家事っていうのはまぁねぇ、ほんとにいくらやってもキリがないですよね。次から次にね、終わったってことはないわけですよねぇ。
(F氏)

第3節　改めて夫婦であること

　高齢夫婦世帯における夫による妻の介護生活は、前節で述べたように【介護日課の構造化】によって現実的に成り立っている。しかし、彼らは夫婦の関係にあり、単なる在宅介護でも老々介護でもない。彼らの人生と生活の延長に現在の介護生活があるのであって、夫は在宅介護者である以上に「妻の」介護者なのであって、彼が日々行っているのは妻のためであり、自分たち夫婦の生活のためである。それゆえに妻の介護者である生活は、夫にとって、夫婦であることの意味付けを継続的に行っていく過程であり、それが【介護日課の構造化】と調和することによって安定が図られていく。

　【改めて夫婦であること】とは、介護経験を通して生まれてきた夫婦であることへの新しい意味づけや現状への受けとめを指す。このカテゴリーを構成するのは、〈愛情文脈化〉である。これは、妻との関係性について夫が行う意味付け作業の核となる概念である。これに影響を及ぼすのが「要介護妻の受容困難」であり、また、夫が妻について抱く「妻への思い」と、自分が妻の状態であったらどのように感じるのかを表す「妻を慮る」の両

概念が〈愛情文脈化〉による意味付け作業に材料を供給する。

3-1 要介護妻の受容困難

　要介護の状態にある妻を夫が受け入れられないときに語られるのは、元気だった昔の妻である。日常的なやりとりにおいて妻との摩擦やズレは珍しくはないのだが、老夫は〈妻への思い〉や〈妻を慮る〉ことから自分なりに意味付けし、受け止めている。そのキーワードが、後述するように、愛情である。ここで説明する概念「要介護妻の受容困難」はそうした作業がむずかしい場合を指す。

> 最初のうちはまだ相手（妻）病人で、私がサポートしてやらなければと、そういうような事を思っていても、長い日常生活の中ではね、昔を知ってる、元気な時の彼女を知っているからおおちゃくだという風に思ってしまう。つまり、こっちの側から計算するとね、昨日やった事をまた今日はついやってくれないというように。おおちゃくだとこっちがそうなっちゃうんだ。そのやっぱその、どうしてもその昔の元気な時とやっぱ比較、比べてしまうというか……そうですね。昔はみんなやってくれたし、みんなできた。おんなじことを今度は私にさせて、昨日はできた事を、何で今日はできないんだという、どうしてもこっちの計算から、だからそれはまずいとは思うんだけど。
> 　　　　　　　　　　　　　　　　　　　　　　　　　　　（E氏）

　夫は妻に対して必要な介護をしている。しかし、妻の反応を受け止めきれず自分でも自分の理解の仕方が「まずい」と分かりながらイライラが残る。そこで参照されるのが昔の元気だった頃の妻である。かつての妻と現在の妻の対比は明らかに「違う」事実として自分を納得させるためとも考えられが、この構図では現

在の妻を受け入れることがブロックされてしまう。ただ、夫は自分の受け止め方が「まずい」と分かっているので今後変わる可能性はある。

　これを乗り越えるのが、〈愛情文脈化〉であるから、例えばその方向を意識した助言が意味を持つと考えられるし、少なくとも現在の対比構図を緩めるためにいろいろな見方が提示されると変化につながると思われる。

3-2　妻を慮ると妻への思い
◎妻を慮る：

　妻がどういう思いでいるのかを、自分を妻の立場に置いて夫は推測的に理解している。

　例えば、B氏（81歳）の場合である。

本人がこの前もこの土地半分私にくれて、もー、私と別れましょうかって言うから、別れるならいつでも別れるよと。しかし、別れたら誰がお前の面倒を見てくれるんだと。兄弟で面倒見てくれる人がいるかと。いるんだったらいいよと。だけど実際問題としてそういうのは誰もいないわけですからね。もーそれはもうそれっきり言わなくなりましたけどね。……すると今度は入院させてくれ施設に入れてくれと。だけど入院するとかしないとかってのは自分が決めることじゃなくって、病院の先生が、「この患者は入院させた方がいい」とか、「入院させなくても通院すればいい」とかっていうことは、お前が入院をしたいから入院できるって問題じゃないよと。

　B氏は「結局自分が施設に入れば、私が楽になるだろうっていうことでそう言うわけですね。本心じゃないと私は思っているんです」と、妻の反応を読み取っている。他の人はわからなくて

も、妻のことは「わかっている」。

> 何ちゅうかね、性格がねー、最初はねーどっちかって言うとおとなしくてよかったんですけどね、病気してからね、倒れてからね、だんだんだんだんやっぱり性格変わってくるんですよね。そいで、自分の、が、思うように行かないでしょ。そいで自分が何かやりたいと思っても自分ができない、そいですぐそのときに手を貸してくれる人がいないとなると内心、不満が出るんでしょうね。……うーん、どうしても自分本位になっちゃうんですね。これはもう、他の人は分かりませんけども。

先に「それからですね」の概念説明の具体例でみたように、B氏は妻の反応を的確に理解している。実際の介護行為の重要さは言を俟たないが、こうした理解ももっと重視されてよいだろう。さらに、B氏は病院に入院したとしても施設に入所したとしても、どのような介護を受けるのかを現実的に理解しており、「夜勤で人数が減るからおしめをあてて我慢しなさいってな調子で、結局それまでなんとか歩けたのも歩けなくなっちゃう」と語る。ただ、そのことは妻には言わない。おそらく妻も分かっていると思っているからである。そのうえで、現在の在宅での生活を受け入れている。

> ですからね、それも何やかんや言いながらも、そのー、自分の家にいるのが一番良いし、夫婦で喧嘩しながらも、自分の家にいるということのほうがいいと私は思ってるんですよ。

次は、要介護度5のアルツハイマー病の妻を介護しているL氏の受け止め方である。

結局、ほら、こうゆう病気、何が原因かわからないよ。何が原因かわかんないけど、たとえば、そういうような因子をもってるとしても、発病の引き金になるのが、ほら、こっち（夫である自分）にあるのかも知れないしね。だから、分からないけどね、だから、母さん（妻）、もっと他の人と一緒だったほうが、良かったのかな、なんということを思うことがあるね。でも、まあ、あれだね、縁があったんだろうね、やっぱり、縁があったんですよ。……私は、あの、人を殴った記憶はないからね、母さんに殴られたもん。それは、なんというんだろう……錯乱というか、あの、自分のこの、非常に、ほら、私は、自分がなったことないけど、やっぱり、どんどんどんどん、自分がおかしくなってね、そういう不安やなんかでも、あれだね、やり場がなかったんだろうね、きっと……そういう意味じゃ、本当にかわいそうだよね、やり場ないもんね、自分がおかしくなっていうことは分かるんだからね、本人は。

自分は人を殴ったことなど一度もないが、介護している妻に殴られたことを語っている。そして、妻がなぜそうした行動をとったのかをこのように理解している。

◎妻への思い：
現在の状態にある妻についてというよりも、これまでを振り返って語られる妻への思いを指す概念である。

事業が順調に来るって言う、結婚生活も含めて事業も順調に来るってことは、大勢いて僕だけの力じゃないんで、社員の力もあるけれども、家内の力も大きかったわけだし、その、特に心配もしないで、任せて、それで今日まで来られた事に対して、あのその、まぁ家内のずいぶんの苦労があったと。えーそれで不幸にして、まぁこんな

ことになったと。したがってまぁ、今までの苦労に対して、報いてやりたい。　　　　　　　　　　　　　　　　　　　　　　　　（A氏）

類似の例は豊富にみられる。

あぁよく尽くしてます、彼女は。その点は立派だと思います。私はわがままでね、あー仕事あんのに何やっとんじゃっつってね、ほっぱらがしちゃってね。　　　　　　　　　　　　　　　　　　（K氏）

　うーん。やっぱりなんでしょうね。まぁ……伴侶としての実績ね、それを要するに尊重してさ。　　　　　　　　　　　　　　　（I氏）

私はほら、どっちかって言ったら、これ（妻）が病気するまで、あんま家庭に……、あのー、どちらかと言えば仕事オンリーできたから。ええ。だから、無理させたところもありますからね、体を。だから、子供産むから休んでくださいっていうのを、出産のとき、私、仕事行っちゃってたんです。ええ。そういうのがあると思いますよ。仕事優先だった。　　　　　　　　　　　　　　　　　　　　（D氏）

私も若いときは勝手な事ばっかやってきたから、悪いなと思って時々反省してますけどね……それで、でもこうなっちゃったらもうどうしようもないし、あっちも若いときは勝手な事ばっか、自分のやりたいことばっかやってきたから……んー、けど母ちゃん（妻）もなんか我慢してたんでしょうね……。　　　　　　　　　　（O氏）

　妻が大変な思いをして自分の母親の介護をしてくれたから、今度は自分が妻をみることで「お互い様」だと思っている場合もある。

一方、妻の介護を経験して妻の果たしてきた役割について気づくこともできる。

　これはね、不思議なもので、自分がこうやって介護する側に立ってみて、よく家内は子供たち3人をね、立派に育ててくれたなと。こういう感謝の気持ちもある。　　　　　　　　　　　　　　　（H氏）

　妻へのこうした思いが現在、自分が介護していることにつながる。

　うんまぁこれはね、私が見るしかないなぁ、私が世話するしかないなぁとね。それで後はヘルパーさんの、あの、手をお借りしてやってくしかない。最後まで、そうなるだろうと思いますよねぇ。まぁ、考えてみりゃあねぇ、もう40年近く切り盛りしてきたんですからねぇ、まぁ今度はこっちがお返しのつもりでやってくしかないなぁと思ってますよ。　　　　　　　　　　　　　　　　　　（C氏）

　具体的には優先順位を入れ替え、今は妻を第1に対応している。

　だから、自分の生活より、家内のことを優先的に考えて、ものを買うにしても、これなら食べてもらえる、これなら食べられるって。要するにそれが優先になっちゃうんだな。……昔は私が中心に物事をね、考えて作ってくれてたけどさ、今逆だもんね。……昔は自分だけが引っ張っていくっていうかな。自分でわが道を行くということが多かったわけだね。家内が付いてきてくれたから。……まあ、やっぱり家内が具合悪くなってからだから。それまで、そうだったな、子供の教育に何にしても、家庭的なことはいっさい。　　（H氏）

3-3 愛情文脈化

　図にあるように「要介護妻の受容困難」と対照的な位置にあり、「妻を慮る」や「妻への思い」から具体的内容を供給されながら、自分が妻を現在介護していることを夫が意味づける形式が〈愛情文脈化〉である。妻との関係について愛情をキーワードに語るのであるが、その意味は多様である。多様であっても、現在の状況を受け止め、妻の介護者であること、要介護状態の妻の夫であることを、受け止める文脈となる。

　言うまでもないが、今回の対象者は在宅での妻の介護が介護保険のサービスを利用しながらそれなりに安定している人たちである。同じ高齢夫婦世帯で夫が介護者であっても、在宅介護が破綻した場合の理由は今回の調査ではわからないので、〈愛情文脈化〉がどうであったのかは今後の課題として残る。関係性に関してであるから、それでも〈愛情文脈化〉は見られるかもしれないし、愛情とは別のキーワードによる文脈化になるのかもしれない。また、妻が夫を介護する場合にも〈愛情文脈化〉が成り立つかどうかは疑問であるが、それも今回の探究の守備範囲外である。

　さて、〈愛情文脈化〉については、次のD氏が最もわかりやすい。少し長いが引用する。

　そうですね、一番やっぱり大事にしたいっちゅうのはですね、このままの状態でですね、（妻の）病気が悪化しなくてですね、もっと長生きしたいっちゅうのがあるですね、……人間って不思議なもんで、年とって初めて夫婦のよさが出てくるんですよ。これは。若いときはですね、お互いに健康だから、どうでもいいんですよ。早い話が、これが年々、年取っていくでしょ、もう後が短くなったらで

すね、やっぱり2人で一緒にいる時間を少しでも持ちたいっていうのがありますね。……だって、2人とも先がもう決まってるわけですから。だから、早い話が、ここで別れたらですね、一生会うことないわけですからね、もう。ねえ。そしたらですね、お互いにいとおしくなるんですね、やっぱりね。……

　今になって初めて、少しでも2人で、こう、長生きしてやる。ええ。それがやっぱりあれですね、愛情の表現でしょうね。ええ。若いときはそうも思わなかったですけどね、やっぱり、まず考えなかった。最初、介護した当時もなかったですよ。ここ、ほんの2～3年前からですね。少しでも、ほら、長くこのままの状態でいきたいという、あれで。うん。だから、私ができることがあったらやっていきたいっていう、それが出てきたのは最近ですよね。……

　だんだん、だんだんですね、人間、こう、やっぱり不思議ですね、やっぱり、長く住んでどるうちに、やっぱり愛情というのは芽生えてくるんですね。ええ。だから、（妻の）病気がなかったら、おそらく私も気づかなかったでしょうね。

リューマチで要介護度5の妻をこれまで7年間介護してきているD氏は、若い時でもなく、介護が始まった頃でもなく、2～3年前から愛おしさが芽生えてきたと言う。共に在ること、限りある時間の中での一緒の生活の意味が、自然に「愛情」という言葉に結晶化している。

次も類似例である。

現在自分にとって一番大切な人はやっぱり妻だよな。でその理由はっていうと、やっぱり50年近くね伴侶として共同で今日までやってきたわけだからね。同志だもんな。それから、一番大事なのは。うーんそうねぇやっぱり思いやりだろうな。うーん。まぁ愛、愛なんかってもなー。やっぱり思いやりだろ。なぁ。……今ああして全

然動けなくてさ、居眠りばっかしていて（笑）……まぁただいま言えることはこれ以上ね病状が進まないで1年でも2年でもできるだけ長くね現状維持であってほしいと、いうところでしょうな。（I氏）

I氏はアルツハイマー病で要介護度4の妻との生活である。同じ意味であるが、I氏には「愛」よりも「思いやり」の方がしっくりくるようである。

D氏はストレートに表現しI氏もそれに準ずるが、彼らは率直に表現している方であり、むしろ例外的である。〈愛情文脈化〉の愛情の意味は直接表現されることは少なく、解釈によって「愛情」ととらえることができるものである。老夫たちの世代では自身の夫婦関係を語る時の言葉としては馴染みがなかったこともあろう。しかし、関係性を特徴づける要素ではあったから、その表現は現在の介護状況にあって実に多様な表現により語られる。

愛情という言葉を持ち出すが、ストレートな表現ではなく逆に否定的な意味で語ることによって、愛情を表現することもみられる。次のG氏は中間を行き来しつつ結局は義務でないことを確認して、自分では否定しながらも「愛情」であることに語りつつ気づいていく。

なんと言うんだろう、今まで、2人でこう生活、50何年やってきたという、何だろうね、これ、なんていうんだろう、なんと表現、そこが難しいんですけれどもね、向こう（妻）は感じないよ、たぶん、向こうはもう分からない。義務というふうでもあるかもしれないね、これは。やるのが当たり前っという感じもあるね。僕の場合は、義務じゃなくて、義務だったら、とってもできないでしょう。……愛情？　愛情かも知れないね、分からないね、僕、自分では愛情だと思ってないけど。愛情かな、他人様から見れば。愛情かも知れない

ですね。義務だけではできないかもしれないね、馬鹿らしくてね。
(G氏)

愛情は屈折した表現にもなりやすい。

私は100歳まで生きようと思っているんですよ。家内はどうせ先に逝くだろうからね。そのあとですね、私はね、おおいに老いを楽しもう、あーいや、老いとは言わないなぁ、ええ、余生を楽しもうと思って、がんばっているんですけどね。……といって家内がね、1日も早く逝ってくれとは思っていないんですけどね。口にはときどき出すわけですよ。早く逝ってくれよ、もう私は助かるってね。もう40何年一緒にいるんですよ。ええ。しょっちゅう離婚、離婚なんてね、離婚すると脅かしていたんですけどね。結局、でもなんか40何年。
(F氏)

どちらが「脅かしていた」のかインタビューは尋ねていないのだが、前後の文脈から判断すると、夫と妻、それぞれからのようである。夫婦の関係はさまざまであろうし、愛情なるものの形も一様ではなかろう。が、それが夫婦関係の中心要素だとすれば離婚は愛情の否定ともなりうる。だが、離婚、離婚と言いつつ40年以上共に生活してきた夫婦には愛情も当事者間でのみ成り立つ記号となっているのかもしれない。F氏の妻はまだ軽度の要介護状態であるから、この後どのような文脈となるのかはわからない。
　妻に対して「言ってはいけないこと」を守るのも、愛情表現である。

　まぁ苦労もしたし、かわいそうだと思うしね。だっても一普通の体

じゃないんですもん。……話もできないし、返事も返ってこないからね。とにかくもう自分でできるだけのことをね、やってやるしかないんですよね。そりゃ（将来）考えが全然違ってくるのかもわからないけれども。……言ってはいけないっていうことは結局、自分（妻）がやっぱし病気になっちゃってね、俺に対してさ、迷惑かけてるっていうようなあれも、あったかもしれないんだよね。それで結局別れてもいいとかさ。そのようなあれがあったのね、やっぱりね。それからやっぱりさ、あのーんー自殺とかしそうになったりさ。未遂ですね。そのような、考えられないことをね、やっぱりね、色々ありましたよ。そりゃもう病気になってから、結局病気がさせたっていってもしょうがないですよね。どうにもなんなかったから。俺はだからもうねぇ結局一緒になった以上はさ、（別れるとかは）一切考えたこともないしさ。もー俺だってうちのやつみたいに病気になったら言ったかもわかんないな、そーいう事をな。　　　（M氏）

　自分がこのような状態になり夫に迷惑をかけているという思いが妻にとってどれほどのことかM氏は理解し、今では流動食で口もきけなくなった妻の介護への決意である。
　愛情はまた、夫婦の関係要素から保護的関係要素へと変質することもある。L氏は、認知症で要介護度5の妻を介護している。

ショートステイってあるでしょ、それは使えばいいってみんなゆってくれるんだよ。だけど、うちの場合全然、当てはまらないんだよ、つまりね、あの、母さん（妻）のそばについていて、私と同じようにやってくれるとこなんてないもん、うん、ない。たとえば病院でもショートステイできるよ、3日とか4日とかね、あるいは5日でも、あずかってくれる。だけど、私と同じように（吸引が）できるわけがない。……（今家では）洗濯でしょ、それから、おむつ交換

でしょ、それ（体位交換）もやる、それも入る。もちろん入る。それから、目薬あげたりとか、顔拭いたりとか、そういう母さん、つまり、母さんが自分でやることを私が代わりにやっていることだけ、うん、それだけだ。……将来どうなるか、こうなるかとかね、そうじゃない、母さん病気になったからみてるだけで、うん、うん。……

　入院させたらね、母さん死んでるよ、姥捨て山みたいなもんだからね。病院に勤務している人は、そんなことないというかもしれないけど、だって、手当ての仕方が全然、違うもん。やっぱり、あの、わたしが、好きなようにやっているようには、無理だからね。この母さん、俺が選んだんだ。俺が選んだんだよ。

　私の考えは、うん、母さんは、わたしが選んだ相手で、あの、予期してない病気になっちゃったと。母さんは、自分では、もう、何もできなくなっちゃった。だから、私がみてあげるというそれだけの話だね。非常に、なんていうんだろうね、ぜんぜん、面白くない答えかもしれないけど、うん、実際、そうだよ。でなかったら、もし、そういうこと考えたらね、できないよ、やってらんないよ。……でも不思議に、早く逃げ出したいとは思わないね。不思議に、全然思わない。ただ、体がきついことは確かだよ。ねむいしね、だるいし……。

　妻を「母さん」と呼ぶL氏は、日々の行動も意識の面でも妻の介護者としてフルタイム化している。自分の生活と一体となり手放せなくなったようにみえるから、フルタイム以上のコミットメントになっている。「すまぬ、すまぬを、背中に聞けば、馬鹿を言うなとまた進む」と麦と兵隊という軍歌を引いて、妻は戦友、現在の心境にぴったりだという。危うさと紙一重のこうしたヒロイズムがL氏による〈愛情文脈化〉の特徴である。

最後に、もう1つの文脈化の例をみておこう。

しかも、そういう裏切りがどんどんどんどんわかってきて、すでに、愛情、愛情とかそんな問題じゃなくなってきてるわけだから、だから、もう、ほんとにあの、何て言うか、もう、ボランティアという、ボランティアでやってるというね、感覚でしか、感覚でいかなきゃですね、とても続かないと思いますね。ただ、ほんとに愛して、愛情がずーっと続いていたんだったらどうかなと思うんだけどね。続いてないから、もう、いきさつ上仕方がないという、ボランティアみたいな感じでやるんでしょう。……こういう風に変わってきて、もう、あの、ボランティアだと思わなきゃ、愛情あったらもっと辛いなあと、……今、今ね、もう有り難味なんて全然感じてないからね、本人は。ね、自分が、何もできなくなっちゃって、全部やってもらってんだっていう有り難味なんて1つも感じて無いから。こっちも仕事と割り切るよりしょうがない。割り切れるけども、向こうが申し訳ないとかね、今までの生活これで幸せだって、こうなってすいませんとか、そういう風な本当の気持ちがね、本人から表れてきたらね、もっと辛いと思いますよ。無い方が、むしろね、あの、ボランティアと割り切れる方が、むしろね、僕は、まだ楽かなという気がしますね。　　　　　　　　　　　　　　　　　　　（O氏）

今ではアルツハイマー病であることを理解しているが、冒頭の「裏切り」とはまだ病気が原因と十分理解できていなかった頃のことを指しているのだが、その気持ちは今もまだ生きている。12～13年前のことであるが、妻が怪我で入院中にいろいろなことがわかってしまう。自分で調理をしなくてはならなくなったO氏は、台所の戸棚の奥に古い缶詰がいっぱい詰め込まれているのを発見する。中には破裂した果物の缶詰もあった。台所の片

付けに1週間もかかる。また、外出用のバッグが押し入れから30個以上も出てきて、その中にはパチンコ玉とチョコレートが入ったものがあった。パチンコに凝っていた時期があったようである。他にも同じ下着が数十個使われないまま購入されていた。自分が必死で働いていたときの妻のこうした行動は、O氏にとっては今でも「裏切り」なのである。

10年以上の時間を経てもそうした感情が生々しく残っているは、現在妻のために食事作りを始めかなりの介護を担っているのに、妻からは文句ばかりで感謝やいたわりの言葉がないやり取りが続いているからである。妻は自分に都合の悪いことには黙って答えない。上記の引用だけでなく、例えばトイレを汚す。

「お前ちゃんと座ってやったらこういう風な汚れ方はしないよ」とね。手前の方におしっこが漏れてて、前の方にはうんちが出てる。それで、その、「どうやって、どうやってやってんだ」とかね、聞くんだけど、隠すんですよ。言わないんです。絶対言わないんです。そう言うのは返事をしない。それで、例えば、トイレの、あの、後で見せますけども部屋のね、畳の上に御座を敷いてあるんだけども、そこんとこにうんちこぼしたりなんかしてる。

O氏については、すでに汚れものの洗濯の例をみてきた。妻のこうした言動が「裏切り」の気持ちを今でも生々しいものにしている。面倒をみてもらいながらいちいち文句をつける妻とは夫婦の関係とは思えないし、愛情もなく、ボランティアだと割り切ろうとしている。妻の介護の責任を担い日々実践しているのであって、責任を放棄しているわけではなく、手を抜いているわけでもない。むしろ、食事ひとつにしても自分のことはさておき、妻の

ために献立や材料をいろいろと検討している。その自分を語るのに、ボランティアという言葉を使っている。O氏はボランティアを定義してはいないが、夫婦としての愛情はすでに崩壊しているようにもみえる。しかし、「妻の」介護者であり続けている。

ボランティアは社会的関係を指す。仕事でもなく義務でもなく、自発的な善意の他者である。O氏にすれば「善意」は余計と思うであろうが、この意味は必要で、愛情が変換されたものと考えられる。つまり、同質のものを別の設えに置き換えることで、介護者としての自己を維持している。愛情を否定しているが、これも愛情の1つの文脈化であると解釈できる。

そう解釈するのは、妻への愛情が本当に続いていたら自分にとっては辛いし、また、妻から感謝の言葉が出れば、それはそれで自分も辛いし、それ以上に妻はもっと辛いだろうと思っている。愛情が無邪気に語られればその瞬間にギリギリのバランスで成立しているそれ自体を破壊してしまう場合もあるのである。ボランティアと割り切るのが「まだ楽なのである」。それが介護者としての自分自身を支える見方になっている。

第4節　砂時計の時間感覚

【介護日課の構造化】と【改めて夫婦であること】とともにコアを形成するのが【砂時計の時間感覚】である。これまでの議論で散見されたように、高齢夫婦世帯で夫が妻を介護する日常は安定が図られるが、どこまで対応ができたとしても残された時間は短く、妻の状態も、そして、自身にも何が起きるか将来は不透明であるが、遠くない将来に何かが起きるであろうことは確実

でもある。過去と現在と未来との境界が崩れかけたような時間意識をもたらすように思われ、現実的なこと、夢／非現実的なこと、自身の死後も妻の介護者であろうとすることなどが混然と、しかし、矛盾なく成り立っている。夫婦という関係性の終焉を見据えたところでの問題であり、自分の死の受け止めとも異なり、また、要介護状態にある妻の死への受け止め方とも異なり、あくまでも介護者としてこの問題に直面するときの複雑さがある。

　【砂時計の時間感覚】の中心をなすのは、一言でいえば、将来への不安である。【介護日課の構造化】との関係では現実的選択肢としての「施設入所へのためらい」が、また、【改めて夫婦であること】との関係では「やり残し願望」が関係している。

　将来への不安は、不安への備えとして語られる。究極的な備えは、妻より先に自分が亡くなる場合に対してである。

家内が「もし私が倒れたら、私（家内）はどうすればいいんだろうか」っていうことがものすごく心配になって、もーそればっかりこう言うわけですよね。だけどこればっかりはもうどうしようもないって。それで、とにかく自分（妻）は何も出来ないから、結局そのー、全ての準備をしてくれと言うことで、それでもう、お墓ももう20年ぐらい前に、……それから去年、一昨年……生前の戒名ももらいましたしね、永代供養料も払いましたしね。もう全てあのー、全部、あのー、そういうものは用意してあるんですけどね。　　　（B氏）

確率としては要介護の妻よりも夫が先に亡くなることはありうるので、要介護状態であれば逆にそのときのことが心配になるのであろう。しかも、先々への備えは墓や永代供養料だけでなく、その前の段階も、また、その後のことも含まれる。

これはね、(夫である自分が)死亡時の対処事項ってことでね、全部ここに書いてあるんですよ。……(自分が)入院した時には下手な延命工作はしないで。そいで、とにかく生きてる間に、その私の名義の郵便局とか現金等の預金を全部下ろしなさいと。死んでからだと面倒だから。ま、そういうことも書いてあるんです。……葬儀が(ある団体に)前から入ってますからね。(そこを)病院の職員の看護婦さんかまたは事務員の人に言っておきなさいとかね。……

そいから、銀行は担当者が誰だとかね。……大事なものは、貸し金庫に、銀行の貸し金庫にはこういうものが入ってるとか、通帳がね、年金証書が入ってるとか。ほいで年金証書も、そのー、すぐ返してしまうと、今度遺族年金をもらう時に、また面倒だから、遺族年金の手続をしてから、返しなさいと。そいで、それがあのー、1週間から10日以内でしょ。それから、あのー、税務署にも、あのー……例えば8月に亡くなってるとしてもそれまでの間年金が、2か月に1回ずつ入ってますからね、やはりそれは税理士さんに頼んで、そのー、税務署に届けなさいと。それだから遺言書は書いてあるけども、法だと、妻が4分の3で、残り4分の1の遺留分を、請求された場合には兄弟がおりますからね、請求された場合には、権利を放棄しない限りは法の適用を受けますよと。それでね、それからね、1から10まで細かくね、あのー、これ書いてあるんですよ。

(B氏)

驚くほど細かなところまで段取りをしているが、どれも現実となれば重要な内容であり、介護者としての自分が先に死んで不在となってもその役割が遂行されることへの執念のようなものが感じられる。この発言はB氏の先々への備えが完璧に近いことだけを語っているのではなく、おそらくこのようなレベルの気配りによって日々妻の介護にあたっていることをも意味している。トータルな責任意識である。

自分が先に逝くか、介護を担えなくなる現実的可能性への対処も検討されている。

(妻の)弟さんに一切後継をお願してあるんですよ。だから後はね、後はね、もう最後は(この家を)処分して施設に入っちゃう。私が残ったときにはね、この屋敷を全部引き払ってそれを元手に施設に入る。……今のとこ物色中って言う感じですね。　　　　(C氏)

あるいは、医師から人工透析が時間の問題と言われ、そうなったときのことを心配しつつ、できるだけその時が来るのを遅らせようと努めることもある。

まぁ1番の不安はですね、家内があのー、人工透析を始めることなんですよね。で、これはですね、昨年の今頃からね、主治医の先生からね、ん、もう腎臓はもう10％しか機能していないと。いずれその、透析を始めるのは時間の問題だって言われているんですね。……でいろいろ私がそのー注意して主食もなるべくね、腎臓に負担のかからない、そのでんぷん米を使うようにしたり、パンもそれからうどんもですね、全部そういうものを使い出してるんですね。だから1日でもその人工透析の日が来るのを遅らせたいというのが今の最大の望みですよ。
ええ。これねぇ、もう2日1回、人工透析、病院に通って、で本人4時間も5時間も寝たままでしょ。それから往復、私、車運転できませんし、その交通費もバカにならないんですよ(笑)。　　(F氏)

将来の不安が現実的であるがゆえに逆に考えようとしないのも1つの対処方法となる。

だから、えー考えたくもないし、結果的にあんまり考え付きませんねぇ。……将来の事については、……やっぱりね、ここ（自宅）を離れられないですよ。　　　　　　　　　　　　　　　　　　（A氏）

◎施設入所へのためらい：
先のことではなく、現時点で妻を施設に入れるべきかどうかはためらわれる。そうすれば介護状況からは脱出できるが、満員のため簡単に入れないし入れることへの複雑な気持ちがある。

きるだけは入院させたくない、施設へ入れたくないわけですから、ええ。私が元気な間は。私がもう動けなくなったら、これはやむを得ないですもんね。　　　　　　　　　　　　　　　　　　　（D氏）

これが正直な気持ちである。

◎やり残し願望：
残された時間の短さは、いったん過去に向かいやり残したことをこれから行いたいという、現実的というよりも願望として表現される時間志向を特徴とする。

うん、家内が治ったらね、旅行しようと思ってるの。これまでのやり残しがいくらでもあるの。というのはね、私がね、高年齢まで働きすぎちゃったの。たまたま会社を辞めてね、家内と旅行しようと計画を立ててたの。そうしたら、こうなっちゃって。……そうそう。だから、家内が直ったら、急いでそういうところにいきたいと思うし、もう日本中の隅から隅までドライブしたいと思う。　　　（H氏）

H氏もこれが限りなく夢に近いことは知っている。それでも2

人の将来に向かう時間志向をもとうとするのは「今日1日、今日1日」と時間との戦いの日常があるからである。
　対照的に、妻が病気になり、やり残しをつくらないようにと実際に願望を前倒しで実現することもある。

　家内が病気になりましたから、だから、先がそんなに長くないっとなりましたから、海外旅行にいったんです。せっせと行ったんです。4年間で16回行きました。それは、すごいことじゃなくてですね、これまでの絵とか、美術とか、（自分は）そういう興味はそれほどなかったんですが、先が短くなったんだろう、お互いにね、その間、できるだけ、同じ趣味を持ってね、やったほうがいいだろうと思いますけど、一生懸命、僕も家内に趣味を合わせてですね、やったんですよ。……
　これは、去年行ったんです、海外は無理だと思って……北海道、いいでしょ。……旅行というのは絆だったかも知れませんね、あの、僕が勤めていた間はね、海外旅行はね、連れていったことないんですね、全然。悪い、悪いと思ってましたけれどもね、病気になってくるとね、あれ（妻）はもうスペイン語が好きでして、スペインに行きたい、行きたい、ずっと、前から言ってたんですよ。それがね、すごく悔やみましてね。病気で最初に手術したときにも、もう、どんなことがあっても連れて行くつもりで、連れて行ったんですよ、それで、海外旅行を始めた。幸いにも体力ができてきて、できるように。4年間、帰ってきたら、3か月ぐらいかけて計画を立てて、一度にまあ、1週間か3週間。それが、すごく楽しい、病気でしたけど、楽しいことですよね。　　　　　　　　　　　　　　（Q氏）

第5節　分析結果の実践的活用に向けて

　以上が分析テーマを高齢夫婦世帯における夫による妻の介護プロセスとし、分析焦点者を介護者である夫としたM-GTAによる分析の結果、すなわち、グラウンデッド・セオリーである。

　高齢の夫が将来の不確かさの不安に耐え、妻の介護という状況を引き受け、かなり過酷な現実に対応をしていることの凄さが、構造的にとらえられたのではないかと考えている。分析焦点者である老夫の姿から、単にがんばっているとか、いつまで続くか心配だといった類いの印象を超えた、人間としての強さ、雄々しさが感じられるのであり、それに応えようとすることがこの結果の実践的活用につながる。

　分析結果として提示されるグラウンデッド・セオリーは説明と予測に有効であることが求められるので、ここで示した内容もその観点からなされる必要がある。とくに予測に関しては、分析結果の実践的活用と一体となる。高齢者ケアに詳しい読者は自身の経験に照らしてすでに一定の評価ができるであろう。

　ところで、評価との関連でいうとM-GTAによる結果は分析焦点者を介して一般化可能の範囲が設定されるという点を確認しておきたい。つまり、今回の場合であればこのグラウンデッド・セオリーは特定の21名の調査協力者のデータから生成されたものであるが、この21名についてだけ説明するのでなく、類似状況にある他の多くの老夫たちについても説明と予測に有効性を持ちうるであろうということである。これが一義的な一般化可能範囲である。次に、この分析結果は少なくとも部分的には高齢夫婦世帯で妻が夫を介護している場合や他の条件下での在宅介護

に当たっている介護者にとっても有効かもしれない。これが2次的活用範囲である。

すでに論じてあるので簡単に触れるにとどめるが、グラウンデッド・セオリーは研究対象についてすべてのことがらを説明するものではなく、主要な特性を相互に関連付けてまとめたものである（木下、1999、2003、2007a）。1つのモデルであって、それをもとに、応用者／実践的活用者は自らの現場において必要な修正を施しながら最適化していく。これが、グラウンデッド・セオリーがプロセスとしての理論であるとする所以である。

実践的活用の観点からこの結果を少し具体的にみていこう。

◎コアのカテゴリー関係からみると……:

現実対応領域である【介護日課の構造化】と関係性領域である【改めて夫婦であること】とのバランスがとれているかどうか、そこに【砂時計の時間感覚】が制御された関係にあるかどうかが、大きな判断ポイントとなる。【介護日課の構造化】が成立しなければ在宅での介護は現実的に破綻していることになり、【改めて夫婦であること】が成立しなければ介護者である夫が精神的に追い込まれている可能性がある。そして、【砂時計の時間感覚】が崩れてしまうと不安が高じてしまい【介護日課の構造化】と【改めて夫婦であること】の両方を不安定化しかねない。この3者のバランス状態をみることで現状が全体として把握できる。

◎【介護日課の構造化】からみると……:

〈介護合わせの生活リズム〉と〈介護者スキルの蓄積〉がかみ合っているかどうか、〈サービス合わせの生活リズム〉と〈介護

者スキルの蓄積〉がかみ合っているかどうか、そして、この両者のかみ合わせがバランスがとれているかどうかが判断のポイントとなる。求められる介護者のスキルは双方で内容が異なるだけでなく、動きの違う生活リズムの調整作業でもあるからどちらかに偏っていないかどうかをみる。

〈介護合わせの生活リズム〉と〈サービス合わせの生活リズム〉はともに介護者の1日24時間を規定してくるので、前者の偏り、とくに睡眠不足など影響の大きい問題に対しては改善に向けて後者を工夫する。これはサービス内容と同時に生活リズムの改善として検討する。例えば、夜間にスポットケアが提供されれば介護者の負担は大きく軽減される。この例は第三章のスウェーデンにおけるイブニング・パトロールが参考になる。また、日中帯のホームヘルプにしても訪問時間が介護者にとってできるだけ休息となるように工夫する。介護者役割から一時離脱するにはデイサービスに出かけている時間は貴重である。少なくとも、サービス利用が付随して新たな負担を生じさせないよう配慮することである。このように生活リズムに着眼することで介護者支援は具体的に対応できる。

一方、老夫たちが必要な介護スキルを身につけることも重要であり、今回の結果は〈介護者スキルの蓄積〉を強調しているが、個別のスキルについてもその力量の見極めや、説明や指導が必要となる。

◎**〈介護合わせの生活リズム〉と〈介護者スキルの蓄積〉との関係**……:

仮にサービスを一切利用せず老夫が1人で妻を介護する場合は、この関係だけとなる。これだけで【介護日課の構造化】を成り立たせるのは現実的には無理であり、今回の調査ではサービス

利用が組み込まれているので、こうした極端例は含まれていない。ただ、理論的設定としてはおさえておくとよいだろう。なぜなら、サービスを全く利用しないケースはほぼないとしても、利用可能なサービスを利用せず孤軍奮闘している場合は実際にはありうるからである。

　夫は妻に必要な介護を適切なタイミングで実行することになるから、妻にとっての適切なタイミングは夫の生活リズムを制約する方向で作用する。したがって、そのしわ寄せの程度や1日の中での調整度合いに着目し、また、所定の介護行為が適切に行えているかどうかの判断も重要となる。夫も高齢であるから体力を必要とする介護行為などは力量を慎重に見極めなくてはならないし、それは生活リズムの歪みとその影響とも関係してくる。

　具体的着眼点としては、直接的介護行為に関連して肯定的概念（妻行為の確保、合理的工夫、介護関連の記録化、自分のための行動、予測対応、外部限定支援など）がみられるかどうか、逆に、介護上の困難に関連して否定的概念（健康トレードオフ、介護のための中断、予期せぬ失敗、応援親族欠如など）がどの程度みられるか、をチェックすることである。前者は介護状況をコントロールできていることを示唆するし、後者が増えれば余裕がなくなりつつあると言えるのではないか。大きなリスクの前に小さなリスクの発見はこのレベルで行うことができる。また、肯定的にせよ否定的にせよ、おそらくここで明らかにできた概念は一部であって他にも当然あると考えられるから、自分で気がついた概念を新たに追加していける。

　また、これらの概念は重要さにおいて並列的とも思えないので、どれがとくに重要であるのかを特定できるとさらに焦点を絞った支援を提供しやすくなる。先に説明したようにできるだけ対

の形でまとめてみたが、例えば介護者にとっての「自分のための行動」と「介護のために中断」の影響の大きさなどは今後の課題である。同様に、「介護上の困難」にどのように対処し〈介護者スキルの蓄積〉となっていくのかのプロセスも、そこでの重要ポイントの特定も含めて、まだ明らかになってはいない。

◎〈サービス合わせの生活リズム〉と〈介護者スキルの蓄積〉との関係……：

仮に夫が直接的介護行為をまったく行わずサービスだけを利用して【介護日課の構造化】を図ろうとすれば、この関係だけとなる。私的に介護者を雇うのであれば話は別であるが、現実にはこうした例はまず考えられないから、これも理論的設定である。

この関係について述べる前に、サービス・メニューの決定に言及しておきたい。介護保険が提供するサービスの種類は決まっており、サービスは利用者（要介護者）のニーズに対応して決められるから、多くの場合、比較的単純なパターンの組み合わせとなる。スケジュール化の煩雑さ——それは多くの場合、担当者を張り付ける周旋作業のようなものである——はあっても、ケアマネジャーも慣れればさほど本気で頭を使わなくてもこなせるのかもしれない。しかし、マネジャーのやりがいは、サービスが単品で自己目的化するのではなく、あるスポットに投下することで在宅生活全体を支えるような戦略的なメニューを提案することである。〈介護合わせの生活リズム〉と〈介護者スキルの蓄積〉の関係を診断すれば、要介護者（今回であれば妻）のニーズに対応し、同時に、介護者の生活リズムの偏りを是正するにはどうしたらよいのかが考えられるはずである。先述べたように、具体的にはさまざまな選択肢が考えられる。

さて、分析結果の説明でも触れたように、〈サービス合わせの生活リズム〉と〈介護者スキルの蓄積〉の関係は、単にある特定のサービスの利用という面だけでなく、〈介護合わせの生活リズム〉だけでは偏っていきがちな介護者の生活を一般的社会生活の側に引き戻す働きがある。標準的な時間の世界を持ち込むことでサービスの利用は【介護日課の構造化】に実は大きく寄与している。この理解がまず大事で、そうすると、着目すべき点としては大きくは〈サービス合わせの生活リズム〉と〈介護者スキルの蓄積〉のバランスがとれているかどうか、さらに絞って言えば、個別的な〈介護合わせの生活リズム〉と標準的な〈サービス合わせの生活リズム〉との調整がもっとも困難な点を見つけることである。例えば、データでみたのは、いつもは10時頃まで朝食にかけている中で水曜は朝8時50分のデイサービスの送迎バスに間に合わせる場合であった。言い換えると、2つの生活リズムのどの点での調整が介護者にとって負担であるのか、そして、それが許容範囲かどうかを判断するのである。

◎【改めて夫婦であること】からみると……：
　ここでのポイントは〈愛情文脈化〉に注がれているエネルギーとその内容である。ここで老夫が妻の介護を引き受ける意味づけ作業が行われるのが、すでにみたように愛情の表現は非常に幅があり、解釈力が試されるほどである。ただ、どのような内容であれ、妻との関係が意味づけされ、現在の介護状況を受け止める文脈となっているかどうかが着目点である。中には、介護者として現状から逃げられないために強引とも思える意味づけ作業をすることもありうる。つまり、妻との関係性から文脈化が図られる場合だけなのではなく、現在の介護状況の維持のために、つ

まり、なぜ自分が妻の介護を担わなければならないのかに答えを得るために文脈化が行われる面もないとはいえない。

　過激な発想に思えるであろうが、【改めて夫婦であること】と〈愛情文脈化〉との関連でもっとも重要な判断ポイントは〈愛情文脈化〉の停止、すなわち、妻の介護者であることの解除であろう。一種のドクターストップである。なぜなら、夫も高齢であるから在宅介護の生活は破綻的な出来事が起きるまで実は継続できる「危険」がある。これは介護保険がもたらしかねない、見えにくい側面である。本章のはじめで、生活リズムの概念は要介護者であれ介護者であれ、あるいは、ケア専門職であれ、1人の人を1人の人として理解するために有効であると説明した。それと基本的な考え方は同じである。共倒れへの対処は起きるのを予想しながら起こるのを待つのではなく、その前に身近な外部者がストップをかける責任がある。現行では、ケアマネジャーがもっともその役割に近いであろう。それだけの責任を負おうとするかどうかは、専門職としての判断である。

◎【砂時計の時間感覚】からみると…：

　【介護日課の構造化】と【改めて夫婦であること】が時間でみれば「現在」であるのに対して、【砂時計の時間感覚】は独特の時間ではあるが方向性としては「少し先／将来」である。ただ、その内容は不安であり、それへの備えを特徴とする。したがって、この部分に着目し、不安が他の2つのカテゴリーを混乱させないように注意する。不安が備えとセットである場合はまだコントロールができていることが示唆されるが、不安だけに偏ると介護者であることが限界に近くなっているのかもしれない。

第 2 章

作品・事例

ソレントへ
―― Mrs. A、最後の日々

第1節　はじめに

　Mrs. A は 1 月 25 日夜に 86 歳の生涯をメルボルン郊外の小さなホステル[1]（虚弱高齢者用施設）で静かに閉じた。真夏らしい、乾いた暑い日であった。イギリスから移民してきた家族にオーストラリアで最初に生れた子どもということで、メルボルンのあるビクトリア州から名前をとってビクトリアと名付けられたその人は、旅行以外ではビクトリア州を出ることなく一生をそこで暮らした。彼女の人生は生れたときから波乱に満ちたものであったが、86 年も生きた人間の一生はおそらくどの時代や社会にあってもそれなりに波乱に満ちたものであろうから、そのこと自体を強調する意味はないかもしれない。ただ、静かに生涯を終えたことは、家族だけでなく彼女を多少なりとも知る人たちを安堵させるものであった。

　私はフィールドワークで Mrs. A を知り、彼女の人生最後の 3 か月をフォローすることができた。衰弱が進んでいたことや精神的不安定さのために本人と直接接することは限られたため、もっぱらひとり息子とその妻を通じての調査となった。最後の 3 か月は本人にとってはむろんのことであるが、息子家族にとっても大きな試練のときであった。現象としての介護問題にそれぞれの生活史と人間関係模様が色濃く反映し、制度やサービスの問題としてだけでは理解しきれない、老いを生き切ることと老親を看取っていくことの普遍的な世界がそこにはみられたのである。

---

[1]　1997 年の高齢者ケア構造改革以降、公式な施設名はホステルが低ケア・レベル、介護施設であるナーシングホームが高ケア・レベルと変わったが、一般の人々には従来の呼称が親しまれているので、本章ではそちらを採用する。

オーストラリアの高齢者ケアを理解するのになぜ Mr. A の話が出てくるのか奇異に思われるかもしれないが、どの国であっても変わらない老いをめぐるこの普遍的な世界を確認しておきたいからであり、ここに彼らと私たちとの共通基盤があると考えるからである。

　高齢者ケアに限らず他国の実情を紹介するとき、それに対して文化や歴史、社会背景の異なったところのものは参考にはならないとか、日本には日本の背景や特性があるといった反応が決まったように出されるのだが、私はこうした受けとめ方は生産的ではないと思っている。一見もっともらしいのだが、では日本の文化や歴史や社会背景とは何であるのかを明らかにするわけではないし、なによりも日本社会自体が大きく変化しているので日本的という見方でくくることに無理があるからである。また、紹介する側にしても他国の方法をそのまま持ち込むべきとまで主張している例はまれである。ただ、他国の例を紹介するときその特性を強調するのは当然であるし、実際には制度や仕組みに力点をおくから人間への視線はサービスの利用者という形で抽象化される場合が多いのは事実であろう。そのため読者にしてみれば、具体的な人間の姿がはっきり理解しづらいのである。これはバランスのむずかしい課題であり、日本の代表的事例を選びようがないのと同様に、具体的に取り上げる事例がその国の高齢者やその家族を代表している保証などないしそれは不可能である。むしろ、異なった環境を生きる１人の人やその家族関係をできるだけ詳細に理解することで、私たちが経験的に理解している世界と比較対照しその異同を「理解」することが重要であろう。こうしたアプローチはその国の制度や仕組み、とりわけその根底にある考え方を理解するために不可欠な作業であると私は考えている[2]。

こうした問題意識に基づき社会学のライフヒストリーの手法を用いて、あるひとりの老女について論ずる。

さて、Mrs. A の人生最後のものがたりである。

第2節　ソレントの街

　ソレントは、メルボルンの人々に人気の高い海辺のリゾートである。メルボルンが面するポートフィリップ湾はビクトリア州では最大の広さをもつが、湾の大きさに比してその入り口は驚くほど狭い。西側からはベラリーン半島が突き出ており、東側は文字通り大きく湾曲したモーニングトン半島が取り囲み、その先端部が鋭くベラリーン半島に向かっている。ふたつの半島の間は、わずか4キロ程度しかない。ポートフィリップ湾は最大で東西約70キロ、南北約60キロの大きさであるから、湾の入り口の狭さは際立っている。

　メルボルンの中心部からは約100キロの距離にあり、モーニングトン半島の先端部に近いところにソレントの街がある。街から浜辺には湾の内側へも外洋側へも簡単にでることができるが、街自体は穏やかな湾の内側沿いに発展している。メルボルン方面から海岸の道沿いに入ってくると、少し上がったところが中心部でレストランや食料品店、カフェなどしゃれた店が並んでいるショッピングセンターとなっている。それほど大きくはないがこじんまりとまとまっていて、洗練された落ち着いた雰囲気のある街である。リゾート地であるから風光明媚なのは当然だが、週末や

2　本書、第3章も参照。

祝祭日、そして夏のヴァケーションの時期にはかなりの混雑となる。とくに夏は浜辺近くにキャンプが張られ、浜辺にそってそれが延々と続く。キャンピングカーも少なくないが、主流はテント張りのキャンプで、トレーラー[3]に自炊生活ができる荷物一式を積んで車で引いてくる。カリフォルニアなどと比べても、こちらの方が素朴で手作り感がある。

ソレントがリゾートとして拓かれた歴史は古い。昔は馬車でメルボルンから行ったのだという。もっとも歴史的にはソレントはメルボルンよりも先に開けた所である。19世紀前半に真南にあるタスマニア島から開拓移民が到着したのがこのあたりであり、砦の跡など旧跡があちこちに残っている。

第3節　ソレントでのMrs. A

現在のソレントは瀟洒なリゾートの顔だけでなく、高齢者が比較的多く住んでいるところにもなっている。Mrs. Aもそのひとりであった。彼女と夫がソレントにサマーハウス用に家を購入したのは50年以上前のようである。ひとり息子の話では彼が物心ついたときからあったそうで、子どもの頃や、後に結婚してからは自分の子どもたちを連れて何度も行ったという。息子が見せてくれた古い8ミリビデオには、ソレントの海岸でピクニックを楽しんでいる若き日のMrs. Aと息子夫婦、そしてまだ幼い3人の孫たちが遊んでいる様子が写っていた。当時としてはまだ珍しい8ミリを撮ったのは、趣味で始めたMrs. Aの夫であった。

---

[3] リヤカー式の荷物運搬車で、乗用車の後ろに付けて引っ張る。たいていの家にあり、ちょっとした大き目の荷物を運ぶときに頻繁に利用されている。

彼女の一生を理解した目でみれば、うっすらとセピア色がかったこの古いフィルムのなかに彼女にとっての家族の原風景があったはずなのに、Mrs. A は最後までそれに気づくことはなかった。

　Mrs. A と夫はメルボルン郊外で小さなワイシャツ工場を経営していたが、そこを売却して引退したあと市内の家を引き払いそれまで別荘として使っていたソレントのこの家に定住し、その後 20 年近くをここで暮らした。ただ、夫はソレントに落ちついてまもなく心臓発作で亡くなったので、Mrs. A にとってはほとんどひとり暮らしでの 20 年間であった。家は街の中心部から少し入ったところにあり、ショッピングセンターへは高齢者でも歩いて 10 分程度の距離にある。ソレントのなかでは一等地の範囲に入る。

　Mrs. A のひとり暮らしがゆらぎ始めるのは、彼女が 82 歳を過ぎた頃からであった。この頃から、息子夫婦を巻き込みつつ、彼女の人生の最終局面が展開していく。契機となるような病気や怪我といった大きなエピソードがあったわけではないが、彼女らしい生活が徐々にほころびはじめていった。そして、そのことが彼女と息子夫婦の関係を抜き差しならないものにしていったのである。日常の中に顔を出した老衰は、それまでの日常性の世界から頑ななまでに一歩も出ようとしない Mr. A と、母親の老衰の問題への対処を迫られた息子夫婦との間にボタンの掛け違えのような関係を生み出し、結局最後までそのままであった。

　Mrs. A の衰えは、例えば、家の中が乱雑であったり、買い物も不規則で食事もちゃんと取れていないという形で始まった。きれい好きというよりは潔癖症のような彼女の性格を知っている息子夫婦の目には、明らかな衰えの兆候であった。そのため息子夫

婦は母親に家事サービスや庭の手入れに人を雇うように勧め彼女もしぶしぶ同意したのだが、指示があまりにも細かいため嫌がられ、家事サービスだけでも2年間に6人が入れ替わり、結局最後には皆やめてしまい代わりの人を探せなくなった。庭の手入れに関しても、芝生などもまるで手バサミでそろえるような細かさを要求したそうである。

　Mrs. Aは買い物もひとりでは困難になると、ソレントに住む知り合いの高齢者たちにあれこれ頼みごとをするようになった。彼女の家の近所は大部分が週末利用の人たちであったため、彼女よりも高齢で、しかも町の中心部からは彼女の家以上に離れているところの高齢者たちにまで買いものなどに手助けを求めるようになってしまい、その負担に耐えかねてやがては皆彼女から離れていった。本人はそのつもりではないのだが、相手のことを考えずに自分のために人を使うというMrs. Aのスタイルは、高齢になってからのことではなく若い頃からのものであったようである。

　そのため、やむを得ず息子がメルボルンから週に何度か通うことになる。そのころ息子はまだ会社を退職する前であったが時間のやりくりがしやすかったこともあり、職場や自宅のある地域からソレントまで往復300キロを車で行き来し始める。彼の妻はMrs. Aとは折り合いが悪かったため、義母の世話のためにひとりでソレントへ行くことはなかった。夫婦一緒で行くこともなくはなかったが、もっぱら息子ひとりが通った。嫁姑問題といえばそれまでだが、Mrs. Aの潔癖で他者に厳しい性格についていけず、息子の妻は結婚後ずっとMrs. Aに対して恐れに近い感情を抱いているようであった。

> 第4節　不本意な転居

　300キロの往復ドライブを週に2回ほどするのは、60歳近くのの息子にはさすがに無理があり、息子夫婦はほどなく大きな判断を迫られる。Mrs. A自身はまだひとりでの生活が大丈夫だと言い張っているのだが、息子夫婦の目には限界とうつった。そのため彼らはMrs. Aのために最初はソレント周辺で入居できる施設を探したが、納得できるところが見つからなかった。高齢者が多いから当然ナーシングホームなどもあるのだが、見学した息子夫婦にはあまりにも殺伐としていたり、経営方針に疑問があったりで、結局ソレントで転居先を探すのを断念せざるを得なくなったという。

　次に検討したのは息子夫婦の家のすぐ道向かいにちょうど小さ目の住宅が数件売りに出されていたので、そのひとつを購入して自分らの末息子と一緒に住まわせるという案であった。彼らには男ばかり3人の子どもがいて、当時一番下の子は成人して働いていたがまだ家にいたからである。そうすればゆくゆくはその家を末っ子にという計画も立つこともあり妻は前向きであったが、Mrs. Aと妻との関係を考慮して息子はこの案を賢明にも断念する。

　こうして消去法的に選択肢は絞られていき、残るのは息子夫婦のところから比較的近くにあるホステルを探すことであった。彼らは自宅から車で30〜40分の範囲を前提に数か所のホステルを見学し、最終的に家庭的雰囲気のあるホステルに決める。25人定員の個人経営の施設で1週間の費用が350ドル（1998年11月現在）と負担額は大きいが、すぐ隣には医院もあり、環境的に

も安心して住んでもらえる場所だと思った。実際、入居者の身なりからも比較的恵まれた階層の高齢者を対象にしているようであった。経営者の妻がナースで、現代版のパパママ型のホステルといえる。

　Mrs. A は、息子夫婦のこうした準備を知らされないでいた。息子夫婦はもう限界にきていると判断していたが、本人はまだソレントの家でひとりでの生活できていると言って譲らなかったからである。しかし、息子夫婦は、在宅サービスを受けながらソレントに住みつづけるのは彼女の性格と人を雇っても皆辞めてしまった前例からして不可能であるとみていた。息子の妻がインタビューの度ごとに何度となくため息混じりに言ったように、「他に方法がなかった」ようである。

　後は、息子がいかにして Mrs. A を説得するかであった。2人の話は最終的に折衷的な形でなんとか折り合う。Mrs. A はホステルに移るが、ソレントの家はそのままにしておいていずれ帰れるようにするということであった。ホステルはメルボルンのなかでも息子夫婦の家や独立した2人の孫たちの家にも近く、また、かつて Mrs. A が暮らしていた地域とさほど離れたところではなかったので、まったく見知らぬところに引っ越したわけではなかった。

　しかし、ホステルに移ってからの Mrs. A の生活は彼女の意思とは徐々に乖離していく。

第5節　心身分離

　Mrs. A は、元来むずかしい人であった。それがまた、彼女ら

しさでもあった。幼児期体験と関係していると思われる強迫的な潔癖さと、それを自分に課すだけでなく他者にも期待するため、人に認めてほしいという思いをもちながらも結局は人に嫌われるという皮肉な人間関係を繰り返してきた。こうした生き方は繊細さと脆さが紙一重で、ガラスのような自尊心と、被害者意識、そして猜疑心を潜在化させていったと考えられるのだが、それが制御しきれなくなり一挙に噴出すのはホステルへの転居後のことであった。

　若き日のMrs. Aは夫と共にワイシャツ工場を経営し、働き者であった。工場といっても夫婦中心の自営業であったから、彼女は工場の仕事だけでなく経営面でも夫以上に責任をもっていた。朝7時から夜の10時まで工場で働き、さらに帰宅してからどんなに遅くても拭き掃除をして家の中はちりやほこり1つない完璧な状態にしていたという。軍隊経験のある息子はその様子を、ホワイトグローブ検査（上官が白手袋で行う掃除検査）にいつでもパスするほどの完璧さだったと述懐している。

　ところで、ホステル入居後、頻度はまちまちだが息子夫婦はMrs. Aをソレントの家まで連れて行くようにした。泊まるのではなく、日帰りでの行き来であった。だれも住んではいなくても、息子は彼女の性格を考えて定期的に清掃サービスを手配していた。いずれこの家に戻って暮らせるようにというMrs. Aへの"約束"を彼女に確認してもらうという意味もなくはなかった。しかし、息子夫婦の話では、Mrs. Aは着くや否や家の中をチェックして文句ばかり言うというパターンであった。

　そして、ホステルに入居して1年ほど経ったころ、同じようにソレントの家に連れて行ったときのある出来事をきっかけにとうとう息子が我慢できなくなる。台所のオーブンの下が油で汚れて

いるという Mrs. A の不満がきっかけではあったが、誰も住んでいないので料理をしているはずはなく、その上彼女の性格を考え清掃サービスまで入れていた息子にしてみれば、このときの出来事で緊張の糸が切れてしまう。それまでは Mrs. A との約束、つまり、いずれはこの家に戻って生活できるようにするという、虚偽ではないにしても限りなく現実性のない約束を守ろうとしてきた気持ちが切れてしまったのである。

　息子は、こうした形での行き来はもう無理であるし彼女が以前のようにソレントの家で暮らすことは不可能なので、家を処分するしかないと判断する。Mrs. A はむろんこの案に納得するはずはなかったが、現実的判断にたった息子は売却に踏み切る。古いサマーハウスであったから家自体はさほどの価値は見込めなかったが、場所が良かったため売却自体はスムーズに運んだ。息子夫婦にしてもホステルの費用を自分たちで払いつづけるのは困難であったから、売却したお金はホステル費用を含めすべて Mrs. A のために使っていくつもりであったが、その思いは最後まで彼女には伝わらなかった。

　以後、Mrs. A はソレントを再び訪れることはなかった。

　そして、息子夫婦が売却金を勝手に使っているのではないかという疑念を抱くようになる。一方、他州に住む、Mrs. A のただひとりの遠縁からはソレントから勝手に引き離してひどい目にあわせていると批判され、詳しく説明しても理解されないため息子夫婦、とくに妻の方が傷ついてしまう。いくら本人が言い張ってもソレントにひとりで住まわせるわけにはいかないし、いろいろ努力してきた末にその苦労が理解されず、「他にどういう方法があるの」という言い方で妻は夫の気持ちを代弁した。

第6節　ホステルでの Mrs. A

　Mrs. A が生活することとなったホステルはむろんすべて個室で、ゆったり目の玄関と食堂兼多目的のホール、それにラウンジなどがある造りになっている。私が初めてその部屋を訪れたのは亡くなる3か月ほど前であったが、息子夫婦の結婚式の写真、3人の孫たちの幼い頃の写真、それにすでに結婚している上2人の孫のそれぞれの結婚式の写真が飾られていたのが印象的であった。

　ホステルに入居して1年を経過した頃、時期的にはソレントの家を売却する少し前になるが、Mrs. A はホステルで転倒して大腿骨頸部を骨折する。自室でハイヒールを履こうとして、転倒したのが原因だという。彼女は若い頃からハイヒールの愛用者で、ソレントにいた近年まで年に2～3回フォーマルな場に出るときはハイヒールを履いていた。年齢や場所を考えると無謀にも近い行為だが、彼女にとっては自己演出に欠くことのできない道具だったようである。とはいえ、日本でもよく見られるように転倒、骨折のこのパターンは高齢まで比較的健常で過ごせた人が一挙に自立度を落としていく典型的な展開であった。

　しかし、Mrs. A は周囲の予想以上にリハビリにがんばり、医者をも驚かす。息子はこのときの様子を「母はファイター（fighter）だ」という言い方で説明した。実際にホステルに戻ってからも自分でリハビリに努力し、隣接の医院や、ときには近くのショッピングセンターにまで歩いていけるまでに回復した。あきらめずがんばるところは Mrs. A の特徴である。

　そしてそれから約1年後の1998年10月末、Mrs. A は外部病

院への入院となる。他の入居者を杖で叩くなど粗暴行為がひどくなったことと、尿路感染と心臓の異常の疑いを理由に、ホステル側から入院が必要という連絡が息子宅に入る。主たる理由は前者で、猜疑心から自分が狙われていると思い込み、その結果粗暴な言動がひどくなったためであった。ホステル側の対応には、このままではここでの生活はむずかしいというニュアンスがはっきりと示されていた。

第7節　人格の老衰

　1年前の骨折入院のときと違い、粗暴行為を主たる理由とするMrs. Aの今回の入院は、息子夫婦には"非常時"であった。彼女の状態が心配させるものであり息子はほぼ毎日病院に行くことになるのだが、そうした行き来よりも、Mrs. Aの性格から考えてついに来るべきものが来たという感じの張りつめた緊張感が息子夫婦にはみられた。夫婦のどちらも言葉にはしなかったが、Mrs. Aらしい衰えが本格的に始まったと受けとめていたようであった。

　入院後のMrs. Aは、2日間、食事を完全に拒絶した。毒を入れられているのではないかと疑ったためである。幻覚もあり、外で羊が溺れているので助けに行かなくてはならないと言って、出て行こうとした。病院を刑務所と思い込み、なんとか逃げ出そうとする。ただ、息子は識別できた。何も口に入れないので、病院側は息子に食事の介助を依頼した。そこで、彼が好物のアイスクリームに鎮静剤を混ぜて食べさせようとするとMrs. Aは「変な味のピーナッツが入っている」と言って吐き出したという。息

子も敵の一味に入っているとも思っていて、一緒にいるとき携帯電話がなると「あっちで呼んでいる証拠だ」という。かなり混乱していて、入れ歯も盗まれたと訴えるのだが、息子が本人のものを渡しても、誰かの汚れたものだと言って受け付けない。それでも最後にははめようとしたのだが、下側の入れ歯を上側に付けようとした。

　息子は病院から ACAT[4] によるアセスメントを受けることになると告げられ、担当チームの配属場所を知らされる。ホステル側と同様に、病院の方も、Mrs. A が退院後にホステルに戻るのはむずかしいと考えていたことがうかがえる。比較的高級なホステルだったから、この種の問題は他の入居者への影響が大きく、経営者は非常に敏感であった。

　息子は病院側の求めもあってほぼ毎日病院に行ったが、彼のほかには 2 番目の孫がただ 1 人、1 回だけ見舞いに行ったきりであった。それには理由があった。3 人の孫のうち末子は両親と同居しており、結婚して独立した上の 2 人も両親の家から車で 20 〜 30 分のところに住んでいたから、Mrs. A を見舞いに行こうとすれば簡単に行けたはずであったが、最初に見舞った孫がショックを受けたため誰も行かなくなったのである。

　Mrs. A が入院してたしか 3 日目か 4 日目だったと思われるが、この孫に対して Mrs. A はずいぶんひどい態度で接したようで、彼は帰りに実家に立ち寄り両親に様子を説明した。刑務所に入れられていると思っている Mrs. A は彼に "How did you get out of here?（おまえ、どうやってここから抜け出せたのか）" と訊ね、これ

---

[4] Aged Care Assessment Team の略で「エイ・キャット」と呼ばれる。アセスメントのみを行うチームで医療職を中心に構成されている。施設に入居可能性のある高齢者は必ずこのアセスメントを受けて入所相当の判定を受けなくてはならない。

までに聞いたことのない下品で卑俗な言葉遣いだったという。3人の孫のなかで小さい頃から Mrs. A に一番かわいがられた子であったので、自分を誰だか分からないだけでなく Mrs. A のなじるような言動にショックを受けたのである。

その日入れ替わりに息子が病院に行ったが、Mrs. A に何をして欲しいのかたずねたところ「ソレントへ帰りたい」という答えだったという。むろん、もはやそれは不可能だったし、帰宅後にそのことを聞いた妻は、2年前にすでに不可能だったと言い、自分が Mrs. A から直接言われなくてよかったと続けた。ソレントの家を売却したことは彼女のなかでは、他に選択肢はなかったと自分に言い聞かせつつも、やはり相当気にしているのは事実だった。

そんなさなか、息子夫婦は11月3日のメルボルンカップ[5]の日、私を誘ってソレントまで往復300キロのドライブに出かけた。気温は30度を越え乾燥した日であった。メルボルン最大のお祭りの日であったから、ソレント一帯は大変な人出で混雑し、この街一番の顔をしていたように思われた。

ソレントの中心部に入った車はすぐにわき道に入り、白の金網フェンスで囲まれた家の前でとまった。約1年前のクリスマスの頃に売却した Mrs. A の家であった。2人は車から降りることもなく、家を見ながら、どこをどのように改造中だとか、あそこがどうなっているといった話をしていた。夏の日差しに芝生がかがやき、いかにも落ち着いた感じのするサマーハウスであった。

Mrs. A の状態は不安定ながらも、日がたつにつれて少しずつ

---

[5] 毎年11月の第1火曜日にメルボルン市内のフレミントン競馬場で開催される競馬で、さまざまに着飾った観客であふれる。100年以上の歴史があるといわれる。メルボルンはこの日は祝日となる。

安定し始める。拒食傾向もうすらぎ、全量ではないものの食事をとるようになり、若いナースにやさしい言葉をかけるといった変化が見え始めた。病院の検査の結果、尿路感染もなく心臓発作の危険もないことがわかった。脱水症状と栄養補給のため、点滴は続けられた。ただ、息子を孫と間違えたり、孫を息子と間違えたり、息子を夫と間違えるといった人物誤認はみられた。彼女らしさに戻り始めたことは、失禁の後始末を自分でしようとして病室のトイレにトイレットペーパーを詰め込んでいることからもうかがえた。極端なまでにきれい好きの人が、なんとか片付けようとしたからである。入院してから1週間ほどが経っていた。

Mrs. Aの状態が安定してきたことは、次の息子とのやり取りからもうかがえた。見舞いにきた息子を彼女は一番上の孫と勘違いしたが、釣り好きなのを覚えていて今日も釣りに行ったのかとたずねたそうである。息子が、自分は漁師ではないがイエス・キリストはそうだというと、笑ったという。ユーモアに反応したからである。Mrs. Aは昔からジョークを嫌って息子が言おうものなら叱られたという。その彼女のこうした反応は、少なくとも息子にとっては改善を示すものであった。

第8節　ホステルに戻る

Mrs. Aの状態が安定化してきたことにより、息子夫婦のなかに1度はあきらめかかっていたホステルに戻れるのではないかという期待がふくらむ。薬の処方により安定状態をなんとか維持しているのだが、ホステルの施設長と連絡を取ると、その程度であれば戻っても大丈夫ではないかという返事をもらい安心する。

この後、Mrs. A の状態は一時的に悪化し、思い込みが激しくなる。きっかけは薬の処方が点滴から飲み薬に変わったためではないかと思われた。刑務所に入れられているという世界に逆戻りし、自分が何者かに狙われていて、例えば窓ガラスに写った自分のベッドのシーツが見張りの車に見えたり、外の低い植え込みが自分を監視している人間たちだと訴える。あるいは、夜中に失禁して病院のスタッフがシーツを交換したことを、寝ているときに顔を殴られて動かされシーツに水までかけられたと思っている。こうした話を息子に話すときも声をひそめて、誰かに聞き取られないように警戒している。

　しかしその一方で、改善も安定してみられるようになり、自分の下着を洗うといった Mrs. A らしい行動もみられるようになる。入院してからの数日の記憶は、はっきりとはしていない。左眼のまぶたが垂れ下がり、痛みもあるためか、この頃から「死にたい」と息子に話すようになる。

　息子に夫がなぜ見舞いに来てくれないのかたずね、17 年前に亡くなっていることを告げられると「そうだったね、ゴルフをしてその次の日に急に亡くなった」と正確に思い出したという。そして、ソレントが一番だが入院前に住んでいたホステルでいいから早く退院して戻りたいという言葉が、Mrs. A から初めて出る。

　状態がほぼ安定してきたところで、ACAT のアセスメントが行われた。ADL では大きな障害がないから、粗暴行為などの問題行動が焦点になると予想されたが、私がアセスメントの結果を聞いても息子夫婦はその内容を知らなかった。細かいことよりもホステルに戻れるかどうかが彼らの関心だったから、そうなってひとまずホッとした様子だった。

　約 2 週間の入院を終えて Mrs. A は、11 月 11 日に高揚した気

分で以前のホステルに戻った。薬の影響も考えられるが、刑務所と思い込んでいた場所から出られるので彼女の心ははずんでいた。息子が迎えに行くと、Mrs. A は「だめ、だめ、男の人はこの部屋に入れません」と強い口調で制しようとした。Mrs. A のなかでは、彼女の結婚式の日になっていた。息子は彼女の父親になっていた。そのうち、結婚するのは自分ではなく息子となり、「昨日は来て、キスしてくれたのに」と言いつつ花嫁はどこにいるのか息子にたずねる。

　ホステルに着いた Mrs. A は杖をつきながらひとりでつかつかと玄関から入り、そのまま勝手知った様子で自分の部屋に入っていった。息子があとから荷物を持っていくと、このモーテルにはちょっとしかいないから荷物は開けなくてもよいと言うので、息子が1週間やそこらは滞在するでしょうと言うと、納得する。息子が荷物を開けるのを見た瞬間、Mrs. A は旅行中の人になっていたのである。

第9節　最後の日々

　Mrs. A の高揚した状態はホステルに戻ってからしばらく続き、この間の彼女はもっぱら入居しているホステルの経営者になっていた。職員にいろいろと指示や注意をしてまわり、自分の言うことをきかないとクビにすると命令する。施設長のナースも職員も、できるだけ Mrs. A の話に合わせた受け応えをしていた。そのスタイルは、かつてワイシャツ工場を切り盛りしていたときのものではないかと思われた。食事も普通にとれるようになり、状態的にはずいぶんと改善する。

しかし、Mrs. Aの自尊心にフィットするストーリーは長くは続かなかった。猜疑心と被害者意識を特徴とする彼女らしさが再びあらわれる。きっかけは盗難被害妄想であった。現金の管理はすでに入院前からできなくなっていて、息子がその都度100ドルくらいずつ渡していたのだが、Mrs. Aは誰かに盗まれたと思い込んでいる。そして、息子が彼女の部屋を探して、本人が隠したと思われるところから現金を見つけると、誰かがそっと返しておいたのだと言い張る。よくあるパターンである。

　その後、Mrs. Aの衰えは古い記憶の断片が素材となって妄想の世界を漂うようになっていった。ホステルに入居する際に古いケーキミキサーを、息子の妻の友人の娘にあげたことを突然正確に思い出し、あれは盗られたのだから取り返してきてほしいと言い出す。あるいは、以前ハイヒールをバザー用にと、ある慈善団体に寄付したのだが、今自分にはこんな低いヒールの靴しかないので取り戻してほしいと訴える。80歳を過ぎてからもソレントで年に2〜3回はハイヒールを履いていたMrs. Aにとって、靴のヒールは特別な意味があるようで、今履いているヒールの靴では不満なのである。息子が新しく買うように50ドル渡すと、これではろくなものは買えないといい、もう50ドルもらう。しかし、彼女が新しい靴を購入することはなかった。

　幼児期の記憶と関係していると思われることもMrs. Aの口からストーリーとして語られるようになった。このころ何度か繰り返し語られたテーマを紹介すると、自分がプロテスタントでは最初に牧師になっていて、教会の花壇は道路に面した側がプロテスタントのもので、その後ろがカトリックの植えたものという形になっている。なぜか、いつもプロテスタントの花壇の花が元気で大きくなる。カトリックの花は育ちも悪く背も低い。それでも

って、カトリックの人たちが彼女たちの花壇の花を切ってしまうという内容である。息子夫婦の解説では、メルボルンにおいてもMrs. Aの幼年期はまだカトリックとプロテスタントで緊張関係がみられたのだという。

　Mrs. Aが家族全員と一緒のときを最後に過ごしたのは、ちょうど亡くなる1か月前のクリスマスであった。カラカラに乾燥した、ひどく暑い日であった。息子の家で、結婚した孫たちや古い友人数人を招いてのパーティに彼女も参加した。もっともMrs. Aの状態は弱々しく、にぎやかな雰囲気に加わることはできなかった。ほとんど別室で休んでいたが、全員での記念写真では彼女が真中であった。Mrs. Aが息子の家を訪れたのは夫が亡くなる少し前であったというから、20数年ぶりの、そして、最後の訪問であった。

第10節　葬儀

　Mrs. Aは1月25日の夜9時頃、入居していたホステルで86歳の人生を終えた。衰弱しながら迎えた最後は、苦しむわけでもなく静かであったという。

　まわりの人たちにとっては非常にむずかしい人であったが、衰弱が進んだ状態になっても息子夫婦に精神的に依存することはまったくなかった。

　法により彼女名義の資産は動産、不動産すべてが凍結され、債務関係の確認が済むまで家族も触れることはできない。

　葬儀は28日午後2時から、非常に大きな墓地兼葬儀火葬場で行われた。広大な敷地のなかに葬儀用のチャペルが4か所もあ

り、入り口から4色の色別の線が路面に引かれ各チャペルに参列者の車を誘導している。最近は火葬が増えてきており、敷地のあちこちにレンガでできたシンプルな遺灰収納型のブロックが見かけられる（写真参照）。ひとり分のスペースが正面約30センチ平方、奥行きはおそらく40〜50センチであろうか。正面は故人の名前や生没年などを記した銅版プレートである。少なくて15ユニット、多いものでは60ユニット前後でまとめられている。

　息子の予想では参列者はごくわずかだろうということであったが、式には30〜40人が集った。このなかには、ホステルの入居者も数人いたようである。久しぶりに会った人たちが会場の外で数人のかたまりになってあちこちで話している光景が印象的であった。式は極めて簡単というかシンプルなもので、正面に遺体の入ったカスケットをおき、その周りを花で囲んでいる。予定の時間を少し過ぎた頃牧師が車で到着し、車からガウンをとってそ

の場でまとい祭壇横の入り口からすでに参列者が着席している式場に入った。牧師は聖書の一説を引用し、ほんの少しばかり説教らしき話をした。気持ちの感じられない言葉は「らしき」としか言いようのない事務的なものであったが、変に儀式ばった形よりもそれもまたよしと思えた。

　説教の後、牧師は故人の経歴を簡単に紹介する。それだけで献花をするわけでもなく、最後にカスケットがモーターでそのまま下に下がり見えなくなったところで終了し、散会となる。全部で所要 15 分か 20 分くらいであった。

　ちなみに、下がったカスケットはそのまま火葬場に運ばれ火葬となる。ただ、火葬した骨を遺族が拾って骨壺に収めることはせず、火葬場の方で遺骨入れにいれてくれる。息子夫婦は遺灰をしばらくそこに保管してもらうよう依頼した。日本の骨壺よりは大きく、フタのしっかりとしたプラスチックのバケツという感じの入れ物であった。

　ところで、葬儀自体はこのようにサッパリしたものであったが、紹介された故人の経歴は遺族が準備するものであり、息子夫婦は数日かけてあれこれ記憶をたどったり、古い書類を探し出したり、昔のことを知っている知人に電話をかけたりと結構忙しかった。正確に故人を紹介しようとしたためであったが、この作業は Mrs. A の一生をたどることでもあり、調べたいことが分かった後も当時の思い出話が続いた。

第 11 節　ソレントへ

　Mrs. A の夫の墓、つまり、A 家の墓は、彼女が最後に暮らし

たホステルや息子の家のある辺りから比較的近い、古い墓地の中にあった。彼女の夫と夫の両親が埋葬されている。

　葬儀のあと、息子夫婦は2週間ほど海外旅行に出た。Mrs. Aが亡くなる前から計画していたことであり、また、毎年夏のヴァケーションとして出かける習慣にしていたことなので特別な意味はなかったのかもしれないが、この休暇から帰ったとき彼らはMrs. Aの遺灰をA家の墓ではなく、ソレントに戻すことを決めていた。

　心の重荷になっていたMrs. Aとの約束を、最後に果たそうとしたのかもしれない。

　夏も終わりかけていた2月下旬、それまで保管してもらっていたMrs. Aの遺灰を火葬場で受け取り、息子夫婦はソレントに向かった。メルボルンからソレントまで何度となく走った道を車は走っていった。ソレントの街に入ると心なしかスピードを落とし、Mrs. Aのかつての家に行き車をとめた。11月のメルボルンカップの日に来たときと違い、このときは妻が降りて家に誰かいるかどうか見に行ったが不在であった。遺灰となったMrs. Aに家のなかを見せてあげるつもりだったかどうかは、あえてたずねなかった。ただ、しばらく家の前で車をとめていたことから、おそらく住民がいたらそうお願いするつもりであったように私には思われた。その後車はゆっくりと動き出し、Mrs. Aが以前に買い物などで歩いた道順をゆっくりとたどりながら中心部のショッピングセンターの通りに出て、そこを通り抜け、ソレントらしい、そして、Mrs. Aの最後の居場所へと向かった。

第 3 章

作品・エスノグラフィー

スウェーデン思索の旅
―― 成熟社会と高齢者ケア

第1節　はじめに

　私は1988年秋にスウェーデンのルンド大学に客員教授として招待され、2か月ほど彼の地に滞在する機会を得た。スウェーデンや北欧はおろかヨーロッパを訪れるのもこのときが最初であり、また滞在期間の短さを考えると果たして自分が何を学び得たのかははなはだ心もとないのではあるが、多くの人々の好意と援助のお陰で自分の問題意識を中心としたフィールドワークを行うことができた。

　私の専門は社会老年学という老いの問題、現象に関する社会科学的アプローチを特徴とする新しい学際分野である。したがって、高齢者をめぐる諸問題、とりわけ福祉、保健、医療、看護などの直接的援助サービスに関わる分野と社会保障制度に主たる関心があり、施設見学やその関連の人々に会うことが多かった。同時に、社会学、文化人類学を背景にもつ者としてスウェーデンという国の歴史と文化、また、高齢者を含めそこに生活する人々の生き方、考え方、家族の在り方、社会に対する姿勢などにも大きな関心があった。もっとも社会学や文化人類学を持ち出すまでもなくこれは極めて当然のことであり、前者を理解するためには後者の視点が不可欠であろう。ともかく、同時代的感性とでも呼べるものが彼の地の人々と共有できるであろうと信じて、自分が日本の現実の中で日頃考えていることをさまざまな人々とできるだけ語り合いたいと思っていた。

　幸いルンド大学での私の担当は少なくて済んだので、大体は自分の関心に沿って自由に動き回ることができた。老年学関係の研究者だけでなくソーシャル・ワーカー、建築家、中世社会史の

研究者たちと議論したり、行政の担当者に会ったり、タイプの異なる施設や住宅を訪問し運営責任者だけでなく実際にケアに従事しているヘルパーたちとの十分な意見交換も可能であった。また、夜間の地域パトロールに同行させてもらったり、ミネスルンドという新しい形態の共同匿名墓地や伝統的な家族墓地の見学、墓地設計者との話し合いなど、多様な角度からアプローチを試みることができた。とは言え日本を発つ前に細部にわたる調査計画があったのではなく、スウェーデン滞在中に自分の理解が深まっていくにつれて具体的なテーマや訪ねたい場所、会いたい人間が絞れていくという具合であった。

　ところで、スウェーデン行きのきっかけであるが形式的にはルンド大学の老年社会学者オーランド教授からの招待状であった。教授とは彼が来日した折りにさまざまな問題について議論したことはあったものの、私自身はといえばスウェーデンについて特別の関心を持っていたのでもなく、まして自分が訪れることなど手紙をもらうまではまったく考えてもいなかった。

　滞在予定の大学ゲストハウスの都合で知らせを受けてから出発まで1年近くあったのだが、現場を抱え多忙になる一方の日常では思うにまかせず準備らしい準備はできなかった。日にちが迫ってくる中でしたことと言えばスカンジナビアの輸入地図を購入して机の前の壁に張ったことと、スウェーデンについての準備というよりは初めての国を訪れる自分の基本的な姿勢を確認することだけであった。

　スウェーデンが福祉先進国であることはよく知られているが、その先進の意味に囚われてしまっては自分の見方に初めからバイアスをかけるようなものである。たとえ福祉先進国であってもその社会はさまざまな矛盾や問題を抱えているに違いないが、そ

の中からある方向を目指しているとすれば現実と方向性、現在と未来を架橋するダイナミズムとそれを支える考え方（コトバ）を理解したいと思った。また、どの社会でも同じだと思うのだが、人間とはさまざまな葛藤や悩みを抱えながら「生きる」という営みを日々重ねているのであるから、福祉サービスの側から人間を見るのではなく等身大の人間に焦点を置きたいと考えた。言い換えると、私は具体的に目に見える部分ではなく逆に目に見えない部分を「見よう」と思った。目に見える部分に形を与えている考え方、とりわけ歴史的、文化的、社会的に育まれてきた人間観と共同体観を自分が出会える多様な人々から知りたいと願ったのである。

　私が求めた地図は精巧なもので比較的大きかった。折りに触れそれを眺めつついろいろと思いをめぐらすのはそれ自体でも結構楽しかったし、準備としても効果的であったように思われる。彼の地での自分の経験や知識を統合するひとつの枠組みをおぼろげながら得たからである。

第2節　高齢者ケアの現実

2-1　ベアナドッテゴー

　私はデンマーク経由でスウェーデンに入ったのだが、コペンハーゲンに着いた翌日ベアナドッテゴーという名の高齢者ケア施設を訪れた。ベアナドッテゴーは、コペンハーゲンから西に約40キロ入ったロスキレ市にある。人口5万人ほどのロスキレ市には13のナーシングホームがあり、ここはそのひとつであった。コペンハーゲン中央駅から電車で約20分。訪れた10月初旬には

車窓からたわわに実をつけたリンゴの木が散見でき、落ち着いた郊外の田園風景が広がっていた。ベアナドッテゴーはロスキレ駅から北方に6キロ離れた小高い場所にあり、そこから市の中心部やロスキレ大聖堂が見渡せる。施設は、中央部に吹き抜けになった明るい屋内空間（ホール）があり、そこから4棟の建物がウィング状につながって配置されている。各棟とも地下1階、地上2階建てである。中央部は採光のため三角形に突き出たガラス屋根になっていて、外から眺めると平たい茶色の建物の上にガラスの三角錐を置いたように見える。

　雨上がりの曇天の日で、建物の周囲の芝生は茶黄色の落葉で覆われ秋の深まりを感じさせた。正面玄関近くに、送迎用の赤い小型バスが2台とめてあった。

　2時間半ほど滞在したのだが、始めの2時間は施設長との話に費やした。彼は心理学と神経医学のふたつの博士号を持ち、現在のポジションに最近つくまでは地域精神医療の領域で働いていた。デンマークのナーシングホームはひとり当りの予算は同額とされ、その執行は各施設に任されていると聞いていたので、ここの特色はなにか尋ねた。地区によって差があるが、多くのナーシングホームは病院のようであったり収容施設的だったりして、主に看護師主導型でケアがなされている。しかし、ここはそうではなくチーム中心になっているという答えが返ってきた。例えば、ユニホームを採用しているところも少なくないが、ここではユニホームはない。

　また、老いはあくまで個的なものであり、1人ひとりのニードに合ったサービスが提供されるべきである。ベアナドッテゴーでは入居者の個別なニードに基づいてケアを実践しているので、現象的には人によりサービス内容に偏りがでる。ときどき、他の入

居者が妬んだり不平を言ったりするが、本当に必要なケアであればだれでも必ず援助していることを根気強く伝え、決して不公平ではないのだと理解してもらう。そのため、できるだけ会話の機会を設けているとも語った。

　病院がナーシングホームに入るまでの待機所になっている面もあり、精神病院と同様、ケアの哲学がないという現状分析を付け加えた。

　ケアの哲学という言い方をした彼は、ついで家族に議論を移した。高齢者ケアの分野はまだ日が浅いこともあってか、地域精神医療をベースに自分の家族論を熱っぽく展開し始めたのであった。精神医療は、コストは高くなってもやはり地域を舞台に行うべきであり、また、治療面にしても薬への安易な依存になっているのだがこの問題も改善されなくてはならない。私たちがしっかりしているのは、しっかりした家族関係の中で育てられたからであるが、現在では家族といっても1人ひとりが自分の生活で大変になってしまい他の家族員への余力がなくなり、この傾向に歯止めをかけるのはむずかしいところまで来ているのではないか。デンマークが小国であるにもかかわらず世界的に有名なのは、自分たちが「個人」であるからで、親の子供への責任は豊かな愛情と安心感を与えること、なぜならそれが「個人」を形成するからである――と語った。

　そして話題を戻した。政治家たちには非常に批判的で、ベアナドッテゴーにおける実践を通して費用効率の面でもナーシングホームが十分有効であることを認めさせようと努力していた。例えば、病院だとひとり1日当り4000クローネかかるが、ここではその4分の1で高水準のケアが提供できていることに政治家たちも気付いてきたと述べた。そして、自分は研究者として訓練

を受けたが、研究者の役割とは、矛盾を抱えた現実の世界で働くこと、人間との接触を保つこと、そしてそこから action-development することだと語った。現実の問題に対して対応方法を具体的に指し示していくといった意味であろうか。そうした研究者を政治家は最も恐れる。彼はまた、書物に埋もれているだけではまったくだめだとデカルトのようなことを言いつつ、1冊の本を書架から取り出した。カール・ポッパーの『The Open Society and its Enemies. Hegel and Marx（邦訳名『自由社会の哲学とその論敵』）』であった。

　ところで、在宅ケアが整備されたとしてもなおかつ残るべき施設の役割に関する彼の考えは次のようであった。在宅ケア重視の方向はナーシングホームの縮小なり撤廃を含んで議論されているのだが、ケアニードが高くなってくるとある段階で自宅にいるよりは安心できる施設に移った方がよい場合も出てくる。そのほうが行き届いたケアを受けられる。在宅ケアの現実的可能性に楽観してないとはいえ、その方向自体に反対なのではなく、むしろそれと引き替えの形で議論されているナーシングホーム縮小、撤廃論への批判であった。ケアを受ける高齢者たちの立場に立ち、選択肢のひとつとして施設は維持されるべきであり、自己決定を本当に内実あるものとするには選択の幅が十分なくてはならないと述べた。

　私が、ではどの時点なり状態になったら自宅よりも施設がよいと判断するべきなのかと問うと、彼は言下に"It' easy. You listen to them"と言ってのけた。これは、自己決定が原則だから本人の希望を聞けばよいという単純なレベルでのやりとりではなく、自宅での生活がギリギリになったときを想定しての場合である。つまり、自宅にいて在宅サービスを受けデイホームを利用して

も、いずれは心身の衰えにより、本人は仮に自宅での生活を希望してもケア従事者にはそれが限界にきていると判断されるとき、一体どうするのかという問題である。現実問題として24時間態勢の在宅サービスがあっても自宅での生活が困難になるケースは十分考えられるし、本人の希望とケア従事者の判断が鋭く対立することも当然起こりうる。また、それでも本人の希望を最大限尊重するにしてもサービスの提供側には現実的な物的、人的制約があるから、必ずどこかで基本原則が現実的制約と抜き差しならない関係になるであろう。

　そのようなときどうするのかという問いに、先の答えが返ってきたのである。設定状況を分かった上で、なにがなんでも自己決定の原則を遵守すると言うのでもなく、また、そうなったらケア従事者の判断を尊重せざるを得ないと言うのでもなく、換言すると、福祉のイデオロギーを持ち出すのでもなく、現実的制約に屈するのでもなく、「そんなこと、簡単だよ。本人の言うことに耳を傾ければよい」と、自信に満ちて言い放ったのである。その自信とは、自分がそのような場面に出くわしたなら原則と現実との形式的思考で判断するのではなく、そのときのその高齢者にとってより良い方法を必ず見出だすことができるという確信と私は理解した。

　スウェーデン滞在中に私は期せずしてもう一度 "Listen to them carefully" という答えをやはり同じ問題状況に対して受けることになるのだが、そのときも困惑ではなく自信にあふれた語気で発せられた。理念と現実がひとりの高齢者の問題として限界点に達したときこう言い切れるケア従事者は、理念も現実も共に理解できているに違いないからである。

　たまたま訪れたベアナドゥーアゴーから私が学んだことは、実

はここで述べたことだけではなかった。この高齢者ケア施設はそこに居住する高齢者たちへの責任だけでなく、歴史への責任も担っていたのである。ベアナドッテゴーの秘密とでも言うべきその意味を求めて、私はスウェーデンを旅しつつ、同時に時間への旅に誘われていった。その部分については第三節、3-1で取り上げる。

2-2 "It doesn't work!"

　ストックホルムで見学したのは2か所のサービスハウス、古いタイプの高齢者ホーム、それに高齢者病院の4施設であった。最初に訪れたのは旧市街ガムラスタンを越えてしばらく行ったところにあるサービスハウスで、1982年に開設された多機能ケア施設であった。施設ケアと地域ケアの統合をめざした拠点施設であり、同時に、プライマリーケアを中心にした医療サービスと日常生活援助サービスとの連携をも課題としている。これには、医療と社会サービスが別々の行政単位によって提供されており、両者の連携が必ずしもうまくいっていないという背景がある。今回のフィールドワークでスウェーデンが地域・在宅ケアに向けて猛烈な勢いでひた走りに走っているという印象をあちこちで受けたのであるが、その最初がこのサービスハウスであった。

　見学を終えた後、案内してくれた女性とひとしきり話していたのだが、このサービスハウスへの入居プロセスに話題が移ると彼女の表情は冴えなくなってしまった。ストックホルム市で現在入居待ちの高齢者が9000人もいる。しかし、新設のサービスハウスは少ないから待機状態はいっこうに改善されない。ここでも開設時には自立した人が多かったが、6年経った今では日常生活面で援助を必要とする入居者が増えてきている。彼女たち職員の

側としては新しく入ってくる人は比較的自立度の高い人であって欲しいのだが、9000人も待機者がいるとどうしてもケアニードの高い人になってしまう。待機中の高齢者たちにはホームヘルプが提供されてはいるが、全体としてみれば出口が見つからない状況に陥っていると一気に述べた。そして、もうひとつ深刻な問題があると言い出した。ケア職員の定着率が悪く普通2年位で辞めていく。しかもこの仕事に入ってくる人は少ないから人数の確保だけで大変になっているという。

　翌朝、ストックホルムの郊外ブロンマにある高齢者病院を訪れる。私が着いたときちょうど送迎用のリフトバスが玄関の前に止まったので、少しその様子を見ていた。若い男性3人が担当で、男性の高齢者2人と車椅子の女性ひとりをバスから降ろし始めた。まもなく今度はタクシーで、ひとりの老女性が来た。タクシーの運転手は女性。彼女は車から出て、客が降りるのを手助けした。それで走り去るのかと思っていると、立ったままで客の老女が病院の玄関から入るまで確かめていた。

　受付で待っていると、女医さんが案内のために来てくれた。この病院は階別に5つの病棟から成り、それぞれが60人の定員である。1階がいわゆる認知症の高齢者を対象にした閉鎖病棟。なぜ鍵を掛けているのか尋ねると、そうしておかないと歩いて外に出ていってしまうからという返事であった。

　2階がリハビリ専門の病棟で、現在11人の患者がいる。入院期間は長くて3か月、短い人で2週間程度である。3階はがん患者の病棟、そして4階では老衰で長期療養を必要とする患者たちがケアされている。5階はデイセンターになっていて、作業療法や生活訓練の場所である。

　180センチ以上は確実にある長身にして痩身の女医さんの後に

ついて病院内を見学させてもらったのだが、両手を白衣のポケットに入れて少し前かがみの感じで歩く後ろ姿はどことなく憂鬱さを漂わせていた。それもそのはずと言うべきか、この病院も深刻な問題を抱え厳しい状況に置かれていた。看護師の人手不足のため、5つの病棟の実質半分は閉鎖状態にあった。しかも、ストックホルム市やその周辺部が慢性的住宅難になっていることを反映して、最上階の病棟の半分は看護師の宿舎として使われていた。彼女の説明によると、もともと看護師の労働組合は力が弱く、給与、労働条件などの面で十分な待遇を受けていなかった。最近になって徐々に改善されてはきたが、女性の就労の機会が社会的に拡大されてきたため他にもっとよい仕事につけるようになった。その結果、看護師を志す女性は減少してきたし、看護師を辞めて他の職種に移っていくケースも増えてきたためではないかという。

　案内してくれた女医さんは、この病院と関係の深い小さな高齢者ホームを見学できるようアポイントをとっておいてくれた。こちらの都合がよければという控え目な提案であった。この日の午後にもうひとつのサービスハウスを訪れる予定があったが、せっかくの配慮なので行くことにした。昼食をとらなければ、時間的にはなんとかなりそうであった。

　病院から車で約20分。国王一家の住んでいる王宮のそばを通り、橋をいくつか越え、しばらく田舎道を走っていった。美しい景色が続いたのだが、レンタカーを借りたばかりでの運転では結構なスピードで走っていく彼女の車についていくだけで精一杯であった。

　高齢者ホームに着くと、彼女は私をそこの施設長の女性と、ちょうど来ていた非常勤の女医さんに紹介してくれた。スウェーデ

ン語での彼女たちの話しぶりから、この3人が親しい間柄であることはすぐに分かった。少しなにごとか話すと、長身の女医さんは病院に帰っていった。

　施設長が2階建てのホームの中をざっと案内してくれる。1967年の開設であるから、すでに20年以上の歴史がある。ホームは4つのセクションに分かれていて、それぞれに7人、16人、16人、12人の計51人の高齢者たちが生活している。このうち12人のセクションは認知症の人たち用である。平均年齢は86歳。ケア職員は半勤務や4分の3勤務の人を含めて総勢40人。興味深かったのは、認知症の高齢者たちのケアを担当する日は6時間勤務で1日と見なしている点であった。こうした高齢者のケアはとくに大変だからというのが、その理由であった。

　施設長は説明の中で何度かここは古いタイプの高齢者ホームだと言ったのだが、現在の基準では狭いのは事実だとしても、高齢者たちは皆個室をもっている。12平方メートルほどであったから確かに個室としては狭いのだろうが、私が見せてもらった部屋はどれもこじんまりとまとまっていた。ベッド以外は自分の持ち物を持ってきている。

　この日はアクティビティとしてパンを焼いていて、キッチンから焼き上がりの匂いがおいしく漂っていた。

　ここでも1982年から近隣地域に居住する高齢者たちにサービスを提供しており、約20人が昼食とその前後の時間でのアクティビティに参加するために、ここに通ってくる。彼らの移動手段はこの地域のタクシー会社と契約して確保している。来るときには数台のタクシーがあらかじめ決まっている高齢者たちの家を順繰りに回りながらピックアップしてくる。帰りはその逆である。

　見学を終えて施設長室に戻ると、嘱託医の女医さんが仕事を

終えて私を待っていてくれた。コーヒーを飲みながら、しばらく彼女と話す。週に1度ここに来ているのだと言う。始めは一般的なことを尋ねたが、スウェーデンが精力的に進めている在宅ケアに話題を向けると、彼女はかなり強い口調でまるで日頃の鬱憤を晴らすかのごとくしゃべり始めた。1980年頃にはここのような高齢者ホームには医師や看護師が必要だと言っていたのに、今では反対のことを言っているという。だれがそう言っているのかときくと、politiciansだという答え。中央政府も地方自治体も口をそろえて、高齢者たちは施設に収容されるよりも自宅にいる方がよいと言っているが、ホームヘルプ（在宅サービス）は人手不足で深刻な状態になっているのではないか。そんな中でどうして病弱な高齢者たちが十分なケアを受けられるのかと言い、続けてひときわ高い調子で"It doesn't work!"と言った。意味としては「こんなことで、うまくいくはずがない」といったところである。

　実際、このホームでも入居者の状態が悪くなってここでのケアがむずかしくなると、私が先に訪問した高齢者病院に送りたいのだが、向こうには空きがないから思うようにならない。それでも病院側に協力してもらいながら、できるだけのやりくりに努めている。ここでまた、"It doesn't work"と自分にいい聞かすように言った。一般的なパターンは、高齢者たちは元気なうちは自宅で生活しているのだが、どこかで緊急入院の形で病院に行くことになる。そのあと高齢者病院に移り、しばらくいてから退院する。その後はホームヘルプを1日に何回か受けながら自宅で暮らしていくことになる。しかし、医療サービスは県（ランスティングス）の担当、日常的援助の社会サービスは市町村（コンミューン）の責任で提供されるのだが、その連携がうまくいっていないので実際のケアにおいて地域看護師とヘルパーがばらばらに動いてい

る。そして、"It's a problem"と言って、その理由を説明し始めた。

　彼女たちはお互いをよく知らない。週に1度合同のミーティングを持つようにはなったが、"It doesn't work"だ。他に2週間に1度医師も参加する合同ミーティングがあるが、ホームヘルパーたちはあまり発言しない。自分はしゃべるように励ますのだが専門的アイデンティティが弱いためか、気後れしてなかなか意見を言おうとしないのが実情である。そして、再度"It doesn't work"と言った。

　小柄でエネルギッシュな彼女の口から何度か飛び出したこの表現は、そのときの彼女の表情や語調とともに妙に私の記憶に残った。医師としての立場から現状の問題点を訴えたのだが、抜本的な改善策が提示されていない中で批判の的をpoliticiansに置いていた。実態を知らないのに制度を動かしている人間たちであり、しかも彼女たちのコントロールが及ばない存在といったニュアンスがこの言葉には込められていて、しかもその口調が自嘲的に感じられたことが問題の深刻さをうかがわせた。

　最後に立ち寄ったのは、出来たばかりの2階建てのサービスハウスであった。オープンは1か月後とのことで、まだ住人のいない建物の中を足早に案内してもらう。ただ、地域サービス部門はすでに開始していて、見学中にミーティングをしているチームに出会った。ホームヘルパーたちのオフィスがこの施設内にあるため、全員が毎朝ここに集合して情報交換をしてからそれぞれの担当の家々に散っていく。そのため他のところよりも連絡が円滑にとれ、しかもチームのまとまりがよくなったことがここの特徴だという。ホームヘルパーは、それぞれ歩いて行ける範囲を受け持っている。

案内をしてくれた女性は職員の採用や研修を担当している人であったのだが、彼女は採用に関してかなりの危機感をもっていた。人手不足は前の年に比べても一段と深刻になっているとのことで、人数を揃えるので精一杯だという。ヘルパーになるには特別な資格は必要ないのだが、この仕事は昔から人気はなかったし、今は女性の就労の機会も広がっているため、この仕事に関心を持つ人は非常に少なくなった。彼女によると、人気のないひとつの理由は週末に働かなくてはならないことだという。そのため労働条件の改善策に、週末勤務の回数を減らすことが含まれている。現在のところ2週間に1度週末勤務が入ってくるパターンが一般的なのだが、ここでは月に1回でよいという条件で人を集めている。そのくらいしなくては、集まらないという話であった。

　別れ際に彼女は、明日はまた職員採用のためのjob-campaignに出掛けますと語った。

2-3　モーテンスルンドとヘルパーたち

　ルンド市の最も代表的な高齢者ケア施設を見学したいという私の希望に対して、オーランド教授が紹介してくれたのがモーテンススルンドであった。ルンド大学のゲストハウスに落ち着いてから約1週間後、教授は私をモーテンスルンドに連れていってくれた。真新しい施設であった。

　モーテンスルンドは、ルンド大学の植物園の近くに位置し、滞在したゲストハウスからでも歩いて20分程のところであった。かなり広い敷地で、モーテンスルンドの他に現在改修中の高齢者用居住施設が2棟並んでいる。1907年にここは病院として始まったとのことで、その当時を思い起こさせる小さな建物が敷地の

隅に残されている。そこは今では、アルコール依存症の人たちのコミュニティ・センターとして利用されている。モーテンスルンドはまた、ルンド市の地域ケア・サービスの拠点の役割も果たしている。

　正午少し前に着いたのだが、私らを出迎えてくれたのはルンド市の高齢者福祉担当官、ジャン・ステルングレン氏であった。オーランド教授の配慮であることはすぐに分かったが、教授は彼を「モーテンスルンドは2年前に完成した高齢者ホームだが、新たに高齢者ホームは造るべきではないという中央政府の反対を押し切って完成させた張本人がこの男だ」と私に紹介した。その後すぐ施設内の食堂で昼食になった。食事を取りながら、まずその経緯が話題になった。スウェーデン政府は在宅ケアの推進を指導方針にしてきているから、新たに高齢者ホームを建てようとするルンド市の計画には強い難色を示した。いまどき高齢者ホームの新設など crazy だと政府を始め各方面から批判されたので、市の担当者としてステルングレン氏は新聞記者の取材に追われたり、また自らテレビに出て市側の考えを説明したりと大忙しだったそうである。ルンド市としては、在宅サービスの拡充も大事だがそれ一辺倒では無理があるから、モーテンスルンドのような集中ケアの施設も必要であり、両方が揃ってひとつのシステムが完成するのだという考え方であった。結局、政府からの資金援助は受けられず、市が直接銀行から融資を受けて建設した――おおむね、このようなことであった。

　私が「あなた方もなかなかやりますねえ」と言うと、オーランド教授がその後を引き取って、「スウェーデンの行政スタイルは計画主導性と実行力に関しては優れているのだが、全国規模で1度にひとつの課題に取り組んでいくのでそのときはその課題につ

いては改善が進むが、並行してオールタナティブが検討されないからその点に問題がある」と言い、ひとつの例として1960年からの住宅供給10か年計画を挙げ、この計画は100万戸の住宅建設を目標とし、事実1年に10万戸ずつ建設していって計画は達成されたのだが、それで一区切りになってしまった。ところが、最近では再び、大都市部を中心に住宅難が深刻になってきているが住宅供給に政策上のプライオリティが再設定されるまでにはしばらく時間がかかるであろうと、教授は説明した。ステルングレン氏は教授の話を黙って聞いていたのだが、最後に、「We are stubborn」と一言いった。

　日本語に訳せば、「我々は頑固だ」という意味になろう。だが、stubbornと頑固とは、辞書では同じ意味であると説明されているとしても、価値的ニュアンスは違うと私は思った。頑固には、強情、偏屈、分らず屋といったように否定的な意味合いが強いだけでなく、どちらかと言うとその人の性格を形容するときに使われる言葉である。これに対し、stubbornとは本質的に論理的な言葉ではなかろうか。つまり、考え方なり方針なりについて所定の手続きを踏まえていったん確固と決めたならば簡単には変えない、というよりは簡単に変えられないという意味であるとすれば、これは肯定的な意味合いを持ち得る。住民に対して自分たちが負っている責任に忠実であるのなら、これはむしろ当然のことである。こうした説明をなぜするのかというと、ステルングレン氏がぽそっと言った「We are stubborn」の意味の重さを強調したいからである。たとえ中央政府の指導方針と相容れなくても、地方自治体（市）が独自の方針を立て実行していくという、言うなればコミューン・デモクラシー（市町村自治）を実務において担っている地方公務員のメンタリティを氏の発言に見たのである。

実は、スウェーデン滞在中に何度か気が付いたことだったが、ユニークな実績をもっている自治体は必ずと言ってよいほど、ある時期、優れた指導者に恵まれている。これはなにも社会福祉関係に限られたことではないと思われるが、政治・行政のリーダーシップ論としてみても非常に興味深い。つまり、ひとりの個性的な指導者の熱意なり情熱なりによって、新しい試みが現実にかなりのところまで可能だということである。そしてまた、地方自治体レベルにおけるそうした指導者の中から、全国的指導者が誕生していくというプロセスも見落としてはなるまい。要するに、層が厚いのである。だから、国の政治がカリスマ性の強い特定の指導者によって左右される危険は少ないのであり、ひとりが欠けたらすぐに次のリーダーが登場できるのである。こうした特性は、長期にわたる社会民主党政権の副産物なのかもしれない。
　先述したのがコミューン・デモクラシーを支える地方公務員のメンタリティであったとすれば、ここで指摘したことはコミューン・デモクラシーを推進していくリーダーシップの秘密とでも言えようか。
　ウィングの端は酒落たラウンジになっていて、テーブルや椅子などそこに置かれている家具類は施設的な感じを作らないようにわざわざ一般向けの商店から購入したとのこと。テーブルの上には陶器製の可愛いガチョウが3羽のっていた。スウェーデンでは予算の一部をこうした芸術品にあてることになっているという説明であった。しかしそれでいて、椅子は高齢者向けに少し変えてもらったり、座りやすくするためにダブル・クッションの下のマットはやや堅めのものにしていたり、クッションの内側に防水カバーを入れ失禁などの際洗濯が容易にできるよう細かな配慮がなされている。

モーテンスルンドは、地域ケア・サービスのステーションも兼ねていて、医療サービスを担当する県に所属するナースや理学療法士たちのオフィスもこの中にある。そして、夕方6時から夜10時半までのイブニング・パトロールと10時から翌朝9時までのナイト・パトロールのケア・グループもここにあるオフィスから"発進"していく。ここのもう1つの機能は、在宅高齢者の緊急通報の受信基地になっていることである。通報機器は市が購入し1か月当り40クローネ（約960円）で各高齢者にリースしている。現在250人が利用しているという話であった。

　数日後、私はヘルパーたちと話すために再びモーテンスルンドを訪れた。約束の時間に行くと2人のヘルパーが出迎えてくれ、2階の角にあるラウンジで話すことになった。マリーという24歳の女性とスベンという31歳の男性であった。マリーはここで働き始めてちょうど半年、その前には他のところでこうした仕事をしていたとのこと。彼女はこのホームの中だけでなくホーム・ヘルプ（在宅サービス）に出ることもある。一方、スベンはモーテンスルンドで唯一の男性ヘルパーである上、ここでの仕事が8年になる。定着率の低いスウェーデンでは珍しい方である。大学で心理学を学んだ後、ひょんなきっかけでここで働き始めた。始めはこんなに長く勤めるつもりではなかったのだが、だんだん仕事に興味が出てきて more and more interested になってきたと語った。

　ここには全体で60戸（ユニット）あるが、それを4つのセクションにわけてそれぞれを6人のスタッフが受け持っている。6人のうち3人はフルタイム、後の3人は75％勤務の人たちである。夕方6時から夜9時まではセクションごとに1人ずつ、9時から翌朝7時までは全体で2人という体制である。この他に日勤

帯に施設全体で1日平均で4人のスタッフが勤務している。この人たちは受け持ちを持たず、その日忙しいセクションの応援に回ったり病欠の職員の代りをしたりという具合にフリーな立場で必要に応じて動き回る。マリーいわく jumping-around people だそうである。

1階は共用スペースとして使われているので、居室部分は2階と3階である。そして、それぞれの階に social assistant と呼ばれる責任者が1人配置されていて、ヘルパーたちはいろいろなことについて直属の上司であるこの責任者に報告し必要な指示を仰ぐ。

Social assistant はこの他に、在宅サービス部門の責任者も兼ねていて、例えば2階の責任者は地域の45戸、3階の人は地域の70戸のエリアを統括している。単に効率性のためだけではなく、こうした責任体制は施設内サービスと在宅サービスを統合する試みと理解すべきであろう。モーテンスルンドを地域の拠点施設として機能させるための戦略なのであり、この点は次で述べるように、市がヘルパーを出し県が看護アシスタントを出して2人1組による夜間の地域パトロールのチーム構成にもみられる。

最後に、この仕事についてふたりの意見を尋ねた。ヘルパーの仕事は、以前は社会的評価も低くサラリーも少なかったが、最近ではずいぶん改善されてきたとスベンが語った。すると、マリーが、下の世話などだれもしたいとは思わないから他の仕事のイメージの方がずっと良いのは否定しようがないと付け加えた。若い人たちは2〜3年働いて、他の仕事に移っていく。失業率が上がれば人手もなんとかなるが、今は逆になっているという。

そうした一般情勢の中でスベンは8年もこの仕事を続けてきたのであるから、彼に、この仕事のなにがおもしろいのか改めて聞

いてみた。高齢者たちは日常生活上多くの問題を抱えているのだが、それらを1つひとつ少しでも改善していくのが自分にはとても楽しいことだという答えが返ってきた。とくに、モーテンスルンドのように新しい施設では自分のアイデアをどんどん出していくと実際にかなりのことが実行できるから手応えがあり、仕事に充実感があるとも語った。ただ、高齢者たちだけでなく職員たちにしても考えや態度が変わるには時間がかかるから根気がいる。職員の多くはそこまで続かないままに辞めていくようにも思う。高齢者たちの場合には、昔は自分の希望をなにも言えなかったが、最近ではそれなりにはっきり言えるようになってきた――と具体的に説明してくれた。

点描 1　初冬ルンド

　私が滞在した10月から11月にかけての2か月余は、スウェーデンでは短い秋が足早に駆け抜け、長く厳しい冬へ日1日と向かっていく時期のようであった。ルンドに落ち着いたのは10月中旬であったが、スウェーデンの南端に近くコペンハーゲンとは目と鼻のところに位置するこの静かな古都でも、日照時間はだんだん短くなっていき、気温も当然のことながら下がっていく。ストックホルムからルンドに着くまでは、快晴の日は1日とてなく雨の多さと曇天の重苦しい空へきえきとさせられたのだが、ルンド大学のゲストハウスに落ち着き車を利用するよりは歩き回ることの多い生活が始まると、好天の日は増えてきたものの、風の冷たさを強烈に思い知らされるようになっていった。

　必要品は現地調達主義で行ったから、早々に手袋とダウンのジャンパー・コートを買い求めた。しかし、朝夕の風の冷たさはなかな

かのもので、文字通り襟をたて首をすぼめ顔を引き締めて歩いていたが、数日後にはマフラーと厚手の靴下を新たに買い足すといった具合であった。残るのはあと帽子であったが、結局その必要のないままであったから私のいた時期は冬としてはまだまだ序の口であったということになろう。

　こうした買い物をしていて改めて感じたのは、衣料品が機能性に優れているだけでなく、デザインもさることながら、色の使い方が絶妙であるということであった。どちらかというと中間色系になるのだが、それでいて明るさと暖かさを上手に演出しているというか、配色の妙味をアピールするものが多い。

　仕事柄私はずっと高齢者たちの身なりに関心をもって見ていたのだが、帽子、コート、スカーフやマフラー、それにちょっとしたアクセサリーの使い方に至るまでこの国の高齢者たちのファッションのセンスの抜群さに何度となく感心させられた。写真に多少の腕があれば、高齢者を対象にしたファッションの本が簡単に作れるのではないかと思ったほどである。アメリカの高齢者たちも身なりには多くのエネルギーを使っていて、見られる自分、あるいは見せたい自分の演出に熱心なのだが、中間色の表現幅が少なく原色の側にぶれていく配色傾向や、かなりきついメイクアップなどを思い浮かべると、アメリカの場合には無理をした若作りという印象を受けてしまうことが多い。つまり、アメリカの高齢者たちは、身なりにおいて若者たちの向こうを張らざるを得ないというか、若さをテーマにしか身なりを演出する方法がないように思える。ところが、スウェーデンの高齢者たちからはそうした無理さを感じなかった。洗練された上品さと言ってしまえばそれで表現は尽きてしまうのだが、老いを無理なく表現する術がこの国ではまだ文化的に与えられているのではないかという気がした。

　むろんスウェーデンの高齢者たちにも、若さや若かりし頃の自分への郷愁がないはずはなかろう。しかし、若さというものが、アメ

リカほど強烈な価値基準になってはいないのである。さらに言えば、スウェーデンの高齢者たちにとっては冬が必要であり、冬こそが自己表現の勝負のときではないかとすら思えた。言うまでもなく、これは、年老いた人間にとって厳しい冬を乗り切るのが大変だという意味ではない。そうではなく、ひとりの人間として自分の強さを社会的に確認できる時期が冬ではないかということである。寒さゆえにだれもが衣服をまとうことによって身を守らねばならないときこそ、高齢者たちにとっては自分が自分であり続けていることを確認できる機会になっているという意味である。

　このように考えたのは、若者たちの方は身なりも国際的に標準化されてしまっていて、日本でもアメリカでも大差ないような見慣れたものであったからである。つまり、こと身なりに関して言えば、高齢者たちの方が若者たちよりも勝っている、あるいは、自分を大切に表現していると思えた。もっとも、若者たちはそんなことに気を使う必要を感じていないのかもしれないし、彼らも年老いたとき

には独自のファッションのセンスをつくりあげるのかもしれないが、スウェーデンの高齢者たちの装い方から静かなしたたかさを感じた。

　10月下旬の週末、私をルンド大学に招待してくれたオーランド教授は奥さんと一緒に西海岸にあるサマーハウスを閉めにでかけていった。大きな家なので冬の間閉めておくための作業もあれこれとあることや寒さの中で一晩過ごした様子などを、帰ってから私に話してくれた。4月の末に、再び行って開けるそうである。

　ときどき柔らかい陽射しの日もあったが冷たい風の日が多くなっていき、頬を刺す風の冷たさというのは本当のことだったのだと変に実感したりする。歩道なども薄く氷結していて、気をつけないと靴が滑ってしまう。水溜まりは凍ったままで日中でも融けない。そうした冷たい外気の世界から暖房の利いた室内に入ると、今度は顔やら耳やらがほてってくる。だんだん慣れてくると、ピリッとした寒さの感じもいいものに思えてきた。

　雪が降ったのは、私の滞在中1度だけであった。だが、非常に衝撃的な降り方で、冬がその到来を、天を割って誇示するようなできごとであった。10月末の土曜日であったが、朝食のあとしばらくして、数日後に予定していたエンシェピング行きの切符を買いに駅まで行き、そこから買い物のためにルンドの中心街に足を運んだ。中央広場のあるモーテンストリェットではいつもの市民市場が開かれていたからそこで買い物をし、足りないものはスーパー・マーケットで補おうと思いつつ、1つひとつ見ていった。かなり多彩な品物が自由に売られていて、多いのは野菜や果物類、それに生花、他にパンや焼き菓子、蜂蜜やジュースなどから工芸品、衣類、古本に至るまで見られる。簡単に言えば、野菜市場とガラクタ市場をごっちゃにしたようなものだが、なにが売られているのかもさることながら、だれが売り手でだれが買い手かを観察するのも興味深く、私も滞在中に何度か出掛けていった所である。小学生位の子

供たちが商売しているものもあれば、自家製の野菜を売っている高齢者たちも少なくなく、他に、いついっても同じ所で店を開けていてここでの商売が本業ではないかと思われる人たちなど、いろいろであった。実は、先述した高齢者たちの身なりについての観察も石畳のこの広場がその舞台であることが多かった。

　朝から曇り気味の天気であったが、広場に着いた頃から雲行きが怪しくなり、まもなくポツポツと雨が降り出した。たいした雨になるとは思えなかったので　そのまま店を見て歩き、オレンジとたまごを求める。そして、雨宿りをかねて広場横のレストランで昼食をとろうかと思っていくつか行ってみたが、土曜日ということもありどこもかなり混んでいた。諦めて、早々に買い物を済ましゲストハウスに戻ろうかと思案していたとき、突然稲光が走ったかと思うと、すぐに雷が巨大な音を鳴り響かせた。一瞬のことであった。すると、空は見る見る真っ暗になり、雨は雪に変わった。正確に言うと、始めはサクサクとしたあられが降り、すぐに雪になった。急に気温も下がり、猛烈に風が吹き始めた。アッという間に、立派な吹雪である。

　人々の反応はすばやく、品物を片付け店を終い始めた。私はのんびりとしていて、ホットドッグ・スタンドでひとつ買ってそれを昼食にするつもりだった。あまりにも突然の天気の変わり方だったので、なんとはなしにすぐに過ぎ去るのではないかと思ったからである。しかし、吹雪はますます激しくなり、スタンドの隅に身をかがめ急いで食べ切らなくてはならなくなってしまった。気が付いてみると、あれほどいた人々がどこに隠れてしまったかと思われるほど、人の姿が消えていた。

　ひとり取り残されたような心細さに襲われ、吹雪の中を早足で帰路につく。ゲストハウスまではいつもだと15分位で十分なのだが、このときはずいぶん長く感じられた。あいにく、この頃が吹雪も一番激しくなり、顔に雪が叩き付けられる。雪というよりも氷そのも

のではないかと文句を言いたくなるほど痛くて、とても前を見て歩くわけにはいかない。そもそも目を開けていられないので、しかたなく真下というか、自分の足を見ながら歩く。石畳の歩道はどんどん白く変わり、歩いている人もいなくなっていた。

やっとのことでゲストハウスに着いたときには、頭や肩の上に少し雪が残っていた。

ところが、着いてしばらくすると小降りになり、やがてやんだ。すると今度はすぐに陽がさしてきて、さっきまでの様子が信じられないほどの好天になった。積もった雪も大部分が融けていく。なんとも移り変わりの激しい天気であったが、北国の冬はこんな風に始まるのではないかという気がした。

ルンドは、スウェーデンだけでなくスカンジナビア全体でみても屈指の歴史を有する古い都市である。ルンド市が発行している英文のパンフレットによると、この街の起こりは990年頃にまでさかのぼれるということだが、この街が歴史上明確な存在となったのはデンマークのバイキング王であったカヌート大王が、1020年にここに都を定めたときとされている。カヌート大王は今日のデンマーク、スウェーデンだけでなくイギリスまでも統治していたので、ルンドはその中心地として宗教、政治、文化、商業といったあらゆる

面で発展していくこととなった。

そして、1145年には、現在に至るまで一貫してルンドのシンボルである巨大な大聖堂が建てられた（写真参照）。2つの塔をもつロマネスク様式のこの巨大な教会はすべて石で築かれているのだが、その石の感じが単なる石造建築物といった言い方では十分に言い表せないほど圧倒的なのである。北のウプサラ大聖堂と双璧とされているのだが、ウプサラ大聖堂を見たときにその長く鋭い尖塔に天に向かわんとする人間の意思を強烈に感じさせられたのと比較すると、ルンド大聖堂からは、天に対して直接的に意思を表現するというよりも、どっしりと、しかしどこまでも地に在ることによって天への意思を訴えようとする力を感じたのである。ウプサラ大聖堂が建てられ始めたのが1260年頃と伝えられているから、時間的に言えばルンド大聖堂の方が古いことになるが、当時はおそろしく長い建設期間が必要であったから、歴史的にはほぼ同じ時期と考えてよいように思われる。

現在、ルンド市は人口約83000人を抱え、443平方キロの広さを持つ行政区となっている。市の中心部は、歴史と調和した都市計画がなされている。古い建物が豊富に残されているのだが、ただそれだけではなく、新しく建てられるものもその形や高さ、そして色彩に至るまで街の雰囲気と調和している。だから、遠くから見たときに古そうに思えた建物が実は非常に最近のものだったりするのである。とくに、大聖堂を威圧するような高層のビルもなく、何百年もの時間の流れがとぎれることのない都市空間が維持されている。ルンドの歴史に詳しい人には、どの時代のだれがこの街のどこを通っていたかが、自分もほぼ同じ空間に身を置きながら想像できるに違いない。

ルンドはまた大学の街でもある。今日、ルンドの名は学生数23000人を持つ北欧最大の総合大学、ルンド大学の所在地として最も広く知られている。ウプサラ大学に次ぐ、スウェーデン第2の古

い大学である。もっとも、この地がデンマークの領土であった時代までさかのぼれば、一番古いことになる。その起こりは1430年に設立された神学校と言われ、その後大学としてスタートしたのが1666年である。

　大聖堂近くの街の中心に大学の古い建物が樹木に囲まれるようにいくつも位置している。だいたいが3～4階の中世風のそれほど大きくはない建物で、建物と樹木の高さはおおむね同じである。木々は皆広葉樹である。私が滞在したときにはもう紅葉も終わりかけていたが、秋には建物にからまった蔦の葉の紅葉とあいまって落ち着いた雰囲気を醸し出す。紅葉といっても艶やかな色ではなく、淡く、しかしほんのりと暖かみのある色に変化するのだが、それが茶系を基調とした建物の色としっくり調和しているのである。

2-4　ルンド市のイブニング・パトロール

　スウェーデンが現在精力的に進めている在宅サービスについては、日本を発つ前から大変関心があった。できれば同行させてもらい直接見てみたいと思っていたのだが、その機会が11月上旬に訪れた。モーテンスルンドでマリーとスベンと午後のひとときを有意義な会話で過ごした日の帰り際に、在宅サービスの担当責任者に会って同行出来ないものかどうか打診した。在宅サービスには日中のホームヘルプ・サービスと夕方から始まるイブニング・パトロール、それから深夜からのナイト・パトロールの3種類があるが、そのひとつなら構わないという話だったのでイブニング・パトロールを希望した。サービスを提供する側からみて最も忙しくなるのは、夕方から就寝までの時間帯に当るイブニング・パトロールのときではないかと考えたからである。それだけ

ではなく、ケアを受ける人々にとって在宅生活の日常が実際面で、また心理面でも集約されてくるのが、闇の時間に入っていくこの時間帯であろうと考えたからである。

　私が責任者と話をしている間、マリーはずっとそばにいて、2度ほどスウェーデン語でなにやら"援護射撃"をしてくれた。

　ルンド市中心部における在宅サービスは東西南北に4つの地域に分かれていてそれぞれに拠点となるセンターをもっているが、その中で南地区にあるモーテンスルンドはこの地区だけでなく夜間帯では4地区全体の拠点の役割も担っている。

　私は当日の午後4時に、まず北地区の拠点である地域保健センターに行くように言われていた。近くには中層の集合住宅が多く、センターは比較的大きなショッピング・センターの一角におかれていた。日はすでに傾き、風は冷たかった。

　受け付けで名前を告げると、すぐにひとりの青年を奥から呼んでくれた。ハンスという名前で、彼の仕事に同行させてもらうことを知らされる。彼は自分を under nurse と紹介した。正看護士（師）ではなく、その下の看護職である。本人の説明では、看護士ほどの教育は受けていないがインシュリンの注射などはしてよい立場とのことであった。所属は医療サービスを担当する県で、直接的にはルンド市を受け持つプライマリー・ケア部門に属している。

　午後4時から6時まではひとりで訪問し、6時からは市に所属するヘルパーと合流し2人1組でイブニング・パトロールに出る。

　この日は5時半までにまず4人の家を回り、30分の休憩をとった後でヘルパーと一緒にパトロールにでる予定になっていると説明してくれた。

最初に訪れたのは、平屋が棟続きになっている長屋ふうのアパートであった。82歳のアルコール依存症の男性であった。この時間には時々寝ていることがあり訪問で起こすことになるとよく怒る人だが今日はどうだろうかと言いつつ、ハンスは玄関のベルを押し始めた。この日は起きていて、機嫌は良いようであった。テーブルの上には空になったビールの小瓶が2本とタバコが置かれていた。

　この高齢者には目薬をつけるだけであった。5分程いたのだが、この間2人はいろいろと絶え間なく話していた。しばらく前までアルコール依存症専門の施設にいた人とのことで、ハンスの主な訪問目的は目薬のためというよりはアルコールを飲み過ぎていないかどうかを含め生活状態をチェックするためである。

　昼間は市のホームヘルプを受けているのかどうかハンスに尋ねると、それは自分たちの受け持ち部分ではないから知らないという返事であった。そして、おそらく日に2回くらいではないかと思うと付け加えた。

　次の訪問先は、62歳になる筋ジストロフィーの女性であった。夫と共に中層アパートの1階に住んでいる。ハンスはドアをノックし、ここでは返事を待たずに入った。外はもう結構暗いのだが電気もつけていないので、ハンスがまず明りをつける。この家では玄関で靴を脱ぐようにしているとハンスに促される。

　明りのついた居間には、だれもいなかった。私は不思議に思ったが、ハンスはそのままベッドルームに行き、声をかけながら中に入った。この部屋も明かりはついていなかった。妻は少し高めに調整されたベッドに横になっていた。夫の方はその横で椅子に座っていたのだが、眠っていたところを起こされたようでもなかった。ベッドが高めになっていたのは、ハンスが来るのを予想し

てトランスファーのために夫が準備していたためではないかと思われた。
　ハンスの動きはきびきびとしていて、まず点眼し、こぼれた目薬を拭いた。それから、彼女に靴下をはかせる。次に、ハンスが上半身を抱え夫が両足を持ってベッドから車椅子に移した。首を支えるための器具を車椅子に取り付け、膝の上のところに台をセットした。そして、小さなクッションを2つその上に乗せそれぞれに彼女の腕を置いた。最後に髪をとかし、ショールを肩に掛けた。
　車椅子へのトランスファーが済むと、ハンスは居間とキッチンの間にあるダイニングテーブルまで押していった。これから夕食になるのだが、ハンスのするのはここまでで後は夫がすることになっている。
　この女性は筋ジストロフィーを発病して40年以上になるということで、病状はかなり進んでいた。自分ではほとんど動けず、発語も無理のようであった。両眼とも焦点が合わないのではないかと思われる程ちぐはぐであり、顔全体が引きつれたように歪んでいる。まばたきすら大変そうであった。
　夫の方も健康状態はあまり良くないようで、少し歩くだけで息遣いが荒くなる。夫婦で在宅サービスを受けながらかろうじて日常の生活が維持できているという感じであった。彼らは現在日中に4回のホームヘルプと2回のイブニング・パトロールを受けているということであったから、訪問頻度からいってもかなり多いほうに入る。この集合住宅には身障者用のフラットが5戸あり、彼らが居住しているのはその1つである。
　4時半に着き、この間約10分であった。
　この夫婦のところには、9時にもう1度訪問することになって

いた。

　3番目はサービスハウスに住む83歳の女性であった。今度の家は少し離れたところだったので、車の中でハンスがケアの内容を説明し始めた。糖尿病のためインシュリンの注射をすること、冷蔵庫から夕食を出して食べさせること、そしてコーヒーを入れることが主であった。インシュリン注射や夕食と同列にコーヒーが出てくるあたり、いかにもスウェーデンらしい。

　この女性のフラットは1階のかどにあり、我々が訪れたときここでも中は暗かった。彼女はラジオを聞きながらハンスの訪問を待っていたようで、すぐにテーブルの上の電気スタンドにスイッチを入れた。

　なかなか元気なおばあさんで、ハンスが私を紹介すると、スウェーデンに来てどの位になるのかとか、スウェーデン語は話せないのかとかやつぎ早に質問してきた。英語だけだと答えると、スウェーデンに来るんだったらスウェーデン語を習わなくてはダメじゃないのと切り返される。この間にハンスはキッチンに入り、私のために通訳をしながらコーヒー・メーカーをセットし、次にインシュリン注射の準備を始めた。インシュリンの液、注射器、消毒ガーゼ、使用後の注射器を入れるケースなど必要なものはキットに入っていた。ハンスはカルテのような記録簿に目をやったあとで、なにか簡単に記入した。コーヒーの良い香りが漂ってくる中で　彼女が自分で左腿を出しそこにハンスが注射をする。いつものことをいつものようにしているという感じであった。インシュリンの注射液は冷蔵庫の中にたくさん保管してあり、その管理と補充は地域保健師が昼間回ったときにしている。

　注射の後で、ハンスは冷蔵庫からオープンサンドを取り出しテーブルの上に置いた。非常に簡単なオープンサンドで、昼間のホ

ームヘルプの人が夕食用に作っておいたものであった。日本と異なり中心になるのは昼食であり、夕食は本当に簡単なものである。

　これでここでのハンスの仕事は終る予定だったのだが、彼女は我々にもコーヒーを一緒に飲んでいくよう誘ってくれた。ハンスは少し考えてから、今日は時間のやりくりがつくから10分程度なら大丈夫と私に告げた。彼女は歩行困難で4本足の歩行器でないと歩けないため、ハンスが我々用にコーヒーカップとミルクを出してくれる。彼はなにか探そうとキッチンの戸棚をあちこち開けていたのだが見つからないようなので、食べ始めていた彼女に尋ねる。砂糖を探していたのであるが、彼女が食事を始めていたので邪魔しないように自分でまず探していたのであった。

　彼女はこのサービスハウスに来て2年になる。すぐ近くにデイセンターがあり、歩行器を使えば自分で行けるので毎日行っているという。大変だが散歩と歩行練習を兼ねて毎日通うようにしている。いろいろなアクティビティ・プログラムがあるし友達とも会えるので、これが最大の日課になっている。以前は機織りや手芸をしていたが今は目が悪くなったので止めている。視力はずいぶん落ちてしまい字を読むことはもう出来なくなったが、日常生活でとくに困ることはここにいるとない。糖尿病になったのは20年以上も前で、このサービスハウスに来るまではインシュリンの注射は準備だけしてもらって自分でしていたのだが、目が悪くなってきたのでここに来てからはホーム・ナーシングの人たちにしてもらうようになったと話してくれた。

　ハンスの補足によると、市が派遣するホームヘルパーは1日に1度、昼食時に合わせて来ている。そのときに夕食を作って冷蔵庫に入れることになっている。ハンスの所属する医療側からは朝

と夕方の2回インシュリンの注射を主目的に訪問している。これとは別に地域保健師の訪問があり、注射に必要な器具類の補充はその時になされる。

　彼女はミルクを飲みながらオープンサンドを食べていたのだが次の家に向かう時間になったので、ハンスは彼女にコーヒーを出し、手際良く我々が使ったコーヒーカップを流しで洗い、元の戸棚に戻していた。ここを出たのが5時10分前、20分程いたことになる。

　次の訪問先に向かう途中のことであった。夕暮れというにはすでに暗くなり過ぎた中を1人の年老いた長身の男性が片手に買い物袋を下げ、もう一方の手で杖をつきつつ、真っ直ぐな長い歩道を少しずつ少しずつ歩いていた。その歩き方からみて、明らかに歩行困難な人であった。外はもう寒く、行き交うのは数台の車だけで彼の他に歩いている人は見渡してもだれもいなかった。飛び飛びにある街路灯のぼやけた明りを背景にしたその後姿は、この国で老いを生きることの厳しさと、それゆえに培われたであろう高齢者たちのしたたかさを感じさせずにはおかなかった。

　4番目に訪れた人も糖尿病をもった女性で、年齢は75歳であった。一般のアパートに住んでいる。ここも我々が来たときには電気がついておらず、ハンスは寝ているのかもしれないと言いつつドアの開くのを待った。訪問先によって返事を待たずに入室する場合もあれば、ここのように玄関のドアが開くまで待つ場合というようにケースごとに決まっている。

　この女性にはインシュリンの注射だけでよい。居間のテーブルの上に注射のキットがかなり無造作に置いてあり、やはり左太腿に注射する。現在1日に2回、医療側のスタッフが訪問している。インシュリン注射の他に、傷が治りにくくなっているので必

要な場合にはその処置もすることになっているという。

　掛け時計は勝手な時間を指したまま止まっていた。

　話し方に独特のリズムがあり、日本風に言えば気っ風のいいおばあさんである。ハンスが注射の準備や片付け、記録簿への記入などをしている間中、彼女は絶え間なく話し続けていた。要介護の高齢者に時々みられるような、なにかに駆られているように一方的に話しまくるのではなく、10分程度の短い時間をめいっぱい「会話」に使っているのである。

　この後ハンスはモーテンスルンドに戻り、6時まで30分弱の休憩に入った。その間に食事をとることになっていると言い残して、どこかに出て行った。

　ここまでの4軒は皆、比較的近距離にまとまっていた。4時以降ハンスは医療側が提供するホーム・ナーシングを行ってきたわけだが、この日はそれほど忙しい方ではないという話であった。

　ルンド市中心部をカバーするホーム・ナーシングは従来ふたつのグループが担当していたのだが、その体制では仕事が非常にきつかったので1か月前からグループをひとつ増やした。その直後なので、今のところは時間的なゆとりが多少もてるようになったという。各グループは受け持ち地区を分担し、できるだけ同じスタッフが同じ高齢者宅を訪問するようにしている。したがって、高齢者からみれば顔見知りのスタッフがいつも訪ねてくる形になる。

　ハンスが休憩でいない間、私はモーテンスルンドのロビーでぼけっとしていた。玄関横のオフィスには女性職員が2人いて、電話の取り次ぎやアラーム（緊急通報装置）への対応のために待機していた。地域に在住する高齢者宅からだけでなく、この施設内に居住している高齢者たちの部屋からの信号もここで受信する。

時々ピィーというかん高い音が耳に入る。約30分の間に6回。地域からなのか施設内からなのかは分からなかったし、またどういうやり取りであったのかもスウェーデン語が理解できないからままならなかったが、その都度2人の女性はカルテのようなファイルを出してそれを見ながらなにやら答えていた。どのケースも短いやり取りで済んでいた。アラームと言っても緊急事態の時だけ使われるのではなく、高齢者たちの側から連絡を取りたいときに日常的に使われるものとなっている様子であった。

　5時45分頃になると、6時からのシフトに入るスタッフが集まってきて、食堂の一角に席をとりコーヒーとお菓子を前ににぎやかに談笑し始めた。ハンスは6時10分前に戻ってきて、私を誘って彼らに合流した。彼を除いて総勢17人、すべて女性である。これからイブニング・パトロールに出る人たちだけでなく、モーテンスルンドで夜勤に入る人たちも一緒であった。すでに述べたように、夜間はこの施設が市中心部全体の基地になる。ハンスの横の席に座っていたのがその夜彼とコンビを組むヘルパーであることにしばらくして気づく。インガという40代と思われる女性であったが、彼女は英語を話せなかった。

　私が同行させてもらうことについては事前に連絡が入っていたのであろう、私の隣にこの夜の責任者であるエバという名のナースがやって来た。この人は30代の前半といった感じで、小柄で少しポチャとした女性だった。ハンスが紹介してくれ、なにか尋ねたいことがあれば彼女に聞くように勧めてくれた。そう言ってから、ハンスはインガと打ち合わせに入った。

　エバは地域保健師（district nurse）の資格をもっており、勤務の時間帯はハンスたちと同じだがイブニング・パトロールとは別に動く。彼女の仕事は次のふたつに大別され、ひとつはパトロール

に加わっている医療側スタッフでは対応できない特別な医療的ニーズのある地域在住者を訪問することである。この夜は傷の処置に1軒行くだけだが、ときには点滴の必要のある人やがん患者の家を回る。もうひとつはモーテンスルンドのオフィスに待機していて、パトロールに出た人たちが高齢者の状態変化について判断できない場合に電話で指示を出したり、カテーテルが抜けて再挿入できないときなどのようにパトロールの人たちが対応できない処置行為を出掛けていって直接行うことである。明らかな緊急時にはパトロールのスタッフが直接救急車を呼ぶこともあるが、ほとんどの場合、まず彼女に連絡を取り、彼女が救急車を呼ぶべきか否かを判断するという。

　在宅サービスは、プライマリー・ケアを受け持つ県と日常的な生活援助を担当する市とが両輪になって進めている。これまではそれぞれが別々に機能していたのだが、現在のようなパトロール方式になって両部門の連携とスタッフの意思疎通が改善されてきた。訪問サービスは現在のところ、濃密度の場合で医療側は4時間に1回、市の方は24時間の付き添いスタッフを派遣している。こうしたサービスは同居者の有無に左右されずに、必要の度合いに応じて決められている。

　ケア・プランはだれがどう決めているのかという質問には、小さな溜め息をついてから次のように答えた。システム上は医師、地域保健婦、理学療法士、実際に在宅サービスに従事しているケア・スタッフなどが合同のミーティングをもち、そこで決めることになっているのだが、彼女のように夜間の勤務の人たちはミーティングに呼ばれることは少ない。彼女はそこで"We should be there. But they forget to call us!" と半ば諦め顔で言った。普通は地域保健婦が中心になって在宅者のケア・プランを立てる。病院

から退院してくる人たちがケアの対象になる場合が多いのだが、急だったりすると地域保健師の立てたケア・プランがこちらに知らされる前に訪問しなくてはならなくなる。したがって、そうしたときにはケアの内容について自分たちで判断せざるをえないのが実情である。

　退院に際しては、まず病院が地域保健師に連絡し、地域保健師からイブニング・パトロールが必要な人については知らせてくるというシステムに一応はなっているのだが、病院と地域ケア部門とのコミュニケーションはうまくいっていない——彼女は苛立ち顔で実情を説明してくれた。

◎小さな浮き島と生活の土着性

　私がエバと話している間、ハンスとインガはこの夜訪問するケースについて個別の記録ファイルを見ながら入念に打ち合わせをしていた。月に1度全体ミーティングがあることはあるがそれ以外に皆が顔を合わせることはないから、このファイルが情報連携の軸になる。最新の情報はその都度個別のファイルに記入されており、パトロールに出掛ける前には必ず目を通す。

　7時少し前になったときにハンスが立ち上がって、私を促した。この夜の訪問先は8軒。彼は鍵を2束持っていた。それぞれの鍵には、家の番号と名前の入った丸い金属板が付いている。

　私の同行についてはすでに他のスタッフが入室（家）してもよいかどうか打診していたようで、最初の家だけが断ってきたと歩きながらハンスが教えてくれた。

　夕方から使っていたPRIMARVARD I LUND（ルンド市プライマリーケア）と名が入った小型車で、ちょうど7時に出発する。インガの配慮で私が助手席に座らせてもらった。

最初に訪れたのは、94歳の女性の所であった。これから回るケースではこの家が一番遠いとのことで、しばらくフリーウェイを走りそれから田舎道に入り最後に舗装もされていない狭い道を通って行った。ルンド市の中心部からは、約10キロ離れている。典型的な昔の農家で周囲はずっと畑ばかり。さながら畑の中の小さな浮き島といった感じであった。おそらく隣家までは相当距離があるのではないかと思われた。11月に入ったこの時期、畑にはもうなにもない。家の近くには街灯もなくヘッドライトを消すと、文字通りの暗闇に包まれる。家の入り口には松の大木が3本立っていて、そのうっそうとした感じが闇のイメージをより一層際立たせている。

　ハンスは車に備え付けてある懐中電灯を持って、インガと共に足元を照らしながら家の中に入っていった。ここでは私は中に入れないから、車の中で待つことにした。ルンドの街の明りが遠くに、これまた闇の大海の中の浮き島のように見える。だんだん目が慣れてくると、家の近くの畑はトラクターで掘り返されたばかりのようであった。よく晴れた夜で、星がきれいであった。

　7、8分経った頃であろうか、ハンスが出てきて私を家の中に誘った。ケアが一通り終わったところで彼女に私の話をしたら、家に入ってもいっこうに構わないということだからと説明してくれた。本人は私が家に入ってもよいかしばらく前に打診の電話があったことも忘れていた。彼女はちょうど、インガが作ったオープンサンドを食べているところであった。非常に簡単なものでこれが夕食になる。飲み物はコーヒーだけ。小柄だが表情はしっかりとした人である。中に入って気付いたのだが、驚くほど小さな家で、2階はあるものの1階は3間だけで狭い台所と居間、それに続いて彼女のベッドのある部屋だけであった。どれもだいたい

6畳程度の広さであろうか。天井もかなり低い。台所には昔ながらの薪を使うオーブンがあったが、今はまったく使われてはおらずその上に電熱器のコンロがふたつ置かれていた。もう自分では料理はしていない。その横には水の入ったバケツがひとつ。ハンスに尋ねると、この家には水道はなく外の井戸から汲んだものだという。これはホーム・ヘルパーが毎日している。2階は今は使っていないのだが、台所の隅に剥きだしの梯子がかけられていた。居間には暖房用のこれまた古いストーブがあり、ベッドの横にはポータブル・トイレが置いてあった。これが彼女のトイレとなっていて、その始末はやはりホーム・ヘルパーの仕事になっている。

　勝手口から出た右手側に、家の3〜4倍はあるかと思われる平屋がある。かつて使われていた畜舎だという話であった。家の中をざっと見させてもらった後、ハンスの通訳で少し話を聞けた。この家は建てられてから100年は経っており、彼女は結婚のとき以来ずっとこの家に住んでいる。これが昔ながらのこの国の農家と理解してよさそうであった。家の主も含めてすべてがアンティークそのものといった趣もあれば、高齢者ケアでよく言われる生活の継続性からみれば純度100％みたいな感じである。ともあれ、生活の土着性とでも言うべきか、人の一生が土地とモノとの濃密度の有機的関係の中で営まれてきたのであり、おそらくスウェーデンでも彼女のような高齢者は今日では希少な存在なのであろう。前近代的と言えばその通りであろうし、また、その土着性が孤立的にすぎるという印象を受けないわけではなかったが、もともと人口が少なかったことやこの国の気候風土を合わせて考えれば、こうした生活の土着性を前提にしてこの国独特の共同性（体）が形成されていたのではないかと思えるのである。

94歳という年齢から想像できるように、彼女はかなり衰えてはいる。外出することもなく、日常的行動圏といえばこの家の回りだけなのである。緊急通報装置は月800円程度のリース料で利用できるにもかかわらず、その費用を払いたくないという理由で断り、1日に2回のホーム・ヘルプサービスと1回のイブニング・パトロールを受けるだけで、毎日を過ごしている。この家での生活以外に選択肢があるなどとはまったく考えられないのであろうし、ここでいずれ死ぬことも結婚で来たときにすでに折り込み済みなのである。ある意味では衰えは祝福でもあるわけで、混乱する記憶は彼女の生活空間の中に過去の時間を現出させてくれるに違いない。畜舎には今も家畜はいるであろうし、畑仕事はいつまでも彼女の手を待ち続けてくれているのである。

　現実的な確率でみれば、倒れている彼女を発見することになるかもしれないし、場合によっては発見するのは死体なのかもしれない。本人の安全を考えれば今の状態には危険の可能性はかなり高いのは事実であろう。日本のケア従事者の受け止め方なら当然のごとく、あれもしなくては、これも必要ということになるのだが、このおばあさんの場合には現在受けているケア・サービスがリスクも含めた上で両者が合意できうるバランスなのであろうし、また、社会システム的にそうした合意のもつ正当性が保証されているとも言える。

　家のことばかり聞いたせいか、彼女はハンスに私がこの家を買いにきたのか尋ねたようであった。無理もない話で、彼女にしてみれば見慣れない人間が突然来て家のなかを見たのであるから合理的な推論である。最後に、インガがコーヒーのお替わりをついでこの家の訪問は終わった。全体で15～16分であった。

　次に、再び北地区に戻りサービスハウスに住む夫婦を訪ねた。

夫が85歳、妻が84歳で妻の方がケアの対象である。我々が入ったとき2人はリビングルームでテレビを見ていた。ハンスたちを見ると、妻はさりげなく横に置いた歩行器を使って寝室に向かっていった。イブニングケアが目的の訪問で、2人が仕事をしている間私は夫と一緒にいた。穏やかな丸顔の人で、私がメモをとっていると、黙ってデスクランプをつけてくれた。

　ここではインガが主に動いていて、妻をトイレに連れていきその後で寝間着に着替えさせていた。トイレでの介助のときにはサニタリー・グローブを使う。これは各訪問先にまとめて置いてあるだけでなく、一応予備的に車にもいく組かは入れているという。一通りのケアが終ったあとで、様子を見るようにとハンスが私を呼びにきた。ちょうどベッドに座って薬を飲むところで、小さなカップに入った水薬と赤い錠剤がひとつ。カップを持つ手はかなり震えていて、とくに錠剤を飲むときには中の水がほとんどこぼれそうであった。薬を飲み終えるとベッドに横になり、ハンスが目薬を差した。インガは足元に毛布を1枚余計に掛けてやり、寝支度が完了した。そして、ベッド横の電気を消して、リビングに来て夫と少し話し始めた。

　夫は左のズボンを捲り上げて、膝を擦りながらハンスになにか言っている。ハンスの通訳によると、この夏に手術したのだがここのところ少し歩き過ぎたせいか膝が痛いという訴えであった。こうして夫の様子もその都度確かめるようにしている。

　ここには毎日のイブニング・パトロールの他に、週に1度入浴介助を主目的にしたホーム・ヘルプ・サービスが来ている。ここでの滞在も大体15分であった。

◎**在宅の試験期間**

　3軒目は、最高齢の人とかで99歳の男性であった。84歳の妻と中層の一般アパートの2階に住んでいる。ちょうどルンド駅の反対側になる。いわゆるセキュリティ・システムのアパートで、1階の入り口で部屋の番号を押しインターフォンで名前を告げ、ドアを開けるスイッチを押してもらう。この時はこのやり取りに少しばかり手間がかかり、3回繰り返す。エレベーターで2階にいくと、廊下にいくつか乳母車があった。車輪が大きく覆いのしっかりとしたこの国でよくみかけるタイプのもので、この階には乳児のいる家族が比較的多いことが分かった。

　老夫婦のアパートに入ると、真っ先に玄関横の歩行器が目に入った。乳母車と歩行器、その対象となる人間はライフサイクルの始めと終りであり、しかもこの歩行器を使っている人はあと1年で100歳になることをしばらくして知ると、ある感慨を受ける。どちらもこの国ではまったく違和感なく使われていること、モノが控え目だがモノとしてかけがえのない働きをしていること、そして、人間にとって動くということの意味を生活習慣の中にしっかりと根付かせていることなどが浮かんでくる。

　ハンスたちはドアの所で黙って靴を脱いだ。この家ではそうすることになっているのだと分かったから、私も言われる前に靴を脱ぐ。我々が訪れたとき2人はリビングでテレビを見ていたのだが、ハンスが私を紹介すると、99歳の夫は椅子に座ったまま"very welcome to Sweden!"と言いつつ大きな手で握手を求めてきた。とても暖かい手であった。確かにかなり老衰の感じで、やや太めの人であった。妻は朗らかで明るく、センスのある知的な人で、とても84歳とは思えない。室内はアッパー・ミドルクラスの雰囲気で、家具や装飾の絵画なども総じてセンス良くまとまっ

ていた。
　ハンスとインガは2人がかりでまず夫を椅子から車椅子に移し、一連のイブニングケアを始めた。ここではハンスがもっぱらケアを担当しインガは妻の方と何か話している。もちろん会話の内容は分からないのだが、夫の様子であろうことはなんとなく察しがついた。ハンスはまず補聴器をはずしてテーブルの上に置き、それからトイレの介助、そして、紙おむつを付けて再び車椅子に戻す。最後に、補聴器を付けてから車椅子のままリビングに連れてくるところまでがハンスたちの仕事で、ベッドへの介助は妻が後ですることになっているという説明であった。
　現在、朝と夜の2回パトロールが来ている。夫は骨折で入院し、退院してからまだ間もない。今は一種の試験期間で、訪問を受けながら在宅で暮らせるかどうか確かめているのだという。この家にも15分位いたであろうか、失礼したときには8時5分になっていた。
　次の家に向かう車の中でハンスが、イブニングケアには8時から9時の時間帯を希望する人たちが多いためこの時間帯にはいつも忙しく動き回ることになる、しかしそれでも希望に応えきるのは不可能だと実情を話してくれる。

◎どこまでも本人の意思
　4番目は84歳の1人暮らしの女性のところであった。サービスハウスではなく一般のアパートである。ここには20分近くいたのではないかと記憶しているが、実際の時間より長くいたようでもあり、反面、もっと短かったのではないかという気もしたりして、どう表現したらよいのか分からないが、彼女が私に無言で教えてくれたことは感動的で時間の長短を忘れさせたのである。

この家ではハンスは軽くノックをした後、返事を確認するまでもなく持っていた鍵で開けて中に入った。これがここでのいつものパターンなのである。我々が訪ねたとき彼女はベッドの上に座っていた。決して立派なアパートではなく、おそらく住宅としては恵まれてはいない部類に入るのかもしれない。リビングを中心に、玄関横に小さな台所がありその続きに食卓を兼ねたテーブルが置かれている。台所とは反対側にベッドが壁に沿うように位置している。そして、移動のために掴まる三角形の補助具が、ベッド横に固定されたスタンドからちょうどベッドの上にくるように備え付けられていた。そのベッド上に彼女は座っていたのだが、一目見たその様子はハンスたちが来るのをじっと待っていた、あるいは、待ち焦がれていたのではないかと思われた。
　まずベッドから少し離れてもらい、緊急通報装置と時計をそれぞれの腕から外し、補聴器も外した。それから彼女は自分でトイレに行こうとする。歩行器を使ってやっと立ち上がり、見るからに必死の動作で歩き出した。歩行器を持つ手はかなり震えている。声もか細く震え気味で、補聴器を外しているためハンスがなにか大きな声で話しかける。ベッドからトイレまでは3〜4メートルしかないのだが、彼女の歩みは、歩みと言って良いものか迷うほど不安定で、非常に短い歩幅を小刻みに重ねる感じであった。文字通りやっと歩行が可能という状態である。ハンスとインガは、ときどき声をかけはするものの、ただじっと見ているだけで助けようとはしない。その間、たいした時間ではなかったのかもしれないが、ただ見ているというのは長いというよりは重い時間に感じられた。ハンスに聞くと、自力でトイレに行くのは本人の意思であるから自分たちは直接介助はせず見守ることにしている、ただ彼女の求めがあればいつでもその用意ではいるが、今

までのところそうしたことはまったくないと教えてくれた。
　彼女がトイレに消えてしばらくして、水を流す音が聞こえ、そして手を洗う水音がした。それから、帰路の歩行がさっきと同じように始まる。
　転倒の危険が大きいのは言うまでもなく、事実数か月前にトイレで転倒している。そのため今はとくに注意深くなっているとハンスが補足してくれた。日本ならほぼ問題なくトイレ介助になる状態であり、本人がいくら自力での意思を表明しても転倒の危険を考え安全を理由に職員が介入することになるだろう。本人の意思の持つ意味が善きケアの名目のために他者の介助に吸い込まれてしまうし、また日本の場合社会的にもそうすることが期待されているのも事実であろう。しかしここでは、本人の意思は他者の介入ができないものと基本的には考えられているのであり、それがまた制度的にも保証されているのである。所詮人が生きていること自体がリスクなしにはいかないのであるから、自らがリスクを理解した上で選択したことはやはり徹底して尊重するしかないのである。その過程でケア従事者たちは必要な説明は、当然するのである。さらにいえば、リスクが現実のものとなったときにも自分たちのアドバイスを受け入れなかったことを責めるのでもなく、そのときはその状態を前提に最善のケアを現実的に考え提案していくのである。それゆえに、過大ケア（やりすぎ）でもなく過小ケア（やらな過ぎ）でもない、適切なケアのレベルが両者の合意という形で常に求め得るということなのではないだろうか。
　彼女がトイレから戻ったあと、ハンスとインガは一緒に手際良くイブニングケアに入った。ハンスは玄関にたくさん置いてあったサニタリー・グローブをはめ、歩行器に掴まったまま立ってい

る彼女の着替えを始めた。まず、足が浮腫まないように履いていたゴムの強いストッキングをぬがしてから下着をぬがし、紙おむつを付ける。それから、新しい下着をはかせその上に使い捨てのビニール・カバーをつけた。最後に、立っている彼女の頭からパジャマをスポッと被せて完了する。彼女は1つひとつのケアが終わるたびに Tak, tak（Thank you, thank you）を連発した。

　再びベッドに座った彼女は、次に2種類の錠剤を飲んだ。薬は地域保健師により1週間分が1回ごとの小さなプラスチックのケースに準備されていて、すぐに出せるようになっていた。薬を飲むと彼女は例の三角形の補助具に掴まりベッドに横になった。ハンスはクリームチューブを取りだし、彼女の足に丁寧に塗る。2人で何か話していたのだが、途中で2人して大声で笑い出した。彼女が初めて見せた屈託のない笑顔であった。私には、笑顔を引き出したハンスの話しかけがこの日一番のケアのように思えた。その後インガが毛布を掛けてやり、ハンスがベッド横の電気を消した。トイレの明りはつけたままである。

　彼女は現在1回のイブニング・パトロールと2回のホーム・ヘルプの訪問を受けている。実はこの家でのケアが始って少し経ったとき、インガがハンスを介して私に話しかけてきた。この夜一緒に回った中でただ1回のことであった。ハンスは She is taken very good care by people と訳したのだが、その意味しようとしたことが帰り際にはなんとなく分かったように思えたのである。ケアする側が単に一生懸命にしているということよりは、1日3回の訪問サービスを受けながら必死で生きている彼女の姿を伝えたかったのではなかったか。まさに老いて衰えた人にとっての毎日は生きるための戦いなのである。それを理解するには、彼女が24時間の圧倒的大半をここで1人でいることを想像しさえすれ

ば十分である。

　別れ際の彼女の表情にはちょっとした心細さが感じられたのだが、それに耐えて1人でいる時間があるからこそ、翌日の出会いが新鮮でみずみずしいものであり続けるのである。

　◎今日一日分の会話
　この夜5番目に訪問したのは、76歳になる1人暮らしの女性のアパートであった。彼女の部屋は2階建て棟続きになっている建物の2階にあり、入ってすぐのところに小さな車輪のついた4本足の歩行器が置いてあった。室内はこじんまりとまとまっていて、昔の写真や子供や孫の写真が何枚も飾られている。なかなかの美人やその人の子供の頃と思われる利発そうな少女の写真が印象的であった。写真はリビングルームに飾られていて彼女はベッドルームにいたので、それがだれであるのかは聞きそびれてしまったが、娘の写真のように思われた。

　彼女は自分のベッドの上に座っていた。訪問の時間に合わせてこうして待っているのであろう。弱々しい声で話す人である。社会階層から言えばアッパー・ミドルクラスに入るだろう。

　ハンスによると、ここでのケアは目薬をさすことと寝かせることで、比較的簡単なケースだという。まず足に付けていたサポーターのようなものをぬがし、紙おむつを付ける。彼女はこの間ハンスとインガになにかずっと話していた。時々3人で笑ったりして、和やかな雰囲気であった。会話の内容の分からない私には、その光景は、彼女が今日1日分の会話を1秒とて無駄にしない気迫の中で精一杯しているように写った。かといって、彼女が堰を切ったように一方的にしゃべりまくるのではなく、会話として成り立ってはいる。その境目に危うさを感じないわけではなかっ

たが、むしろそれは気迫としてこちらに伝わってきた。この人も必死で戦っているという印象を受けたのである。寂しいと言えば寂しいに決まっているであろうし、話し相手が欲しいかと問われればそうだと答えるであろう。しかし、その部分には彼女は耐えているのである。耐える力があるからこそ他者への配慮が可能なのであり、それはまた自分が自分で在り続けていることの確認になるはずである。言い換えると、社会的な関係を必死の努力によって維持しようとしているのであって、訪問サービスのスタッフとの短いやりとりの時間は彼女にとっては貴重な機会なのである。その耐える姿、戦う姿が危うさを感じさせはしたものの悲壮感がなかったのは会話にユーモアが溢れていたからであり、彼女がなかなかの知的な人であることを物語っていた。

　私のこんな印象がどこまで共有できるのかは分からなかったが、ハンスとインガは相槌程度の参加で、彼女に話し続けさせていた。

　寝支度が済むと彼女はベッドに横になり、インガが毛布をかける。そして、ハンスが目薬をさした。ベッドルーム以外の明りを消しながら立ち去ろうとしたとき、奥のベッドから彼女がなにやら話しかけた。弱々しい声の人にしては、このときはずいぶんしっかりとした声であった。我々にキッチンにあるリンゴを持っていって食べるように言ったのである。こちらサイズというか、いかにもいびつで小さなリンゴだったが、ハンスと私がひとつずつもらうことにした。

　次に、夕方1度訪問した筋ジストロフィーの人のいるアパートに向かう。着いたのがちょうど9時。夕方のときは確か4時半ごろに訪ねている。すでに夕食は終わっていて、2人してリビングルームにおり、夫はテレビを見ていた。妻は車椅子に乗ったまま

であった。

　ハンスとインガは車椅子を押してベッドルームへ入っていく。着替えのために裸になるので、私はリビングで待つように言われる。テレビではアメリカの大統領選挙の特別番組を流していた。奥ではインガがベッドルームとトイレの間を2回程行ったり来たりしている。なにか探しているようであった。テレビはレーガン政権の8年間を特集しているようであった。夫はいかにも労働者という感じの人で、ぼくとつな印象を与える。

　15分くらいして、ハンスとインガがケアを終えてリビングルームに出てきた。そしてハンスが私にベッドルームにきて様子を見るように勧めた。筋ジストロフィーは相当進んだ段階になっているから、ベッドや車椅子へのトランスファーはかなり大変であろうと想像できた。もう完全に寝たきり状態で、人の手がないと動けない。導尿バッグを常時付けている。トランスファーについてハンスに聞くと、もっと重い人はたくさんいるし、いつも2人でするからそれ自体はさほど大変ではない。また、彼女の場合も筋肉に力が残っていればまだやりやすいのだが、今は全身の筋肉に力がないからフニャフニャな感じで、かえってむずかしいと説明してくれた。ベッドに寝かせるにしても自分では体を動かせないからできるだけ無理のない姿勢になるようにクッションなども工夫して使うのだが、どうもむずかしいと付け加えた。実際、お尻には床ずれができていて、対応といってもローションを塗るのが限度である。夫が頻繁に体位変換するのは体力的に無理のようであった。

　帰り際に夫がハンスに、病気で1か月以上休んでいる職員について病状を尋ねていた。私は始め、その職員を気遣ってのことかと思ったのだが、むろんその意味もあったには違いないが、彼

が知りたかったのは訪問する職員が別の人に代わるのかどうかであった。ルンド市に限らずスウェーデンではどこでも在宅サービスには決まったスタッフが訪問するようにしている。ただ単にその方がスタッフも相手の事情がよく理解できるからという意味だけではなく、ある程度の個人的関係がケアには必要であると考えられているからであろう。

◎"待ち人"と"不在"によるケア

　1日数回の、それも短時間の訪問サービスを受けつつ自らの生活の主体者であり続けようとしている高齢者たちに何人か会って来た後では、ごく自然にこのように思えたのである。耐えつつ戦っている高齢者たちに応えようとする配慮が、同じスタッフが訪問するというやり方に込められていると理解できたのである。しかもこの方式は非常に戦略的でもあり、仕掛けとしては奥行きが深い。なぜなら、1日数回の短時間のやりとりによって、言ってみればその高齢者の24時間を心理的に支えることを狙っているからである。訪問が点であるとすれば、同じスタッフが訪れることは点と点をつなぐ線となって高齢者の心に写るであろうから、その継続性ゆえに高齢者たちは1人でいる時間に耐え得るのではないかということである。つまり、訪問スタッフが高齢者たちにとって"待ち人"になってこそ在宅サービスが真価を発揮するのである。この点をしっかり理解しておかないと在宅サービスは単なるケアの出前になってしまい、その個々の中身だけに関心が奪われ、それが人間と人間の直接的なやりとりであること、すなわち関係性の意味が見失われるであろう。そうなると、援助を受けている高齢者たちの心の世界を理解することなど到底不可能なのである。

換言すると、訪問するケア従事者たちが高齢者たちの心象風景の中に顔のぼやけた匿名的な援助者としてではなく、輪郭のはっきりとした固有名詞的な人間として登場するようになったとき、彼らは不在によるケアというか、物理的には存在しなくても心理的には現在し続ける（共にいる）ことにより、訪問時の具体的ケアに匹敵する重要なケアをしていることになる。なぜなら、自分がひとりであること、にもかかわらず人と人との関係の中で支えられつつ生きていることの両方が意識できるからである。在宅で頑張る高齢者たちはいずれにしても不安と隣り合わせの日常生活を送っているわけだから、訪問予定の時間とは別の時間でもスタッフに来てほしいと願う場合が必ずあるに違いない。しかし、高齢者たちは、そうした時スタッフは他の高齢者たちに対してかけがえのないケアをしているのだと思うことによって、つまり他者への配慮によって自分の不安と戦っているのであろう。したがって、不在によるケアの本質は人間としてだれの中にもあるはずの強さ、生きる力を引き出す点にあると言うこともできよう。しかも、高齢者たちがどうしても不安に耐えられないとき、あるいは援助を緊急に必要とする場合に対しては緊急通報装置を用意しているのである。

　これが"待ち人"になることの意味であろう。一般には、待ち人とは請い焦がれても実際には来ない人なのだが、在宅サービスのスタッフは予め定められたスケジュールに沿って、必ず訪問して来る人たちである。そして、その頻度なり間隔はケアを受ける個々の高齢者の状態によってかなり自在に調整されている。

　ところで、7番目は84歳の女性のアパートであった。薄暗い明りの中で、ひとりでテレビを見ていた。ここでは服薬だけ。インガがペットの小鳥についていろいろと話しかけていた。約5分

の短い滞在であった。

　最後は、脳出血の後遺症をもつ男性であった。最年少の対象者で現在55歳。英語を話せたのでここではハンスを煩わせなくてすんだ。我々が訪問したのは9時45分であるから時間的にはもうかなり遅いのであるが、彼は三つ揃いのスーツ姿であった。後でハンスに聞くと、いつもこの服装であるという。当然彼なりには意味があるはずだが、問うまでもなく私にはそれが分かった。

　彼はテレビでテニスの試合を見ながら、ヘッドホーンで音楽を聞いていた。

　警察署や裁判所を専門とする建築家で13年間オーストラリアで働き、その後ノルウェーで働いていたのだがそのときに脳出血になる。8年前のことである。始めの2週間は意識がなかったという。それから長いリハビリが始まる。車椅子から杖歩行になるまで2年かかったという。今も足に主な障害が残っているが、両手は機能が回復し車の運転を始め水泳や乗馬もしている。ただ、これも後でハンスに聞いたことだが、夕食を食べたかどうかといった近いときの記憶はときどき不確かになるという。

　在宅サービスは毎日2回、月に1度医師の診察を受け、毎週2回はリハビリの訓練に参加している。今は中世の建築史を独学で研究していて、聖ビルギッタについて本を執筆中とかで資料を見せながら少し説明してくれた。そして、10時を5分程回ったところで別れる。

　これでこの夜の訪問は全部終わった。ハンスとインガはこれからモーテンスルンドに戻り、責任者であるエバに各ケースについて報告すると共に個別のファイルに記録をする。この夜はとくに気になる変化の人はいなかったとハンスは言う。走行距離にして

約45キロ。最初に行った農家を除けば比較的近い距離であったが、こまめに走り回ったためであろうか、実際の距離よりももっと走ったように思えた。

2人に同行させてもらったお礼を述べ、心ばかりの日本の土産を渡してからモーテンスルンドを後にした。時計はすでに10時半をまわっていた。

たった1回の同行の機会ではあったが、たまたまとは言え、年齢的にも100歳間近の最年長の人から55歳の最年少の人、住宅のタイプにしてもサービスハウスだけでなく畑の中の昔ながらの一軒家からルンド市の中心部のアパートまで、また、社会階層の点でもアッパーミドルから労働者クラスや農業従事者まで、さらに心身状態についてもこの夜訪問した人たちはバラエティに富んでいたので、結果的には密度の高いフィールドワークとなった。

私には、全てが新鮮だった。ちょうど芝居を一幕ごとに見ていくような感じであり、訪問先でその都度演じられる即興のやり取りに魅せられていったのである。言うまでもなく私の限られた理解を一般化して論ずることは無理なのだが、いくつか印象に残ったことと考えさせられたことを述べてみたい。

第1に、住宅水準の高さである。これは言うなれば芝居の舞台の問題であり、一人芝居であろうが訪問スタッフとの即興劇であろうが、スウェーデンの在宅サービスは、衰えや障害のある人々が居宅において日常の生活行為を行いやすいように配慮されたハードウェアーとしての住宅によって支えられているように思えた。

第2に、訪問スタッフの手際の良さ、きびきびとした動きであった。どのケースもだいたい10分か15分程度の時間なのだが、その間の彼らの行動はまったく無駄を感じさせなかった。むろん

それぞれについてすべきことが決まっているには違いないのだが、単にそれらを効率良く消化していっているというのではない。静かな気迫というか一種の緊張感の問題なのである。無駄のない動きで短い滞在時間を埋め尽くすだけではなく、その時間をめいっぱい高齢者たちとの会話に費やしている。会話の雰囲気は和やかなものであるしユーモアに溢れている。しかし、その和やかさなりユーモアは限りなく自然のようでありながら、実は演出されたものではないのだろうか。高齢者たちの多くはその演出性に気付かないのかもしれない。そして、それはそれで良いのである。高齢者たちにその仕掛けを見破れる力があるとすれば、彼らは在宅サービスの対象にはならないであろう。

　スタッフの側に自分を置いて考えれば、私が言わんとしている緊張感の問題は容易に理解できよう。短い時間に所定のケア行為を手際良く片付けながら、同時に会話を仕掛けユーモアを引き出すことはたやすいことではないはずである。身体と同じように頭も早いピッチで動いていなくてはならないだろう。

　このように考えると、1回の訪問時間が短いことの意味も新たにとらえられるのである。改めて述べるまでもなく、短い時間しかとれない背景には限られた労働力で多くの高齢者を援助していかなくてはならないという現実的な事情があることは間違いないし、1日の中でも時間帯によって訪問の必要性が集中する場合も当然あろう。しかし、こうした現実的理由とは別に、在宅サービスとは本質的に短時間のものであるべきだと私には思えるのである。間延びした時間の長さは、在宅のまま頑張ろうとする高齢者たちの力をかえって萎えさせかねない。忙しすぎてゆっくり話す時間も取れないといった不満が日本の場合ケア従事者たちから日常的に出てくるのだが、会話とは忙しさの中でこそなされ得

るものではないか。ケアする側が忙しさに負けてしまったら先に指摘した緊張感はないだろうから、高齢者たちはスタッフの仕事の邪魔をしたらいけないと考え、発する前に言葉を飲み込んでしまう。

　だから訪問時間は原則的には短くてよいのであり、必要ならその回数と間隔を増やしていくべきであろう。

　第3には、これまでの考察と関連するのだが、ケアを受けている高齢者たちの姿であった。別な言い方をすれば、孤独であることに前向きの意味があるのではないかという問題提起である。一般には、孤独は好ましくない状態であり、他者の慰めを必要とし、それゆえにケアの対象となると考えられている。だが、イブニング・パトロールで私が出会った人たちは、孤独と言えば皆孤独そうであった。しかし同時に、身体の自立度はかなり落ちている人たちであるにもかかわらず、皆が自らの生活の主体者で在り続けようとしているように思えた。そこから得た印象は、耐えている姿と共に戦っている姿であった。しかも、現実的な制約のためにそうせざるを得ないというふうにも感じられなかったのである。むしろ、孤独に耐えているからこそ、老いて衰えてなお毅然としているのではないかと思えた。

　そして、援助する側はその耐えている部分には直接触れずに、仕事の緊張感でもって応えている。そこに触れてしまったら高齢者たちの心が瞬時にして崩れ去ることを知っているからであろう。

　日本の人々はスウェーデンの在宅サービスについて知ると、自己決定の原則と必要な援助サービスはなんでも提供するという原則に基づき現実にかなりの訪問頻度でケアが提供されていることに感嘆する。在宅者にそこまできめ細かくケアを提供するの

はさすがにスウェーデンだということになる。こうした反応には必ず下の句があって、それに引き替え日本の現状は……となるのが通例である。彼らは、自分の希望に応じてケア従事者がいつでも自宅まで来てくれると理解してしまうのである。これは、スウェーデンの人たち自身が説明するときに、原則と共に最大値の実例を紹介する傾向があるためかもしれない。しかし、いずれにせよそうした理解をする人たちはまだ自分に余裕がいっぱいある人たちなのである。

　自己決定とは、ケアを提供する側に委ねる部分を決めるだけではない。同時に、委ねない部分、つまり、老い衰えてなお自分の生活に対して自分自身が責任を負うべき部分をも決めることなのである。援助する側は目に見えるレベルでは前者に応えることによって、高齢者たちに対して後者を促していくのである。ケア従事者たちが一方の当事者として存在し続けている限り、高齢者たちは安心してふたつの自己決定を成しうるのである。これが必要な援助サービスはなんでも提供するという原則に、自分でできること以外はという重要な前提条件が付いている意味ではないだろうか。

　また、実際にはかなりケアニードの高い人であっても1日の訪問回数は数回である。1日当り10回を越えたり24時間付き添うケースは例外的であろう。したがって、24時間の圧倒的大半は1人でいるか、年老いた配偶者と一緒ということになる。たとえ緊急通報装置があったとしても、その時間の重さは大変なものである。

　在宅サービスは、ケアを受ける人間の中に強さを見出だせない限り非常にむずかしいものであると同時に、ケアの在り方としては基本的に極めて人間的なもののように思えたのである。

点描2 ホームステイと女主

　ルンドに着いたのは金曜日であった。私が滞在予定にしていたのはルンド大学のゲストハウスであったが、オーランド教授から週末にかかっているためそこに入れるのは月曜日になると聞かされた。ホテルでも探そうと思ったのだが、教授は手回し良くホームステイできる家を準備しておいてくれた。もっともホームステイというのは必ずしも適切ではなく、後で分かったことだが自分の家にときどき短期滞在者を泊める簡易民宿のような所であった。簡単な朝食だけは家主が出してくれたから、俗にいうベッド・アンド・ブレックファスト（bed & breakfast）なのであろう。

　家はルンド大学から車で5分程のところにあり、スウェーデンでミドルクラスというのがどの辺を指すのか、それともミドルクラスなる言葉は死語化しているのかよくは分からないが、辺りの家並はミドルよりは少し上のクラスかと思われた。閑静な住宅地であった。私が泊めてもらったのはレンガ造り箱型2階建のがっしりとした結構大きな家で、家の後ろには庭があり、すぐ横には2台分のガレージがある。

　オーランド教授の車の後についてその家に行ったのが、午後4時頃であったろうか。玄関で教授が呼び鈴を鳴らしてもなかなか返事がない。少し待って教授はもう1度呼び鈴を鳴らした。しかしなんの返事もない。約束の時間に間違いはないのだが留守かもしれないと教授が言ったとき、髪の短い小柄な女性が出てきた。身長は160センチもないほっそりとした人で、背の高い人間の多いこの国ではよけい小柄に見える。彼女はシャワーを浴びていたので応対に出るのが遅れたことを詫び、我々を中に招き入れた。聞けば彼女がこの家の主だという。

　さっそく家の中を説明してくれる。玄関を入ってすぐ右横がダイ

ニング・キッチンになっており、朝食は自分が用意するがそれ以外はここを使って自由に料理してよいと言われた。食料品の買い物は近くにあるどこそこのスーパーがよいでしょうと言って、場所を教えてくれる。そして、スパイスや調味料は買うと大変だからここのキッチンにあるものを使うように付け加えた。次に、洗濯機の場所と使い方を説明してもらう。玄関から入って真正面のところにガラスをはめたドアがあってそれを隔てた奥のスペースは彼女が使っているということであった。かなりゆったりの細長いリビングルームがあり、その奥に彼女の寝室があるようであった。3泊させてもらったのだが彼女が家にいると分かるのはガラスのドアを隔てたリビングルームに姿が見えるときだけといった感じで、あとはいるのかいないのかよく分からなかった。

　私が借りる部屋は2階にあった。2階には部屋が3つとシャワールーム、トイレがあり、私の部屋は一番奥まったところであった。すぐ隣の部屋は、この家のもうひとりの住人である娘が使っているという話である。今21歳で、ルンド大学でジャーナリズムの勉強をしているとのこと。この娘さんとは1度だけキッチンですれちがったのだが、いまだに私の記憶に鮮明に残っているのは隣の部屋から聞こえてくる彼女の声であった。こう言うとなにやら不気味な話になりそうだが、実はこの彼女語学の勉強中のようで家にいるときはひっきりなし音読していたのである。壁を伝わってもれてくる声なので何語なのかは分からなかったが、英語でないことだけは確かだった。朝といわず昼といわず夜といわず、音読を続けていた。もっとも私も昼間は外に出掛けていたし、彼女もときどきは外出していたようであるからずっとそうであったわけではないにしても、こちらが家を出るときに音読が聞こえ、夕方帰ってきたときにも聞こえてくるとひっきりなしにしているように思えたものである。それもまるでテープを流しているように、同じリズムであったから妙に記憶に残った。

私の借りた部屋は日本風に言えば5畳ぐらいの広さで、元は子供部屋だったようであった。ベッドと低いテーブルセットがあるだけのシンプルな部屋だった。ドア一面にいろんなスティッカーが張られ、ところどころは剥がれた後が残っていたりしてこの部屋がしばらく前にはティーンエイジャーの城だったことが窺えた。ただそれ以上に興味をそそられたのは、壁に19枚の写真が張られていたことであった。どれも四切りサイズの写真でそれぞれフレームに入れられ、等間隔に整然と飾られていた。写っているのはほとんどが女の子で、しかも顔の表情をアップにしたものである。ほとんどと言ったのは、そのうちの数枚はここの主の若いときの、やはりアップの写真だったからである。横顔をとらえた彼女の写真は、バーバラ・ストライサンドを思い起こさせた。これは全部あなたの子供かと尋ねると、彼女はそうだけれど自分には娘がふたりいるだけだと笑いながら答えた。そう言われて改めて写真を見ると、確かにふたりの娘しか写っていなかった。
　他意などないなにげないやり取りだったのだが改めて写真をながめたとき、私ははっとして一瞬緊張した。これらの写真の意味を直感できたからである。写真の撮られた時の時間を凍結しようとしているように思えたからである。しかもこれだけの枚数を張っているということはそのためのある種の必死さを感じさせた。ふたりの娘の間に何歳の開きがあるのか分からないが、写真に写っているのは7歳から10歳ぐらいの女の子である。
　あどけない娘たちの表情、満ち足りた母親を感じさせる彼女の表情、わずかに背景から読み取れるのは夏の日の海辺や広々とした所に野草が花開いている様子であり、これらの写真がある年の夏に撮られたものであることが推察できた。
　張られた写真の中には、彼女の夫、娘たちの父親の姿はなかった。
　オーランド教授から彼女がこの家の主だと紹介されたときに、彼

女に現在配偶者がいないことは分かっていたが、こうして写真を見るとむしろそこに写っていない人物こそが「主役」ではないかとも思えてくる。

　ともあれ家の中を一通り説明してもらって、家の鍵を受け取った。こちらが何者かも知らないのに、まったく疑うということをしない。これが当り前だと思う半面、疑うところから出発せざるをえなくなったアメリカの生活を知っている者としては、こんなことにもスウェーデンを感じてしまう。そしてそれから、どちらが家主か分からないような短い滞在が始まった。

　幸い彼女は英語を結構話せたので、週末だったこともあり土曜と日曜の朝食のときにゆっくりと話すことができた。彼女はいま46歳とのことで、19歳で結婚し10年まえに離婚している。

　上の娘は fell in love with a Frenchman とかで、大学の教師をする夫とともに現在はフランスに住んでいる。先述したように、下の娘はルンド大学の学生である。彼女自身は、教師で精神障害児に算数と理科を教えている。3人兄弟で育ち、そのうちのひとりはルンドにいるとのこと。

　なぜ離婚するに至ったかはこちらも聞かなかったし彼女も語らなかったが、ただ、子供が小さいときには両親とも揃っているに越したことはないし、その意味では自分の結婚は失敗だった、その影響がとくに下の娘に出ていると思うと話してくれた。それがなにを意味しているのかは尋ねなかったが、私が滞在中母と娘が話しているところを見ることもなかったし、食事を一緒にしているようでもなかった。とくに不思議に感じたのは夕食で、私は土曜と日曜の夜はキッチンを借りて料理したのだが、娘はともかく母親の方も夕食を食べた風にはみえなかった。おそらく私が終わった後の時間にでもなにかとっていたのだろうが、どうも料理自体はあまりしていないようであった。

　土曜日の夜のことだったが、私がソーセイジとじゃがいも、にん

じんを素茹でにしたものをビールの肴にしていたときに、娘のボーイフレンドと思われる若者が訪ねてきた。そのしばらく前に電話があって娘が話していたから彼の来るのは分かっていた様子で、呼び鈴が鳴るとすぐに娘が階下に降りてきた。ふたりは20〜30分程2階の部屋にいたが、それから下に来て、娘は冷蔵庫から冷凍しておいたものを取り出して出掛けていった。ちょうどふたりが外に出ていくときに、母親が奥の部屋から何かを取りにリビングルームに出てきた。しかし、ボーイフレンドに声をかけるのでもなく娘に何かいうでもなく、流し目風にちらっとふたりを見ただけで、さっとまた奥の自分の部屋に消えた。その一瞬の様子が、現在の彼女と娘の関係を物語っているように思えた。

　彼女が準備してくれた朝食とは、ゆで卵にトースト、シリーアルズ、それにコーヒーといういたって簡単なものであったが、彼女との会話を交えた食事は満ち足りたものであった。私が、スウェーデンに入る前にデンマークを訪ね、ロスキレ市のある老人施設を見学したところそこが年老いたレジスタンス闘士たちのための施設であったことを話すと、彼女はスウェーデン人の中には第2次大戦中ナチス・ドイツと戦わなかったことに対して後ろめたい感情がまだあると思うと言った。また、私がいくつか墓地を見てきた感想を述べると、自分の場合は父方の墓でも母方の墓でもどちらでも構わないという意見が返ってきたりした。

　そんな中で彼女の話が最も弾んだのは、趣味についてのときであった。自然が好きで、ハイキングや散策にあちこちこまめに出掛けているようで、話だけではもの足りなくなって奥の部屋から写真や拾った石ころなどを持ってきて、その1つひとつについて説明してくれた。なかでも圧巻だったのは、抜け落ちたトナカイの角で1メートルを越える大きなものであった。夏に北極圏をキャンプしながらハイキングをしていたときに拾ったとのことで、角の大きさもさることながらそれを持ち帰った彼女のバイタリティに変に感心した

りしてしまう。また、冬にはスイス・アルプスまでスキーに行くということであった。それも飛行機だと高くつくので、往復とも夜行バスを利用しているという。こちらより10歳近くも年上なのに若さで負けるというか、生活の健康さに圧倒されてしまう。

ルンド大学で知り合ったふたりの研究者も自然が大好きで、自分で撮った写真を見せてくれた。それもパノラマ的な写真ではなく、小さな野草の花だったり、野草の葉に溜まった夜露が朝の光に輝いているところという具合に、ちょっとした自然の表情を写したものが多かった。普段はどちらかと言えば口数の少ない静かな人たちがこうした話題になると、こちらが頼まないのに自分から出してきて見せてくれるのである。自然を本当に身近に感じ大切にしているということが、そうした行動からひしひしと伝わってくる。

ジーパンを愛用し、シャッシャッという衣擦れならぬジーパン擦れの音をたてながらいつも早足で歩く癖のあるわが宿主は、土曜日の朝食後、自然観察の1日バスツアーにでかけていった。

日曜日の朝は、雨であった。朝食のテーブルでの話題はバスツアーの感想から始まったが、彼女はしきりに肘をさすっていた。こういう日はとくに痛むという。聞いてみると、この3週間ずっと週末に薪割りをしたからだと言う。これから冬のあいだ暖炉にくべる薪を準備していたのである。そう言われれば、ガレージの奥には薪がうずたかく積み上げられていたことを思い出した。大きな斧で割るから、肘に負担がかかってしまうのだそうである。ひどいときには肘が曲がらなくなる。そう言ってから彼女は、男手があれば当然男がする仕事でもひとりだと自分でしなくてはならないからと言った。

そして、自分もときどき lonely になる。だけど相手になるいい男はいないし、いても皆結婚している。having more good friends in female- 女性の方に知的で、自分と同じ興味や関心をもっている友人が多い。一緒にハイキングに行ったりするのは女友達で、夏には休

暇をとって2週間ほどグループで出掛けると語った。

　この日彼女は、ヘルシンボリ市の近くに住んでいる両親の家に出掛けて行った。この家から車で2時間ほどかかるという。父が78歳、母が76歳でなんとかふたりで生活できているのだが、様子見と細々としたことの手伝いのためにときどきこうして訪ねることにしているという。父親は元学校の数学の教師であった。母親は兄弟が多く11人もいたが、故郷を離れたのは彼女の母親だけだったとのこと。実は父親はずっと以前からアルコール依存症で、母がカバーし続けてきた。父親はそのことで専門的な援助を受けたことはこれまで1度もなかったし、今も受けてはいない。

　両親の家を訪ねた後近くの海岸を散策し、途中帰り道にマッサージ・セラピーのところに寄ってくるというのが、この日の彼女の予定であった。

　雨の日曜日、外は窓から見ても結構寒そうであったから、できれば不精を決め込んで1日中家で――と言っても他人の家なのだが――ゴロゴロしていたかったのだが、それでは昼食も夕食も抜きになってしまう。外食するにしても買い物をしてくるにしてもどのみち外に出なくてはならなかった。まだレンタカーを借りていたのでどうせ出るのならそれだけではつまらなく思ったので、雨の中を走ってみることにした。前日にはルンドから少し海岸線を北に上がった辺りまでドライブを兼ねて古城の見学をしたので、この日は方向を南に定めマルメの街中を通って、デンマークとの国境を分かつバルト海に突き出た岬の突端までいってみることにした。片道およそ50キロのコースである。岬の突端にはスカヌーア・ファルステーボ（Skanor m. Falsterbo）という名前の小さな港町があるようなので、そこを目的地とする。

　マルメを過ぎてしばらくすると畑が続く農耕地帯に変わる。しかし、岬に入る辺りからは、日本風に言えば自然の防風林のような林が延々と連なっている。ところどころに小さい池が点在し、その近

くには車を止めて野鳥観察をする人々が結構出ていた。冷たい雨の中でカッパを着て、双眼鏡で観察していた。そうした姿からも、先に述べたこの国の人々の自然に対する親しみの深さが感じられた。

　岬の先は小さな漁港で、私が着いたとき1隻の漁船がちょうど漁をあげていた。ほとんどがタラであったが、なかにヒラメが何匹か混じっている。漁夫たちはタラの腹をナイフで手早く割いては、内臓を大きなバケツに捨てていた。新鮮なタコもここでは捨てられる運命のようであった。ただ、後にルンドのスーパーマーケットでペースト状に調理されたタコの缶詰を見つけて試したので、まったく食べないわけでもない。缶詰の方はそのままスライスして酒の肴にしてもいいし、トーストにはさんでもかなりいけた。

　木箱ではヒラメがまだ威勢よく跳ねていたので、これは刺身にできるなと邪念が語りかけてきた。漁師に売ってくれるかと尋ねると、ふたつ返事が返ってきた。40センチぐらいのが2匹で15クローネ、1クローネが約24円だったから360円である。スウェーデンの物価は一般に高く、円に換算してもだいたい東京並だと言っても過言ではないから、これは間違いなく掘り出し物であった。

　家に戻るとさっそくキッチンで調理に取り掛かろうと思って、まずまな板を探したのだが、これがないのである。パン切り用の丸っこいのはあるがこれはまな板ではないし、まさかこれで生魚をさばくわけにはいかない。しかたなく今度は包丁を探してみたが、これもない。ここはれっきとした住人のいる家だから、ないはずはないと思ってキッチンを隅々まで開けてみたのだが、どこにも見当らない。とにかくないのである。これは弱ったと思ったが、ふと、ここの主はどう料理をしているのか不思議になった。

　ようやくにして、果物ナイフ程度の小さいナイフが出てきた。お世辞にも切れのいいナイフではなかった。スパイス類や調味料はいくつかあったので、どうやらここの主はこのナイフ1本で料理をしているらしいということが推測できた。

> 　ステンレス台をまな板がわりにしてヒラメをおろしにかかったが、新鮮なので皮が剥がれにくくとても刺身は作れない。作戦変更して、ムニエルにすることにした。しかし、フライパンもあまり油がなじんでいないようで魚が引っ付いてしまいボロボロになってしまった。悪戦苦闘の後では味もさっぱりで、ビールの助けをかりて喉を通そうと思ったとき、ビールは飲み切っていたことを思い出した。冷蔵庫に入っていたら缶ビール1～2本を借りようと見たのだが、これまたない。
> 　飲み物であったのはミルクと液状の飲むヨーグルトだけだったので、結局ミルクを飲みながらの夕食となった。

2-5　クリッパン市のアプローチ

◎手作りの小さな福祉社会

　ルンド大学に滞在中に、私はオーランド教授に連れられてクリッパンという市を3度訪れた。ひとつの地方自治体に1度以上足を運んだのは唯一クリッパン市だけであったが、その背景には教授と市とのユニークな関わり合いがあった。

　クリッパン市は、ルンドの中心部から北に向かって50キロメートル程の所に位置している。人口約16000人、スウェーデン全体でコンミューンと呼ばれる地方自治体（日本の市町村に当る）は284あり、クリッパン市はその142番目というからちょうど中位の規模である。高齢化率では65歳以上が全体の約20％、80歳以上が約5％である。市の中心部がクリッパン地区でここに8000人ほどが集中しており、当然高齢者たちも中心部に多く居住している。この地区をはさんで北西側、E14号線の近くにオストラユングビー地区、また、南東側にユングビーヘッド地区が位

置しており、これらの3地区を細長くつなぐ一帯は農耕、酪農地域である。それ以外は豊かな自然林で覆われている。

人口の流出入は少なく、安定した地域社会が形成されている。

製紙業が伝統産業で、16世紀後半にデンマークで最初の製紙工場がここに建てられた。当時はスウェーデンの南部、スコーネ地方はデンマーク領であった。現在は製紙業や陶器業などの地場産業のほかに農業や酪農が中心で、一方、近くの都市であるヘルシンボリに通勤する人も多い。また、ユングビーヘッド地区にはスウェーデンで唯一つの空軍の訓練校がおかれている。

クリッパン市はスウェーデンでは高齢者ケアに関して先駆的な取組みをしてきた自治体として知られている。例えば、社会サービス法が制定される5年前からこの法律の趣旨を先取りした試みが始まっていた。1982年に施行されたこの法律については、第四節4-2で論ずる。市内にある高齢者関係の諸施設は次のようである。クリッパン地区には、40戸のサービスハウスと、45人定員の旧型高齢者施設、小規模集住形態のグループ・ハウジング（11人用）がそれぞれ1か所ずつ。それにトレッフプンクツ Traffpunct、英語では meeting points と呼ばれる小規模のデイ・センターが6か所ある。

これらの諸施設はサービス・システムと一体となって、市全体の高齢者を24時間体制でカバーしている。どの施設もそれ単独で機能するのではなく、必ず施設外の機能を合わせもっている。そこでは施設生活者と在宅生活者といった区別は概念としてもすでに融解しており、人が日常生活を送る場所を「住宅」というひとつの言葉で理解するだけで十分なのである。そして、これを現実化しているのはソフト面、すなわち、スタッフの動きである。この文脈でいくつかの斬新な試みが行われているのだが、そ

の背景には非常に緻密な計画があると同時に、すでにあるものを利用したり変えていったりする柔軟なプロセスのあることも見落とすわけにはいかない。シンボリックな意味だけでなく現実にも「壁をぶち抜いていく」繊細にして大胆なアプローチを平然と採っているわけで、確固とした考え方が根底にあるに違いないと思われた。

　市全体の拠点施設は、クリッパン地区にあるサービスハウスである。ここには大きなデイ・センターが併設されていて、大食堂のほかに木工細工や織物などの部屋もあり、近くの高齢者たちが自由に出入りしている。このサービスハウスについては、後述する。

　グループ・ハウジングについては多少知識があったのだが、私がクリッパン市で初めて知ったのがトレッフプンクツなるものであった。これは日中だけオープンしている小規模のデイ・センターのことである。基本的には近くに居住する高齢者たちの溜まり場というか社交の場として設けられているが、利用者は高齢者と限定されているのではなく、子供たちが来ても良いし、地域の人たちが夜この場所で集まりをもってもよいことになっている。

　トレッフプンクツはどれも、同時に在宅訪問サービスのスタッフのオフィスも兼ねている。おもしろく思ったのは、トレッフプンクツの場所は賃借であるから、必要に応じてその場所を変えたり、あるいは、広くしていくことができるということであった。要するにこれは移動可能型小サテライトなのであり、そのカバーする範囲は狭くても良いのだが、小回りが利かなくてはならない。

　いろいろと楽しい想像をかきたててくれて、これを思い付いたのはきっと遊び心の豊かな人たちだろうと思えたのだが、考えて

みると、これはクリッパン市が行ってきたことの極めて自然な論理的帰結であることに気づく。施設収容型のケアを脱し、一方では緊急通報装置の設置や24時間体制の在宅サービスに力を注ぎながら、他方で比較的大きなデイ・センターを造りトランスポーテイション・サービスを提供することによりそこに地域高齢者を集めてくると、その次の段階としてもっと身近なところで社会的な交わりの機会を提供することと共に、在宅サービスのオフィスも距離的に近くにあることが必要になってくるからである。

したがって、地域ケア・システムの発展、成熟には段階的なプロセスがあるとも考えられるのであり、トレッフプンクツはその完成段階での課題と言っても良いように思われる。そして、トレッフプンクツに関しては、クリッパン市はスウェーデン全体でも先駆的な自治体なのである。

1つ例を挙げると、先に述べたグループ・ハウジングの近くにあるトレッフプンクツは同じアパート群の中にあり、子供のデイケア・センターと一緒に造られている。入口は別々なのだが中は空間的には2分されていて、上半分がガラスのドアで仕切られている。そして、このドアを通ってどちらからでも自由に行き来ができるようになっていた。子供のデイケアは朝6時半から夕方5時までオープンしていて、親はこの時間帯なら必要な時間だけ子供を預けられる。担当の職員は3名。子供は一日平均で現在15人、年齢幅は16か月から6歳までという話であった。一方、高齢者用のセクションは1日の利用者は多くて50人、少ない日で20人ぐらいという説明であった。昼食のサービスがあり、食堂には13人分の椅子があった。近くの高齢者たちは思い思いのときに来て、仲間と話したり、ゲームを楽しんだりしながらひとときを一緒に過ごしている。そうした中から子供たちに本を読んで

あげる高齢者が出てきたり、認知症の人が子供たちと一緒に歌を歌ったりするようになってきたという。また、高齢者たちの利用は昼間だけなので、夜には近くのアパートの住人たちが利用でき、とくに誕生パーティなどの場として若者たちに人気がある。

クリッパン市の場合、地道に築き上げてきた地域ケア・システムの延長線上で、高齢者と他世代との交流が現実に試みられるようになってきたのである。そしてそこには1つの逆説的展開があったはずで、心身の衰えた高齢者たちが施設に収容されていたときには高齢者たちも施設も特別な存在と見られ、他世代との交流も双方にとって心理的敷居が高く儀礼的になりやすかった。しかし、高齢者たちの多くが地域社会の中で、必要なサービスを受けながらにせよ、自然に生活するようになったとき、高齢者以外の人々の意識も解放されてきたからではないだろうか。世代の交流を働きかけるためには、交流する人々を特別視しているかぎり不可能なのである。高齢者という言葉を障害者と置き換えても同じであり、これがインテグレイションの意味であろう。

ただ、人間の意識とは簡単に変わるものではないし、世代の交流にしても意識が変わるのを待っていても実現するはずはない。つまり、これは相互的な問題なのであって、具体的な交流に参加することによって意識も変わり、意識の変化が交流に新たな意味なり動機を付与していくという展開になるだろう。とすれば、最初の課題はそうした具体的な動きをいかに引き起こすかとなる。そこで重要なことは現実的な必要性、参加する人たちにとってのメリットである。

クリッパン市にしても、十分な準備と研究をした上で実行に移している。例えば、地区住民の図書館の利用可能性をある程度正確に把握したうえで高齢者施設と図書館を併設することにし

ていたし、また、子供のデイケア・センターとトレッフプンクツの併設の背景には、女性の就労率が高いために子供のケアが重要な課題となっていて、事実市の社会福祉サービスの３本柱のひとつにまでなっているという事情がある。換言すると、両方の機能を緩やかに重ね、それぞれに独立した活動をさせておいて、その中から世代の交流が自然に始まるのを待っている。それが、上半分をガラスにしたドアの意味なのである。

　この関連で、オーランド教授とクリッパン市の関係について触れておこう。すでに明らかなようにクリッパン市は高齢者のケアに関していろいろと先駆的な取組みをしてきたのだが、その節目節目でオーランド教授をリーダーとするルンド大学の研究者たちが重要な働きをしてきている。サービスハウスがオープンしたあとの利用状況についての調査や緊急通報装置の利用可能性についての調査、あるいは、認知症の高齢者用のグループ・ハウジングを新規につくるに当っての調査など、言わば市のパートナーとしてなくてはならない役割を担ってきた。教授が所属しているのはルンド大学建築学部（School of Architecture）の建築機能分析学科（Deperment of Building Function Analysis）であるから、当然のこと建築面での助言も大きい。

　例えば、トレッフプンクツと子供のデイケア・センターの併設の場合でも市は教授のグループに調査を依頼し、その結果を活かしている。入り口を別々にしてそれぞれに独立した機能を持たせながら、中に自由に行き来できるドアを作り、高齢者たちが子供側の動きを観察できるように、しかし子供側からは見えない高さで、上半分をガラスにしたのである。高齢者と子供がいつも一緒に混ざっているのは双方にとって心理的負担になることを知ったからであり、時間はかかっても自然に行き来が始まるのを期待

したのである。
　また、教授たちは調査の結果を非常にていねいに市のスタッフに説明している。調査報告をするといったレベルをはるかに越えて、文字通り何日もかけてスタッフが理解するまで説明するのである。逆に言えば、市の人たちは必要な知識が何であるのか熟知しているがゆえに、本気で理解しようとする。調査の方法論についてはアメリカの研究ほど技術的に高度ではないのだが、市の担当者たちが必要とする知識を調査によって収集し、それを確実に伝えていくという点において、私はアメリカでは学べなかった研究者の役割を彼らの中に見た気がした。
　教授たちの関わりには、さらに奥があった。彼はクリッパンで合計6回、時間にして24時間に及ぶミーティングを組織し、そこに市の関係者や高齢者を含めた一般市民に出席してもらい、協力体制に向けてのサークルを作った。そのうちの1回は、医療を担当する県の責任者をスピーカーにしている。これなどはかなり重要な仕掛けであった。市と県との連携の悪さはスウェーデンの抱える深刻な問題の1つであり、それはクリッパン市においてすら市側の出席者はこのスピーカーの名前は皆知っていたが個人的にはそれまで知らなかったというほどである。つまり、教授たちのサークル作りには、研究者の姿を前面に出しながらこうした官僚制の問題を、直接的な人間関係に引き込むことで打開していこうとする意図もあると私は感じた。スウェーデンの研究者はなかなか政治的でもあるのである。

　◎実践を支えてきた言葉
　先に述べたように、クリッパン市全体の拠点施設は中心部クリッパン地区にあるサービスハウスである。5階建ての中に40戸

のサービス・フラットが入っている。私が訪れたとき、開設後9年目であった。平均年齢は83歳。ほとんどが女性である。車椅子を常時利用している人が14人いる。

　サービスハウスにはクリッパン市では最大のデイセンターが併設されていて、カフェテリア・スタイルの大食堂を始め木工室や織物・手芸室、その他ミーティング・ルームなどが用意されている。近隣地域の高齢者たちとサービスハウスの入居者たちが一緒にこれらの共用施設を利用している。さらに、ここにはクリッパン市の在宅サービスの拠点オフィスが置かれている。

　これら全部の責任者がハータさんという女性であった。彼女はこの施設がオープンしたときからの施設長で、クリッパン市の福祉サービスに最も精通している人である。精神科のナースとしてのキャリアが長いのだが、クリッパン市が新しい試みを始めるに当って三顧の礼で迎えた人である。私が会ったのは、彼女があと2か月ほどでリタイアするときであった。

　実は彼女こそ、オーランド教授と協力してクリッパン市のケアサービス・システムを築き上げてきた中心者であった。彼女とはゆっくり話す機会があったのだが、以下その要点に絞って、一問一答形式でまとめてみたい。私の質問は、言うまでもなく、日本での経験に基づいている。彼女の言葉は、長い年数にわたって実践を支えてきた言葉であり、それゆえに非常に重い意味をもっている。しかもリタイアを間近に控えた彼女の言葉は、限りなく純化されているように思えた。

問　あなたとスタッフとの関係は。
答　スタッフはグループ単位で動いているので、自分は基本的にそれぞれのグループに任せている。仕事の仕方も各グルー

プで話し合って決める。自分は多くの場合聞き役になっている。ただ、彼女たちが対応し切れない問題に対しては自分も手伝う。自分の方針は、問題があってもスタッフが相談してくるまで待つこと。すべてそこから始まる。その場合でも自分が直接介入するよりは、担当のスタッフが対応していけるように援助するようにしている。

問　スタッフはどんな人たちか。

答　2つのタイプに分かれていて高校を卒業して就職してくるグループと中年の女性のグループ。後者は12時間の研修を受ける。彼女たちは仕事を通して学んでいるから、ソーシャル・ワーカーよりも高齢者たちの問題に上手に対応できるようになっている。高齢者たちも毎日の生活にいなくてはならない人としてスタッフを見ているから、つまり、それだけの関係を築いているから、いろいろな問題を解決していける。今ではむずかしい問題をもった高齢者が来ると、ごく自然に「これはやりがいがある人だ」と受け止めるようになった。病院を退院してサービスハウスに入って来る人の中には、病院のスタッフが諦めていたことがここに来て生活を始めるとできるようになるケースが非常に多い。ただ、スタッフの確保はなかなかむずかしいのは事実で、年齢の高いスタッフが多くなっていくと思う。

問　グループ・リーダーは、どのように決めているのか。

答　教育歴よりは、この仕事への関心の強い人がよい。グループの中で話し合って決める場合もある。グループ・リーダーたちと自分は毎朝少し早く出勤して、前日からの情報を共有し、その日の全体の業務について確認している。

問　勤務表はどのように作っているのか。

答　自分とグループ・リーダーたち、それに彼らの所属する労働組合の人間が加わって、グループごとに6週間単位で決めている。

問　サービスハウスのスタッフとホームヘルプ（在宅サービス）のスタッフはローテーションしているのか。

答　それは、方針としていない。サービスを受ける高齢者にとっての継続性を最優先しているから、できるだけ同じスタッフが関わるようにしている。在宅の高齢者が1日数回の訪問を必要とする場合は同じスタッフがその都度行くわけにはいかないが、1週間に3回程度の訪問なら同じ人間が行くようにする。そうすれば、個人的な人間関係、friendship が生まれやすくなる。なぜローテーションによってその可能性を潰してしまうのか。仮にその関係に問題があったなら、自分は担当のスタッフを変えることでうまく対処できる。

問　そうした関係がスタッフにとって逆に重荷にならないか。

答　まずない。その種のことは、9年やってきて2度しかなかった。その都度自分も加わって、問題について3人でじっくり話し合った。ともかく、なにか問題があるときは、関係者と自分とでお互いが了解できるまで徹底して話すことにしている。

問　サービスハウスの入居者は ADL に問題をもつ人が少なくないが、なぜここの食堂では、昼食しか出さないのか。

答　朝昼夜と3食ともここで出したのでは、この場所が収容施設になってしまう。どんな人でも朝と夜は自分の部屋で、自分ですべきである。それができない人には、スタッフが訪室してその人ところで準備するようにしている。

問　食堂の席は決まっているのか。

答 自然に一定のパターンで落ち着くものである。家族なり友達が来たりしてその人の隣に座ったりしたときには、いつもの席がなくなった人は空いている席に行く。席をめぐる口論はない。皆ここがパブリックな場所であることを知っているから。ただ、アルコール依存癖などがあって評判の良くない人が入ってきたとき、だいたいほかの人たちはその人について知っているから一緒のテーブルに付きたがらない。「あんな人がここに来てもよいのか」といった態度を取ったりする。そういう場合、自分が一緒のテーブルで食事をとることによりその人の存在を公認するようにしている。

問 サービスハウスの入居者で一階の共用部分の活動に参加しようとしない人はいないのか。あるいは、自力で動けるにもかかわらず部屋に居続ける人に対してはどんな方法で誘い出すようにしているのか。

答 そうした人は、今はだれもいない。下でいろいろなアクティビティのプログラムのあることは新聞にも載っているし、ここのオフィスにも掲示してある。だから知らない人はいないはずである。出てこない人を個別に誘い出すことはしていない。なぜなら、それでも参加しない人はここに来るべき人ではなかったからである。本人の意思ではなく、家族の勧めなどで納得しないままに入ってきた人だけがそうなる。自分から参加しない人は、ここにいたくない人、あるいは、ここにいることをまだ納得していない人である。ここは単にケア・サービスを受けられる、安全のためだけの場所ではない。

問 それでも落ちこぼれていく人に対しては。

答 No solution. You can't make everybody happy.

問 入って後悔した人は。

答　入ることの意味を本人がよく理解することが大事。このサービスハウスを始めたとき、自分たちもあまり上手ではなかった。こうしたことはいろいろな試行錯誤を経て、だんだん分かってきたことである。

問　サービスハウスへの入居はだれが決めるのか。

答　空室が出たときには、自分とグループ・リーダー、それに市の担当者も加わった7人の委員会で決めることになっている。ウェイティング・リストは作っていない。作る必要がない。在宅サービスのネットワークがあるから優先順位の高い人は常に把握しているからである。何人かの候補者を2〜3人に絞り込むまではたいていスムーズにいくが、その中から1人を選ぶのはむずかしい場合が多い。普通、自分が個別に訪問し、本人の意思を確かめる。医師なり家族が本人の意思に反して勧めているケースは断るようにしている。時間が必要なときには、本人が意思決定できるまで待つ。これまでの経験からこの点が非常に重要であることを学んだ。入居してからその人の生活への姿勢が決定的に違ってくるから。それと、本人の自己負担能力は入居の決定に関してはまったく関係ない。お金のない人には別のシステムがあるからニードによってのみ決定することができる。

問　入居者が決まると、どうするのか。

答　スタッフを1人連れて、その人の家を訪ねる。このとき同行するスタッフが入居後主にその人のケアに当る。そして、それまでどんな生活をしていたのか、仕事はなにをしてきたのか、日常生活上の問題はなにか、在宅サービスはなにを受けていたのか、本人はなにを希望しているのか、子供は何人でどこに住んでいるのかといった入居前の様子や生活状

態を本人から直接聞く。

問 候補に残りながら入居できなかった人は。同じ程度にニーズはあるとしたら、不公平感が残らないか。

答 いずれにしても、ある限定された枠の中での合意の問題である。例えば、3人が入居を希望してもひとりを選ばなくてはならない。他の2人にはノーと言うしかない。決定に不服の人は申し立てができるように制度が用意されていて、その場合、当局は調査することになっているから自分たちの責任は重い。しかし、断ったふたりに対しては緊急通報装置を利用してもらったり、24時間体制の在宅サービスなどを組み合わせてできる限りの援助体制を取るようにしている。自分にはいくつものカードがあるから、サービスハウスに入居できるか否かによって現実的にそれほどの差が生じないように努力する。

問 自己決定の原則を尊重しているが、実際にサービスが始まっていったときに本人の希望とあなた方の判断とが食い違う場合はどうするのか。

答 そうしたケースがないわけではない。ただ、合意は現実的に可能であり、要はそこまで粘り強くこちら側が話していけるか否かの問題である。話すということは、相手の言うことによく耳を傾けるという意味である（listen to them carefully）。合意に至る過程で自分としてはいろいろなレベルで高齢者たちに対してノーと言わなくてはならないことが多い。しかし、そうしたときノーという返事が高齢者たちにとって励ましになるように伝える。自分の判断の結果に対して家族が叫んで抗議することもあれば、高齢者の死が早まることも起こり得る。

問　家族とはどのようにコミュニケーションをとっているのか。

答　サービスハウスへの入居を例にとると、入居前の訪問時に家族のだれかに同席してもらう。とくに、一番近い家族にお願いしている。その高齢者の家族関係を理解することと、将来の連絡のためにもこのとき家族と会っておくことが大事である。このときの会い方が重要で、「お母さんになにか変化があったときには、必ずあなたに一番に連絡しましょう」と伝えておく。また、ターミナルな段階になったら子供たちや親族ができるだけ一緒にいられるように配慮する。ただ、こうした対応をしても中には不平を言う人もいる。

問　遺産がらみの家族問題はないか。

答　直接的にはない。それはその家族の問題である。ここで入居者が亡くなると、法的手続きが済むまではその人の部屋に鍵を掛けだれも入れない。そうしないとなにかあったとき、サービスハウスが責任を問われる。

問　最後に、この9年間を振り返って、今どんな印象をもっているか。

答　9年前にはこのサービスハウスだけで始まった。その後ここがクリッパン市全体の中心基地になっていった。この過程で、スタッフがこの仕事に関心をもつようになった。ここは新しい試みとして始まり、市の高齢者たちの期待が最初から高かったのがよかったと思う。スタッフも listen to the elderly を心掛けてきた。自分の考えは最初から、ここを収容施設にしないこと、ここは居住する高齢者たちが like to have their own lives の場所、つまり、生活を楽しむ場所であると同時に、外の人も自由に来れる場所でなくてはならないと考えてきた。そして、話し合いを積み重ねながら、合意と相互

の連携によってこうした方向が全員のものとして定着してきた。例えば、認知症の高齢者に対しては、当初多くのスタッフはここではケアは無理だと考えていたのだが、とにかくできるところまでここで受け入れてやってみようと自分が提案して、まず実践から入っていった。現在このサービスハウスには認知症の人が5人程生活している。毎日午前と午後、1人のスタッフがついて彼らと一緒のセッションをもっている。始めは渋っていたスタッフも実際に彼らをケアしてきて、今ではかなり要介護の高齢者でも対応できるようになっている。

　紙幅の関係で無理に要約せざるを得なかったり、彼女が話してくれた具体例を十分盛り込む余裕がなかったのだが、彼女の考え方のエッセンスは紹介できたのではないかと思う。彼女との会話から私が感じたことを、少し述べてみたい。
　まず第1に、仕事に対する情熱と責任感であった。話していても気迫が伝わってくるから、聞く方としても一言も聞き漏らすまいという気になる。それでいて肩に力が入った無理さがあるわけではない。その人の考えが長い実践の中で確たるものになってきたという意味での自然さがあった。おそらく、精神科のナースとして長く働いてきたことが背景にあるのだろうが、彼女は徹底してサービスハウスが収容施設にならないように努力してきたのであり、この点に関する限りまったく妥協していない。あくまで生活の場所と考えて来たのである。
　第2に、非常に優しい人である。こう言うと奇異に思われるかもしれない。先に見た彼女の発言は、むしろ反対の印象を与えるようでもある。言葉面だけを見ると、確かに厳しいことを言って

いる。しかし、私は、その厳しさこそが彼女が限りなく優しい人であることをものがたっていると理解した。たとえサービスを受けなくてはならない心身状態であっても、人は自らの生活に関しては主体者で在り続ける以外に生きていくことはできないのである。サービスさえ提供されれば、生かされることは可能である。だが、一見同じに見えても、自分の生活に対して主体者であることと生かされることとは本質的にまったく別のことである。サービスを提供するのはその現実的な必要性に対してと言うよりも、主体者で在り続けられるためになされているのである。だから、援助を受けつつも自分の生活に対して責任を負おうとしない人は、たとえ高齢者であっても、No solution としか言いようがないはずである。

　最後に、ケア関係の方法論と言うか、コミュニケーションを絶対諦めない姿勢、どこまでも合意をめざして努力していく粘り強さであった。Listen to them の姿勢を貫いていた。しかも、9年間という時間の中でそれを若い世代の職員たちに教えてきたのである。言い換えると、彼女たちには「問答無用」がないのであり、その選択肢の行使を自らに対して禁じているのである。職業としてのケアの倫理性はこの点に集約されていると言ってもよい。高齢者たちの人格と意思を尊重し、彼らとのケアを媒介とした関係に可能性を信じているからであり、そうした彼女たちの姿勢が高齢者たちの残存能力、すなわち、生きていく力を絶えず刺激し続けていくのである。

◎森の中の一軒家とトトロの猫バス
　クリッパン市を最後に訪れた日の帰り道、オーランド教授は私を森の中の一軒家に住む老女のところに連れていってくれた。で

かける前に、サービスハウスのオフィスにいた在宅サービスのスタッフに地図を書いてもらう。彼女は場所が頭に入っているとみえて、重要な目印の付いた地図をささっと書いてくれた。そのときはごく当然のことと思ったのだが、実際行ってみるとこの老女の家は非常に分かりにくく、入り組んだ名もない田舎道を行かなくてはならなかった。むろん街路灯などない地域だから、イブニング・パトロールやナイト・パトロールのように暗闇の中を行くのは地元の人間であっても大変ではないかと思われた。

　教授の車でサービスハウスを後にしたのが、午後3時45分頃であったろうか。19号線をしばらく走り、ユングビーヘッド地区を越えた先で108号線に入りルンドの方向に車を進める。そこまでは簡単であった。その後、車線のない道を森に向かってかなり走り、第1番目の目印である教会を通り過ぎ、次の目印であるもう1つの教会をめざして進む。途中、川が右手に出てくる。日本で見慣れている川と異なり、川には河原というものがなく水際ぎりぎりまで木や草が生えていて、森の低いところを突然水が流れているといった感じである。

　草の部分はすでに枯れて茶色になっている。曇天の日であった上、時間的にも夕暮れが始まる頃であったから、川岸の奥は枯れ草の色と重なって見えた。しばらくして2番目の教会の横に出る。この辺りに食料品や雑貨を取り扱う小さな店があり、後に述べるようにこの店の人が、老女宅まで品物を配達している。この教会の前で左折し、今度はさらに、車1台がやっとという狭い山道をどんどん入っていく。教授の話では、ここからあと5キロ弱だという。クリークのそばに出たり、低い石詰みの境界線に囲まれた畑をそこここに見ながら奥へと入って行った。車にも出会わなければ、人影も見えない。生き物で目に入ったのは、数頭の羊

だけであった。

　こうして辿り着いた老女の家は、道端近くにあったものの、森と、山の中にかろうじて作ったという感じの畑との境目に建っていた。この先に人家があるとは思えないようなところであり、一番奥まった入植地という印象を受けた。なんとも小さな家である。そのそばに、小さな小屋が3つ寄り添うように並んでいる。車から降りると、やや下り傾斜になった畑のずっと先にかすかに明りが見えた。そこが一番近い人家だという。400～500メートルは離れている。

　教授にとっても慣れない道だったので、結局30分ぐらいかかったことになる。車を降りて玄関に近付いたとき、突然家の中から黒っぽい色をした猫が走り出て森の中に散った。全部で7匹。

　玄関に出てきたこの家の主は、表情がこわばっていて私たちの訪問に非常に警戒的であった。サービスハウスから事前に我々が訪問して良いかどうか電話で打診し、構わないという返事をしたことも明らかに忘れている。教授がそのことを彼女に確認すると、人が来るのは知っているが何のために来るのか聞かされていないと言う。そこで、教授が私のことを説明すると、途中で遮り、以前に日本人で本を売り付けにきた人間がいた（?!）が私もその類いかと詰問調で聞いてきた。教授はていねいに私のことを話すのだが、見慣れない東洋人を前にしているせいか、やり取りが進むにつれて彼女は益々疑い深くなっていった。そこで教授は話題を自分の方に切り替え、2年前に緊急通報装置のことで、ここであなたにインタビューしたのだが覚えているかどうか尋ねた。幸い、彼女は覚えていて、あなたが一緒なら入って良いということになった。

　玄関を入るとすぐ左手に猫用の木箱が4つ並んであり、その

中に白っぽい色のが1匹くるまっていた。私が撫でようと手を出すと、キッとして身構えた。主を守ろうとしているのか猫まで警戒的である。

　家は古くて狭い。サービスハウスを見てきた後では、狭さもさることながら天井の低さが強烈に印象に残った。がっしりとしたやや大きめの木製のテーブルのある、食堂兼リビングルームと思われる部屋で話したのだが、室内は装飾も含めて綺麗に片付いており1人暮らしが問題という感じは受けなかった。森に面した側に窓があり、それ以外の壁には男の子と女の子の肖像画や風景画が掛けられていて、どちらも古ぼけている。また、絵皿が15個円形に飾られてもいた。古いたんすの上にはまだ使われていないローソクがたくさんアクセサリーとして並べられていたり、陶器製の小さな猫の置物があった。カーペットは、クラシック調の模様で目立った汚れも見当らない。そして、テーブルの上の天井からローソク台が吊られていて、未使用のローソクが4本立っている。さすがに今では電気がきているが、おそらく昔はこうして明りをとっていたのではないかと思われた。そこここには花も飾ってあったが、すべて造花であった。

　人間が3〜4人もいれば部屋いっぱいという狭さであった。彼女は私たちをテーブルの一方に並んで座らせ、自分は向かい側で、テーブルに片手を置き終始立ったままで話し続けた。

　小柄な人であった。えび茶色のズボンに小豆色のタートルネックの薄いセーター、それにブルーの靴下という身なりで、白髪の髪は短く小綺麗にまとめられていた。腕には時計型の緊急通報装置を付けている。しかし、左目はほとんど見えない。頭痛が慢性的にあり、頭の状態は not good であるという。そして、someone is talking to me all the time、つまり、頭の中で誰かがいつも話

しかけているという。

　とにかくまくし立てるような勢いで、自分で一方的にどんどん話し続ける。当然私は教授に通訳してもらわなくてはならなかったのだが、彼女はその余裕もくれないし、私からの質問の間もくれない。そんなこともあって教授は、彼女の話を聞きながら英語に訳し、私の質問を聞きながらタイミングをみて彼女に尋ねるといった一種のアクロバットを約30分にわたって演じざるを得なくなった。おそらく私が理解できたのは彼女の話の一部でしかなかったのだが、ともかく聞けた話は次のようなものであった。

　年齢は83歳。3歳のときからこの家に住んでいる（実際には結婚してから）。教授が83歳にしてはとても元気そうでしっかりしていると言うと、「そんなことはない。あなただって83になったら分かるよ。あまり長く生きてもしょうがない」と答える。1年に1回外のトイレに汲み取り車が来るのだが、それがちょうど先週の金曜日だった。それでタンクの蓋の回りを片付けたのだが、その後背中が痛くて良く眠れなくなったと付け加える。ホームヘルプは受けているのかと聞くと、かなり強い口調で of couese, not と答えたが、無論、実際には受けている。緊急通報装置の使い方は知っているかという質問には、「怪しい人間が来たときに、これを使うつもり。そうすると直ぐに警察に連絡がいく。銃もこの家に置いてあるし、まだ自分でも射てる」と、こちらに対する警戒感が前面に出る。助けを呼ぶためにこれを使ったことはまだ1度もないという返事であったが、いずれにしてもこれを押すと誰かが直ぐに来てくれることは理解している。

　ここで彼女は突然教授に向かって、「2年前に会ったときにはこんなに太っていなくていい男だったが、今は too fat だ」と戒める。2年前も同じだったはずだが、後半のコメントは適確であ

る。

　日常の買い物などはどうしているのかと尋ねると、「毎週金曜日に近くの店（先に述べた教会のそばにある）の人が配達してくれる。今日がその日なのであなたたちの車が来たときにはその車かと思った。昨日電話で欲しいものを頼んでおいた」と話す。食事に話を向けると、昼食の配食サービスを受けているとのこと。だが、1回分の量が多いので今は2日に1回にしてもらい、1回分を2日で食べている。年を取るとそんなには食べられないと言う。話し相手がいないのではと聞くと、（約40キロ離れた街にいる）娘が毎日夕方6時に電話してくるし、（マルメの先のランスクローネに住んでいる）息子が日曜日の度にここに来る。もう1人の息子はデンマークにいるという答え。夫は8年前に亡くなった。

　ここでまた、突然教授に向かって、通訳をしてあげて私から金をもらっているのかと聞く。教授が笑いながら否定すると、前の話題に戻り、「夫は一生森で働いたが、78歳になる少し前にがんで死んだ。がんは30年前に分かっていたが医者嫌いでずっとかからないでいたから、死んだときにもっと早く診てもらった方がよかったと医師から言われた」と言い、「今は、何から何まで自分でしている。息子が来るけどコーヒーを飲みにくるようなもので not for helping。この間義理の息子が娘と一緒に来て、冬用に猫小屋を庭に作っていった」と続ける。隣はどこになるのかという問いには、「近くに農家が1軒ある。子供たちを別にすれば、だれも訪ねてこないし、自分も年を取ったので出掛けられなくなった。この辺りでは自分が一番の年寄りになってしまった。時々は子供たちの家に遊びに行く。子供たちはもっと来るように言うが自分はずっとここにいたい。今こうしていられるだけでもあり

がたい」という答えが返ってきた。

　直接話せないもどかしさを感じながら窓越しに森を見ると、薄暗くなった中で木々の枝が大きく揺らいでいた。かなり強い風になったようであった。文字通り木立ちを揺るがすといった風で、寒々しく荒涼とした感じになってくる。しかし、彼女にとってはこれもごくありふれた日常のひとこまであろうし、今はまだ秋の終りか冬のほんの始まりなのだが、ふと、厳しい冬になるとどんな感じかを考えざるを得なかった。彼女もまた、薄暗くなったにもかかわらず、電気をつけなかった。

　ふと気付くと、彼女と教授の話題は猫になっていた。現在総勢21匹いるという。1か月にキャット・フードで70クローネ（約1700円）もかかってしまう。自分でも少しかけすぎだと思っているが、森の中から集まってきていつのまにかこんなに増えてしまった。毎朝缶詰を2つ開け、パンに混ぜて餌にする。小さいときから猫は大好きであった。この間までは1匹犬も飼っていたが、病気になったので安楽死させてもらった。その前の晩は犬と一緒に寝たが、全然眠れなかった。今日もずっとこの犬のことを考えていたと話す。

　彼女の表情からはすでに警戒感は消え、依然として立ったままではあったが、打ち解けた感じになっていた。記念に写真をとってもよいか聞くと、髪に手をやりながら「ダメ、ダメ。ちゃんとした格好をしてないから。こんなお婆さんをとるよりも young girls をとりなさい」と言われる。そして、コーヒーを出そうとしてくれたが、そろそろ失礼すべき時間になっていたので遠慮する。

　外に出ると強い風がまともに吹き付け、寒さで身が縮こまる。もうずいぶん暗くなっていたが、せめて外からでも写真が取れな

いものかと車の中からカメラを取り出そうとしながら玄関を見ると、玄関ドアの小さなガラス枠越しに、ちょうど彼女の顔がすっぽり入る形で、こちらをじっと見ているのに気付いた。余計な心配をさせてはいけないと思い、写真は断念することにした。

言うまでもなく、こうした条件の元でのやりとりでは細かな事実関係までは分からないし、頭の中でだれかがいつも話しかけているという83歳の彼女の記憶や理解も、正直なところどこまでが本当なのか判断しがたい部分もある。森の中の一軒家での1人暮らしがそろそろ限界点に近付いているのも確かであろう。しかしそれでいて、不思議なくらいにしっかりしているという印象をこちらに与えた。彼女の姿を抜きにしては、ジグソーパズルの絵が完成しないような感じと言えばよいだろうか。

あるいは、他人から見て不便で寂しい環境であっても住人が老い衰えたとき、それも身体的というよりはとくに精神的に衰えたとき、長年付き合ってきた環境が逆に手を差し伸べてきてくれるような感じでもあった。つまり、この家を中心とした小さなスペースが彼女の日常生活の舞台であり、そこにいる限りはまだかなりの事柄をコントロールできている風にも思えた。

おそらく彼女は社会サービス法のことも知らないであろうし、その中に自己決定の原則が謳われていることなど知る由もないであろう。彼女にとっては、知る必要などないのである。ここでの生活が自分の生き方そのものであり、森の中で21匹の猫たちとの共同生活で十分満足しているのであろう。

そして、子供たちは子供たちで母親のためにそれぞれ自分にできる役割を引き受けている。毎夕電話をしてくる娘だけでなく、コーヒーを飲みに来るだけだと言われた息子もまた母親を案じて、やはり定期的にここまで出掛けてくるのである。すでに欧

米各国の社会老年学が実証的に明らかにしてきたように、社会サービスが整備されても家族の絆が質的に変わることはないのである。むしろ家族の絆の美名のもとで老親のケアが子供世代の義務と化したときの方が、老親の生活破綻の可能性が高くなってしまう。なぜなら、第二節2-1でベァナドッテゴーの施設長が家族について語っていたように個人主義がそれなりに成熟した社会にあっては、人が全的に担い得る他者への責任はどうしても限られてくるからであり、そこでの優先順位は配偶者と自分の子供たちの養育、つまり、同世代と次の世代への責任に置かれていくからである。このように述べると、親不孝の論理ではないかといった類いの批判が嘆きと共に発せられるのだが、私は逆にこの点が理解できない立場こそ親不孝以外のなにものでもないと思っている。同世代と次世代への責任を担えない人間には老親のケアは本質的にできないのでないだろうか。

そして、この点が理解できれば、日常生活への援助である社会サービスの整備がなぜ必要なのかについて社会的合意を得ることができるはずである。家族という独特の人間の関係に信頼さえあれば、老親のケアに関し道徳的なメッセージはなんら必要ではない。先述したように、社会サービスが充実されていっても家族の人間関係が質的に変わることはないのであって、そこでの課題は、家族の役割と社会化された援助機能との新たな関係の在り方の構築ということになる。

そしてそのためには、自らの世代的責任の自覚化を基礎に議論を始めればよいのである。ここで取り上げた老女は、ホームヘルプ・サービスを受けていた。本人の弁では昼食サービスということであった。家の中の様子から判断する限り、娘なのかヘルパーたちなのかは分からないが、時々にせよ人手が入っているよう

にも思えた。人里はなれた彼女のようなところでも、必要と判断すれば訪問サービスが提供されるのであり、こうしたケースはクリッパン市では他にもあるだろうから、冬は雪と氷の中を、そして季節によっては野うさぎやリスがヘッドライトの前を横切る中、20〜30分もかけてサービス・チームの若い女性が2人1組で出動していく。

　オーランド教授からの最近の手紙によると、教授は市当局と協力して森の中に小規模の共同住宅兼デイセンターを造る計画に着手したそうである。人里離れたところに住んでいる高齢者たちのデイケアのためと、いずれ自分の家で暮らすのが限界になったとき街の中のサービスハウスではなく居住環境があまり変わらないところで生活できるようにという考えから構想されたということである。

　もうしばらくすれば、トトロの猫バスよろしくクリッパンの森の中をバスが巡回し始めるであろう。認知症高齢者と呼ばれる人々も、このバスに乗ればただの1人の高齢者にしか見えないはずであるし、21匹の猫を友とし頭の中でだれかがいつもささやいているという83歳のおばあさん以上に乗客として相応しい人はいないだろう。

第3節　平和と福祉の関係

3-1　レジスタンスと老い
◎**強制収容所からの救出と2001年の意味**
　第二節2-1で述べたベアナドッテゴーでもらったパンフレットは、高齢者ケア施設のパンフレットとしては不思議なものであっ

(Bernadotte gården, p.10)

た。A5判サイズで20ページほどの小さなものなのだが、そのうちの8ページには奇妙な油絵が合計で9枚、カラーで印刷されている。これらの絵の芸術的価値に関しては判断がつかないのだが、最初に見たときなんとも不思議な絵ばかりだなと感じた。

　絵柄はどれも抽象的というのか、超現実的と受け取った方がいいのか分からないが、9枚の絵に共通したイメージは光（明り）と影（闇）のコントラストと解釈でき、基調は影と闇の方にあるように思える。また、油絵具をたっぷりと使った部分からは絵具が滴のように幾筋かに分かれて垂れ落ちている（上の絵、参照）。それが「熔けている」という印象を与えるのである。熔けているのは太陽のようなものであったり人間であったりするのだが、異様というか、異様という表現が強すぎるなら少なくとも不思議と

しか言いようのない油絵なのである。

　これらの絵がどのような意図のもとにパンフレットに含まれているのかは訪問時に聞きそびれてしまったが、同じページに2～3行ずつ印刷されている施設の方針は明るい内容であるから、闇や熔けるといった暗い印象を受ける必要はないのかもしれない。私が知らないだけで、このようなパンフレットは北欧やヨーロッパの高齢者施設では珍しくないのかもしれない。

　ただ、私はアメリカの高齢者施設は比較的多く訪問しているが、ベアナドッテゴーのようなパンフレットに出くわした経験はない。また、スウェーデンでも当然いくつかの施設を訪れたが、やはりこのようなパンフレットではなかった。

　今思い返してみると、パンフレットから受けた第一印象は黙示的だったように思えるのだが、実は、ベアナドッテゴーは単なる高齢者ケア施設ではなかったのである。

　この施設は1976年8月29日にオープンしたのだが、その設立と運営にはロスキレ市当局の他にひとつの民間組織が深く関与している。英語で The Association of Danish Prisoners from the Resistance Movement, 1940-1945 と表記されている団体である。デンマークは第2次大戦中ナチス・ドイツに占領されたのだが、1940年から1945年までの間、対ナチスのレジスタンス運動に参加し、ナチスに捕えられ強制収容所に送られたデンマーク人のうち後に救出された人々が戦後組織してきた団体である。

　ベアナドッテゴーは、したがって、かつてレジスタンス運動に身を投じ、今や年老いてケアを必要とするようになった人々を主な対象とする施設なのである。この団体がナーシングホーム部門とシェルタードホーム部門のそれぞれ約半分に当る合計30室を確保し、残りはロスキレ市にその使用が任されている。団体はこ

の30室を開設後25年間保証されており、それ以降は全室ロスキレ市の管轄に入るという取り決めになっている。つまり、始めの25年間は、ベアナドッテゴーは民間の独立した施設であって、その後にロスキレ市営の施設となる。

　開設後25年というと2001年に当る。おそらくその頃にはレジスタンス参加者はすべて死に絶えているという現実的判断に基づいているのであろう。

　ベアナドッテゴーという施設名は、強制収容所からデンマーク人を救出したベアナドッテ伯爵にちなんで付けられた。ナチスの攻撃を避けるために輸送には白く塗ったバス（White Bus）が用いられたそうで、デンマークの人々でこの話を知らない人はいないほど有名であり、また、歴史教育にも白いバスのことは取り入れられているという。

　施設の建設には2800万デンマーク・クローネかかったが、その費用は伯爵を記念して設立されたベアナドッテ財団が中心になり寄付でまかなわれた。この財団自体も175万デンマーク・クローネを寄付している。

　施設長の説明を聞きながら、私はごく自然に伯爵はデンマーク人だと思っていた。ここはデンマークであるし他国の人だという話はまったくなかったからである。もっともこれは彼に特別の意図があったためではなく、ヨーロッパ、とりわけスカンジナビアの人々には自明のことだったからであろう。

　ところが、伯爵が実はスウェーデン人であり救出もスウェーデンを経由してのことだったのを、私はスウェーデン滞在中に書物を通して偶然知ったのである。

　ベアナドッテゴー設立の経緯を教えられたとき私が思ったのは、デンマークの人々にとっての戦後の意味であり、歴史への責

任の問題であった。第2次大戦の後デンマークではレジスタンスに参加した人々が自由結社を組織し、社会的活動を続けていることの意味を考えた。活動の詳細は知らないし、またこうした組織は他のヨーロッパ諸国においても当然存在しているであろうが、そのときには、社会のさまざまなところでただの一市民として生活しつつも、同時に、自由意思により結社を組織しファシズム化との絶えざる戦いを今日に至るまで静かに続けて来ている人々を想像した。

　そうした人々が生きている限り戦後は続くはずであるが、今や彼らの多くが老いを迎えようとしている。年老いたレジスタンス参加者のためにケア施設を用意することは、歴史への責任を具体的に表現したものである。だが、より深刻なのはレジスタンス参加者が老死していく中で歴史をいかに伝え続けていくのかという問題であろう。

　しかし、この問題は体験世代の老死によって非連続化されると考える必要はないのかもしれない。なぜなら、彼らが戦後をいかに生きたか、さまざまな活動を通して何を伝えようとしたか、換言すると、歴史に対してどのような責任の負い方を実践したかによって、彼らが死に絶えた後も次の世代にその意味は継承されていくと考えられるからである。したがって、ベアナドッテゴー開設後25年目、2001年までの時間はとくに重要となるはずである。

　デンマークでは戦後まもない1947年に「ナチズムと闘った人々は決して忘れ去られることがあってはならない」という序文で始まる法律が制定され、国としてもレジスタンス参加者への援助を行っている。

◎対立、排除からの共存の思想へ

　侵略して敗れた国と侵略されて守ろうとした国とでは、仮に失った命と流した血の量が同じであったとしても、その後における国家と国民の関係は本質的に違ったものとなろう。つまり、国家という形態の共同体について言えば、奪おうとした側と守ろうとした側とでは戦の後に志向する国家像がイデオロギーとは別の次元で異なるのではないか。守ろうとした側の体験世代の役割とは、観念としてではなく生身の人間の恐怖や勇気とともに新しい国家像を次世代に教えること、すなわち、ギリギリの状況において"なすべきこと"を伝える点にあろう。

　対照的に、奪おうとした側の体験世代は"してはならないこと"を次の世代に教えなくてはならないだろう。奪おうとして敗れた側はその立場ゆえに、より重い意味を背負いつつ新たな国家像を模索しなくてはならない。

　だが、奪うにせよ守るにせよ、その対象は一体何であったのか。現象的には国家となるのだが、国家の存在をアプリオリに想定したのではこの対象は分からない。むしろ、普通の人々の普通の生活が営まれる母体としての共同体と考えるべきであり、この視点に立つことによって国家なるものの人為性と、それが常に人々の不安を再生産し外に敵を求める装置であることを意識化し得るのである。共同体を普通の人々の生活母体と理解することによって初めて、奪おうとした側と守ろうとした側の次の世代が、それぞれに背負った歴史的意味を異にしながらも、彼らにとっての未来に向けて連帯できるのではないか。

　そして、ここで言う生活母体としての共同体に最も近い現実的形態は、市町村規模の小さな地域社会なのであり、ケアを要する高齢者の増加は必然的に生活母体としての地域社会を内実化

していく。

　思想的に言えば、普通の人々が普通の生活を送ること以上に重要なことは一切有り得ないということである。そしてこの立場に立てば、自分自身と他者にとっての日常生活の大切さが明確に理解できるのである。したがって、してはならないこととは、生活母体としての共同体は他の共同体を侵してはならないということになる。

　共同体は他の共同体を裁けないのであり、それゆえにどの共同体も裁かれることがあってはならないのである。これが21世紀に向けての時代精神ではなかろうか。戦後期における国家の次元での民族自決、独立の段階を経て、その先に展望を与えるのはこの思想的立場以外にはないように思われる。

　ナイーブにすぎるという批判があるかもしれないが、私はむしろ現実性の高い課題であると考えている。米ソという巨大仮想敵を軸にした国際秩序が消えたこと、経済活動がすでに国境や国益という概念を相対化しつつあること、環境問題に見られるように生活共同体に関する問題が地球的規模で認識されるようになったこと、高度情報化の進展によって国家権力が情報操作をできにくくなってきたこと、そして、教育水準の向上等々の現実的変化を考え合わせると、外に敵を求めようにも求めにくくなっていることが理解できるのである。これは同時に内に敵を求めにくくもしていく関係にあり、敵という概念自体の無化の可能性を示唆する。支配・抑圧を発生させない関係、対等な関係の構築が現実的課題と考えられるようになったのであり、そのためには利害の絡んだ問題に対して粘り強いコミュニケーションが維持されなくてはならない。つまり、Listen to them の姿勢、問答無用を発動しない決意がここでも不可欠となる。敵対、対立、排除の

図式から共存の図式へとパラダイムをシフトしていくことが、すでに現実的に要請されてきているのである。

　そして、ここで述べた問題は、実は個々の人間の意識の在り方と彼ら相互の関係の在り方において相似的関係にある。実際の高齢者ケアとて例外ではなく、むしろケアという援助行為を媒介とする直接的、対面的関係であるがゆえに共生、共存の思想の確立が切実なものとなっているのである。換言すると、このレベルにおいては被害者意識の克服、あるいは、被害者意識をもたせない関係の在り方が課題となるのであり、実際にその作業に携わっている人たちが熟知しているように、そのためには恐ろしく長い忍耐と果てしない日常的努力を必要とするものである。

　双方のレベルに共通して言えることは、関係の重視によって英雄（ヒーロー）の出現を封じることであろう。メガサイズの英雄も、自己実現という概念が内包する危険性、すなわち、ミニサイズの英雄も、さらには被害者意識がつくり出す逆立ヒーローも、共生と共存のためにはまったく必要のないものであることに気付かなくてはならない。

　以上のように考察してくると、高齢者ケアは単に福祉といった範疇を越えた新しい意味を獲得できるのである。家族による老親のケアは個々の家族に委ねればよいことであるから、ここで言うのは高齢者ケアの社会的意味である。私は高齢者ケアとは社会的関係における世代の継承であると考えている。継承するのは高齢者その人と彼なり彼女の生きてきた時代なのであり、彼らとの日常的やり取りを通して若い世代が自らの社会と時代に対して責任を担っていくことである。それは決して「高齢者は多年にわたり社会の進展に寄与してきた者として敬愛され」云々といった匿名化された集団のレベルのことではなく、直接関わる具体的な1

人ひとりの高齢者に対してケア従事者たちが援助の関係において然りと否とを明確に答えることを意味する。

若い世代がケアという行為を介して先行世代を継承しようとしている限り、その共同体は他の共同体にとって安心できるものとして写るはずであるし、他を励ますことはあっても敵のイメージにはつながらないのである。またそれゆえに、ケア従事者たちと市町村職員たちが国境を含めさまざまな境界を越えて交流し、人間関係を拡げていくことが重要となるのである。

◎平和国家スウェーデンの影

ところで、先に指摘したようにベアナドッテ伯爵はスウェーデン人であった。王家の一員で、第2次大戦時に国王であったグスタフ5世の甥にあたる。大戦の後期から末期にかけて伯爵はスウェーデン赤十字の最高責任者として、中立国の特権をフルに活用して人道的活動に奔走する。なかでも、ヒットラーの重臣のひとりヒムラーを相手に交渉を続け、数多くのレジスタンス参加者をナチスの強制収容所から救出することに成功する。

1895年の生まれであるから、当時伯爵は40歳台の後半であった。私はたまたまその頃の伯爵の写真を1枚見ることができたが、赤十字のマークを付けた軍服姿で、眼光の鋭い、いかにも精悍な感じの人であった。意思の強さと、使命に忠実に徹し一歩も譲らない激しさを印象づける写真であった。

戦後、ベアナドッテ伯爵は国連事務総長の要請を受けて、パレスチナ紛争の調停に乗り出す。そして、その最中1948年9月、パレスチナでユダヤ系過激集団の手にかかり暗殺される。53歳であった。

デンマークのロスキレ市にある高齢者ケア施設ベアナドッテゴ

ーの訪問から始まった私の旅は、施設名に名を残したベアナドッテ伯爵その人と、彼が活躍した第2次大戦への時間への旅にもなっていった。そしてその先に、スウェーデンについてのひとつのイメージが見えてくることになる。それはベアナドッテ伯爵の最後が暗示するように平和国家スウェーデンの"影"であり、誤解を恐れずに言えば、平和のための人身御供のイメージに他ならなかったのである。

3-2　不在と不死、そして平和の代価
◎スウェーデン・パスポートとユダヤ人の救出

　ベアナドッテ伯爵にたどり着いた私が、ロウル・ヴァレンベリ（Roal Wallenberg 英語でワレンバーグ）という名のもうひとりのスウェーデン人を知るに至ったのは後から思えば余りにも当然のことであった。次にみるように、スウェーデンは第2次大戦時に中立をかろうじて維持した。未曾有の危機情況の中でスウェーデンはまるで針ネズミのごとく周囲に対して緊張をはらみつつ、息詰まるような外交努力を重ねていたのである。

　しかし、スウェーデンは全身針ネズミで動かなかったのではなく、非軍事面、とりわけ人道的な分野では中立国であることを最大限に活用しつつ積極的に動いていた。その文脈で特筆されるべきふたりの人間がベアナドッテ伯爵とヴァレンベリなのである。伯爵は強制収容所で虐殺の危機にあったレジスタンス参加者の救出に、そしてヴァレンベリはハンガリーのユダヤ人の救出に奔走し、ともに数多くの人々の救出に成功した。

　だが、その後のふたりの運命は二様に悲劇であった。

　ヴァレンベリはハンガリーのユダヤ人救出に当り、切迫した時間の中で文字通り超人的な働きをする。わずか7～8か月という

短い期間に低く見積もっても3万人、間接的に彼の援助を受けた人々を加えると実に10万人にも及ぶユダヤ人をブダペストからスウェーデンに脱出させたのである。ヴァレンベリが交渉相手としたのはナチス・ドイツとその塊儡のハンガリー政府であった。だが、ヴァレンベリはナチス勢力の手によってではなく、"解放軍"としてブダペストに入ってきたソ連軍によって拉致され、その日以降今日に至るまで生死不明のままである。

　拉致されたとき、ヴァレンベリは33歳であった。

　戦後のスウェーデンとソ連の関係において、ヴァレンベリのケースは喉に刺さった大きな棘となる。スウェーデンは執拗にソ連を問いただし、ソ連はそれに対してヴァレンベリはソ連の刑務所で死亡したとする返答を繰り返す。そうした中で時折、ソ連の刑務所なり精神病院でヴァレンベリを見たという目撃談が伝えられ、その都度彼の生存の可能性がよみがえるといった展開を示してきた。

　ベアナドッテ伯爵は暗殺という形で人生を閉じたのだが、ヴァレンベリは生死不明の不在者として戦後"生き続ける"、否、もっと正確に言えば"不在者として生かされ続ける"のである。何がそうしてきたのかと言えば、彼を見たという数多くの目撃談ではなかろう。むろん現実的には目撃談によって生存の可能性が復活するのはその通りなのだが、極論すれば、私は目撃談が事実である必要もないし作り話であってもよいと思っている。なぜなら、ヴァレンベリを死者ではなく生死不明の不在者として生かしめたのは歴史というものではないかと考えるからである。

　拉致に至るまでの彼の活動、33歳で忽然と姿を消したことを考えると、ヴァレンベリは強制された不在により今日を生き、明日を築いていく人々に対して何事かを語り続けているとしか思え

ない。それが何であるのかを理解するのは、スウェーデンの人々だけの問題でもなければ旧ソ連の人々の問題だけでもないはずである。

しかし、拉致後50年近くが経過した現在、ヴァレンベリの存在は大きな転換点に来ているのも事実である。彼が生存しているとしても年齢は80歳になっているから、いずれにしても彼の生命はまもなく終わるであろう。

歴史の時間の中でようやくにして彼は死者となれるのだが、彼の不在の語りを継承すべき人間たちにとっては、これは大きな試練を意味するのではないか。生者が死者となる一般的な場合と異なり長期間生死不明の不在者が死者に転ずるとき、その語りの重さは寿命という生物的時間から解放された一種の不死性を強く求めると考えられるからである。それゆえに今、ヴァレンベリの活動とその背景にあった第2次大戦時のスウェーデンを理解しておきたいのである。

ロウル・ヴァレンベリは1912年8月4日に生まれた。ヴァレンベリ家は代々著名な銀行家、外交官、政治家などを輩出したスウェーデンの名家であるが、彼が生まれる3か月前に海軍の軍人であった父親が死去している。そして、彼が6歳のとき母親が再婚したため、祖父のもとで養育された。

祖父はヴァレンベリを家の伝統である金融界で働くように導くのだが、彼自身は建築学と貿易に興味を持ち、建築の勉学のためミシガン大学に留学し1935年にそこを卒業した。幼い頃から学業には秀でており、とくにロシア語や製図などでは抜きんでていたと伝えられている。

スウェーデンに帰国後ヴァレンベリは建築家を志すが当時はむずかしかったようで、結局祖父の勧めで建築材を取り扱うスウ

ェーデンの貿易会社に入り、6か月間南アフリカのケープタウンに滞在する。その後祖父に呼び戻され、今度はパレスチナにあったオランダの銀行の支店に勤務する。

ヴァレンベリがナチス・ドイツから逃れてきたユダヤ人に最初に会ったのが、このパレスチナにおいてであった。

1936年、スウェーデンに戻った彼は銀行ではなくもともと興味のあった国際貿易に入る。そしてこのとき、ハンガリーのユダヤ人実業家コルマン・ラウアーを紹介される。ラウアーはスウェーデンに本社をおく食料品専門の貿易会社を経営しており、この人物との出会いがヴァレンベリの生涯を運命づけることになる。

語学力に優れ交渉力に長けたヴァレンベリはたちまち頭角を現わし、8か月後にはラウアーにとって不可欠のパートナーになる。緊張が高まりつつあった当時のヨーロッパ諸国を、スウェーデン人であるため自由に動けたことも大きな利点であった。1940年の後半以降にはドイツ占領下フランス、そしてドイツ本国にも商用にでかけ、ドイツの行政機構をかなり深く理解する。同時にブダペストをも頻繁に訪問し、ラウアーの家族との親交も深まっていった。

その頃、ハンガリーはまだ比較的安全な場所であった。1944年が開けた頃、まだ70万近いユダヤ人がブタペストを中心に居住していた。

同年3月19日、ドイツ軍はハンガリーに侵入し、まもなく占領する。そしてその直後から、ユダヤ人をアウシュビッツを始めとする強制収容所に送り始め、5月に入るとユダヤ人大虐殺が情報として伝わる。

ブダペストのスウェーデン大使館はいち早くユダヤ人の救出を開始していた。ドイツ傀儡のハンガリー当局と交渉し、ユダヤ

人にスウェーデン・パスポートを発行し、彼らがあたかもスウェーデン国民であるかのように偽装させつつスウェーデンに脱出させた。しかし、ハンガリー当局が許可したパスポート発行枠は余りにも少なく、また、急展開を遂げる虐殺の勢いに対抗するには大使館の人員も決定的に不足していた。そのため、本国に対してスタッフの増員を緊急要請する。

ちょうどその頃、ストックホルムにおいてハンガリー・ユダヤ人救出のための国際会議が開かれ、対策が検討されていた。スウェーデン在住の著名なユダヤ人たちが集まり、救出活動を指揮する責任者が選考されようとしていた。この会議にはハンガリーに詳通しているラウアーも参加していた。

第1候補は国王グスタフ5世の甥でスウェーデン赤十字の最高責任者であったベアナドッテ伯爵であった。しかし、ハンガリー政府は伯爵が外交特権者として赴任することを承認しないという立場をとる。そのため次の候補者を検討せざるをえなくなるのだが、ここでラウアーはヴァレンベリを強く推した。会議参加者の中には彼がまだ33歳で若すぎること、この種の任務につくには経験不足であることを理由に反対する意見もあったが、ビジネス・パートナーとしてヴァレンベリを熟知していたラウアーは反対者たちを最終的に説得する。

ヴァレンベリ自身も同意し1944年6月末、彼は在ハンガリー、スウェーデン大使館の一等書記官に任命される。同意に際し、ヴァレンベリは極めて異例な要望をスウェーデン外務省に出した。大使への事前の承認なしに自由に活動できること、そして、通常の外交官活動の範囲を逸脱したところで外交官特権を活用してよいことのふたつであった。外務省の事務当局レベルでは決裁できなくて、外相を経て首相まで上がっていく。首相はさらに国王

の意見を求めた上で、ヴァレンベリのこの要望を全面的に受け入れることとなった。任務を受けるヴァレンベリが並々ならぬ決意をしていたことを、このエピソードは物語っている。

　ヴァレンベリがブダペストに赴任したのは、7月に入ってまもなくであった。時すでにアドルフ・アイヒマンはわずか3か月弱の間に40万人以上のユダヤ人を強制収容所に貨物列車で送り込み、ブダペストには約20万のユダヤ人が残っているだけであった。

　救出の中心的方法は、種々の理由をつけてユダヤ人に仮のスウェーデン・パスポートを発行し、国外脱出させることであった。着任後すぐにヴァレンベリはこのパスポートのデザインを自分の手で行う。ドイツ人やハンガリー人がシンボルに弱い点を突いて、スウェーデン国旗の色である鮮明な青と黄色の2色を使い、中心部に王冠を3個あしらったパスポートが作られた。

　パスポートの発行枠についてはハンガリー当局の許可を必要としたので、この交渉が非常に重要となる。当初1500人分の許可を取り付け、その後さらに1000人分、そしてなお4500人分の枠を得る。この交渉の過程で彼は通常の交渉方法だけでなく、外交上の常識を無視した買収や恐喝などのあらゆる方法を駆使した。

　だが、公式に許可された人数枠は微々たるものであったから、ヴァレンベリは自らの判断でその何倍ものパスポートを発行する一方、数百人のユダヤ人を自分のスタッフとして雇い入れた。スウェーデン大使館の雇用者となるから、彼らは強制されていたユダヤ人識別マーク、ダビデの星の着用を免除された。

　中立国の外交官特権を前面に出したり、またあるときは買収や脅迫により、ヴァレンベリは寝食の間もなく奔走する。しかし、

着任後4か月を経た2月になると情勢は緊迫度を増し、文字通り一刻の猶予も許されなくなる。ドイツの劣勢が歴然となる中で、ユダヤ人の虐殺が急ピッチで加速されたからである。

　ヴァレンベリ自身もドイツ軍やハンガリー当局から狙われるようになり、彼の身を案じた大使館の上司は逃げるように強く助言する。だが、彼はこうした助言を受け付けなかった。

　その頃、強制収容所に向けて発車間際にあった輸送列車をかけのぼり、列車の屋根づたいに走りつつ、手当り次第にスウェーデン・パスポートを渡していく彼の姿があった。あるときドイツ兵たちはヴァレンベリを狙撃するよう命令されるが、彼の勇気に圧倒されて故意に狙いを外したという話が残っている。

　列車内のユダヤ人たちにパスポートを渡すと今度は列車の前に立ちはだかり、スウェーデン・パスポートを所持する人間を降ろすよう外交官として要求する。そんな際どいことをしてまで、ひとりでも多くのユダヤ人を救出しようとした。

　11月下旬、ソ連軍がブダペストに進入し残っていたユダヤ人たちは虐殺の危機を逃れた。ヴァレンベリもソ連軍の早い進入に期待していたはずである。

　ところが、1945年1月17日、ヴァレンベリは運転手とともにソ連軍に連れ去られてしまう。それが、彼が最後に目撃された日となった。ソ連軍が彼をアメリカのスパイと誤解した可能性も否定できないし、また、救出過程でドイツと密接な接触をもったことに疑念がかけられたのかもしれないが、いずれにせよこの日、ヴァレンベリはKGBの前身組織の手によって拉致されたのであり、以後生死不明となる。

◎墓標の系譜

　1945年3月8日、ソ連コントロール下のハンガリー・ラジオは、ヴァレンベリはゲシュタポによって殺害されたと報じた。しかし、ソ連に抑留され戦後釈放された外国人の多くからヴァレンベリ目撃談が伝えられ、彼がソ連の刑務所か精神病院で生存している可能性が強まる。

　スウェーデンはソ連に対して説明を求め続け、例えば1956年4月にモスクワを訪問したスウェーデン首相エアランダーはフルシチョフに対してヴァレンベリの件をただし、ソ連側は調査を約束する。翌年2月ソ連は、ヴァレンベリが1947年7月17日にソ連の刑務所で死亡したことを証明する記録文書が発見されたという内容の調査報告を公表する。そして、これが現在に至るまでソ連の公式報告とされている。

　この最終報告にもかかわらず、1950年代を通してヴァレンベリの目撃証言は続いた。

　ヴァレンベリの捜索活動はストックホルムにある「ロウル・ヴァレンベリ協会」が中心になって続けられて来た。そのスタッフには彼の妹も含まれているのだが、1989年秋ゴルバチョフ政府は妹をモスクワに招待し調査に協力した。だが、彼の生死の真相は明らかにはならなかったようである。私が最も最近ヴァレンベリのニュースに接したのは1991年2月下旬、出張先の韓国においてであった。ソウルのホテルで米軍放送を見ていたときABCニュースが、旧ソ連が彼について新しい資料を公表したが生死の確認に至るものはなかったと短く伝えていた。

　改めて言うまでもなく、ロウル・ヴァレンベリというひとりのスウェーデン青年の運命は痛ましいものであった。将来性豊かな若者が虐殺の危機にあった数多くの人々を救い、その果てに自ら

の命を喪なったこと、また、その喪ない方が生死不明の強制された不在者という形であったことに、そのすべてが象徴されていると言えよう。

　しかし、彼の運命は悲劇的であったとしても、彼を悲劇の英雄と理解してはならないように思える。彼の行ったことは、それを知った人々に勇気と励ましを与える。それゆえに彼の拉致後の消息が事実として明らかにされなくてはならないのである。だが、そのことと彼を悲劇の英雄に仕立てることとは別である。むしろ、彼の運命とスウェーデンの中立とは構造的関係にあると考えるべきではないだろうか。個人の悲劇が共同体の安寧の対価になっていると言ってもよいだろう。そして、おそらく何よりも強調すべき点は、平和国家スウェーデンの中立の背後に人命のために全力を傾け、その結果自らの命を失った有能なスウェーデン人たちの墓標が続かざるを得なかったという厳粛な歴史的事実である。

　ベァナドッテ伯爵、ヴァレンベリ、そして、1953年に初代国連事務総長となり国連による平和維持軍派遣を初めて実施し、自身は1961年に内戦下のコンゴにおいて搭乗していた飛行機が撃墜されたハマーショルド。ストックホルムで暗殺されたパルメ首相も、暗殺の真相は定かでないとしても、彼のそれまでの政治活動を見れば当然この系譜に入るだろう。最近では南アフリカからの独立を目指したナミビアのために尽力し独立調印を目前にパンナム機墜落により死亡したベルトン・カールソン国連弁務官——この事件はテロであったことが判明し、その犯人引き渡しを要求して1992年に国連がリビアに対して制裁措置に踏み切った。詳しく調べればこのカテゴリーに入るスウェーデン人は他にもいるであろう。

彼らの運命がそれぞれに個的な悲劇だったとはとても考えられないのである。彼らのだれひとりとして自らが英雄視されることを望まなかったと私には思える。むしろ、その危険さをだれよりも知っていた人たちであろう。だから、あなたは一体何者だと聞かれたら、皆が皆、ただのスウェーデン人だと平然と答えたように想像されるのである。

3-3 中立の意味
◎第2次世界大戦と高齢者ケア

　スウェーデンは現在、戦時における中立を維持することを目的に非同盟、武装中立政策をとっている。この国の中立外交政策は、今日に至るまで180年以上も他国と戦火を交えていないという歴史的事実とともに「平和国家スウェーデン」の名を世界的に定着させてきた。高水準の社会保障制度に支えられた福祉社会は、平和であることを抜きには成立不可能なはずである。人間の関係と同様に、平和とは与えられるものではなく、他国との関係において創られ維持されるものであるという立場に立つと、平和国家スウェーデンの要である中立外交政策をどう理解するかは極めて重要な作業となる。

　ただ、私は外交政策に関しては門外漢であるから、スウェーデン史全体における中立外交政策なり外交史一般におけるスウェーデン外交といった観点から専門的議論を展開することはできない。社会老年学を専攻し高齢者ケアの現場にいる人間として、わずかに知り得たことをもとに、中立の意味と平和について自由に考えてみたいのである。

　ここではとくに第2次大戦の数年間に限定する。その理由を始めに述べておく必要があろう。第1に、偶然のことであったが、

最初に訪れた高齢者ケア施設ベアナドッテゴーから始まった私の旅が、第2次大戦時への時間への旅と重なっていったからである。そして、ベアナドッテ伯爵が活躍した時期にもうひとりのスウェーデン人に"出会った"ことによる。第2には、スウェーデンであれ日本であれ、今日の高齢者の大部分はこの時代に青年期にあったという事実である。したがって、この世代が死に絶えるまで高齢者ケアは第2次大戦の歴史と無縁ではありえないからである。

　言うまでもなく、スウェーデンが戦争に巻き込まれる大きな危機に直面した、最も近い時代が第2次大戦のときであった。スウェーデンは刻々と勢力変化をとげる情況の中で、薄氷を踏み続けるようなきわどい外交努力によってかろうじて参戦を回避する。

◎中立維持のプロセス

　第1次大戦の際にはスウェーデンはノルウェー、デンマークとともに中立を維持した。しかし、大戦後のベルサイユ体制は極めて不安定なものであった。とくに1930年代の大陸ヨーロッパは風雲急を告げ、ヒットラーに率いられたナチス・ドイツが侵略的態度を強めるにつれてパワー・バランスが急激に流動化し始める。

　1938年ドイツはオーストリアを武力で併合し、チェコに対してズデーテン地方の割譲を要求する。同年9月には英仏首相とヒットラー、ムッソリーニによるミュンヘン会談がもたれたが、英仏は戦争を回避しようとしてドイツの要求を認めチェコを見捨てる。

　スウェーデンは、国教がルター派キリスト教であることからもうかがい知れるように、もともと親ドイツ的であった。このため

初期段階ではナチス・ドイツの本質を見抜ききれない面があったのも事実である。

スウェーデンにとって大きな情況の変化をもたらしたのは、1939年8月23日に成立した独ソ不可侵条約であった。この条約によりソ連は、エストニア、ラトビア、リトアニアのバルト三国とフィンランドを自国の影響下に入れることへの同意をドイツから取り付けたからである。

ドイツはソ連との関係を固めた直後の同年9月1日ポーランドに侵攻、これに対して英仏がドイツに宣戦を布告し、第2次大戦が開始された。スウェーデンは他の北欧諸国とともに中立を宣言する。

ただ、スウェーデンにとってはドイツに対してというよりも、フィンランドをめぐるソ連との関係の方が重大な関心事となっていた。フィンランドをめぐってはロシア帝国の時代からの長い対立の歴史を無視するわけにはいかない。フィンランドはかつてはスウェーデン領であったのだが、1809年ロシアと戦って破れ、ロシアに割譲を余儀なくされた。そして、1917年、10月革命の際フィンランドが独立するまで100年近い間ロシアの統治下にあった。

こうした歴史があったため、多くのスウェーデン人は侵略の脅威は南や西からではなく東から来るであろうと感じていた。後述するようにソ連はフィンランドに戦争を仕掛けるのだが、ソ連軍機がヘルシンキを爆撃したときのスウェーデン人の反応は、ドイツがポーランドを侵略したときの反応よりもはるかに激しいものであった。

ドイツと不可侵条約締結後、ソ連は侵略的行動を取り始める。まずバルト三国に対して領土内にソ連軍の駐留を認めさせ、その

後三国を併合する。一方、フィンランドに対しては隣接するカレニア地方を要求するとともにフィンランド湾の入り口に位置するハンコ湾の使用を迫った。バルト三国はソ連の要求にすでに屈していたが、フィンランドは外交により抵抗を試みる。

フィンランドはスウェーデンとの共同防衛の方策を求めたが、スウェーデンはフィンランドが頼みとしていたこの提案を拒否する。外交的に打開の糸口がなくなった中で、ソ連は11月30日にフィンランドに宣戦を布告しヘルシンキを爆撃する。こうしてスウェーデンの人々が「冬の戦争（The Winter War）」と呼ぶ戦いが始まった。

フィンランドはかってスウェーデンの一部であったため、歴史的に両国は文化的、政治的、社会に深い関係にあった。スウェーデンの人々にとってフィンランドは、言うなれば弟のような国である。

そうした背景があったこともあり、ヘルシンキ爆撃後のスウェーデンの国内世論の反応はすばやかった。"フィンランドの問題は我々の問題である"といったスローガンからも分かるように、苦境に陥ったフィンランドを軍事面でも支援すべきだという雰囲気が一挙に高まった。だが、ソ連との全面戦争に突入する危険が非常に高かったため、スウェーデン政府は軍事支援には踏み切らなかった。ただ、このときスウェーデンは中立宣言を意図的に行わず、参戦の可能性を留保する。そして、衣料品や他の生活必需品を援助した。

一方、国際連盟はフィンランドへのソ連の軍事行動を非難し、連盟からソ連を除名する。

周辺情勢が緊迫度を増していく中でスウェーデンは社会民主党と農民党の連立内閣を解消し、共産党を除いた挙国一致内閣

を組織し国内体制を固めた。

　冬の戦争はわずか3か月余で終結するのだが、その後半になってスウェーデンは新たな問題に直面する。英仏両国が、フィンランドへ支援部隊を送るに当りスウェーデン北部を通過できるよう許可を求めてきたからである。スウェーデン政府はこの要請をも拒否する。見方によっては、スウェーデンは自国の利益のためにフィンランドを見捨てたとも思えるのだが、参戦こそしなかったものの戦争終結のため秘密交渉で実は大きな役割を果たしていたのである。

　冬の戦争が終って約1か月後の1940年4月9日、ドイツはデンマークとノルウェーに侵略を始めた。デンマークはすぐに降伏するが、ノルウェーは抗戦に入る。スウェーデンはこのときも中立を宣言し、ノルウェーへの軍事援助を拒んだ。だが、ノルウェーからの難民を約5万人受け入れたり、非軍事面では援助を精力的に行った。

　ノルウェーの抵抗は2か月そこそこで終わったのだが、スウェーデンとドイツとの関係でエポックとなるのはスウェーデン領土内のドイツ兵通過をめぐる問題であった。ノルウェーでの戦闘が続いていた4月、5月にもドイツはこの通過許可を再三にわたってスウェーデンに突き付けていたのだが、国際情勢の動きをにらみつつスウェーデンはドイツの要求を拒否し続けていた。

　ところが、ノルウェーが降伏しドイツに新たな戦線展開の余裕ができた段階では、ドイツの要求の拒否はほぼ確実にドイツ軍のスウェーデン侵攻を意味していた。そのため、スウェーデンはノルウェー占領のドイツ兵が休暇帰国の目的でスウェーデン領土内を通過するのに同意する。ただし、通過するドイツ兵を武装解除することをドイツに受け入れさせはした。こうして世論の反対に

もかかわらず、スウェーデンはドイツに妥協する。

翌 1941 年 6 月 22 日、ドイツ軍は突然ソ連領内に侵攻を開始した。その同じ日にドイツはスウェーデンにさまざまな要求を提示する。その中にはスウェーデン領空内の飛行許可などが含まれていたが、最大の難問はノルウェー駐屯のドイツ部隊を完全武装のままスウェーデンを通過してフィンランドへ輸送する許可についてであった。

この時期のドイツ軍は最大勢力にあったため、スウェーデンの中立はかつてない危機に見舞われた。国王グスタフ 5 世をも巻き込むが、政府は返答に難渋することになる。一時は国としての意思決定が混乱するのだが、最終的にはドイツの要求を受諾する以外に方法なしと判断された。こうしてスウェーデンは最大の妥協をする。

英語で書かれたスウェーデン短史の中に、通過途中のドイツ兵の様子を写した写真が小さく印刷されている。停車した列車から降りて歩いているドイツ兵たちを、線路脇の小さな土手からひとりのスウェーデン兵士が監視している。写真のドイツ兵たちは武器を持っていないが、スウェーデン兵の銃口は静かにドイツ兵たちの方向に向けられている。最大の妥協であっても決して屈服したのではないと訴えているような写真であった。

中立を守ろうとするスウェーデンにとって、ソ連やドイツだけに目を向けていればよいわけではなかった。むろんスウェーデンが戦争に巻き込まれる危険が高かったのは冬の戦争時のソ連と、デンマーク、ノルウェー侵略後のドイツであったが、周囲がすべて敵対、交戦状態になった中での中立はもう一方の勢力、英仏との関係も緊張をはらまざるをえなくなる。

守る側におかれ劣勢を強いられていた英仏はスウェーデンの

中立が自国の利益のためであることを始めは理解していたようだが、ドイツ兵のスウェーデン領土内通過の問題はとくにイギリスには認めにくいものであった。そのためイギリス軍が通過中のドイツ部隊を攻撃する可能性も完全には否定できなかったのである。

　よく知られているようにソ連に進入したドイツ軍はスターリングラードの戦いを契機に劣勢に転じていく。スウェーデンはこうした新たな情勢変化に対応しつつドイツとの関係を自国優位に変えていった。まず1943年にはドイツ兵の自国領土内通過を終わらせ、同時にそれまで続けていた鉄鋼石の輸出も停止しドイツに打撃を与えた。

　第2次大戦はヨーロッパにおいては1945年5月、ベルリン陥落によるドイツの無条件降伏で終結した。

◎血を流さないための絶えざる戦い

　以上ごく大雑把に概観したわけだが、第2次大戦時がスウェーデンを含めヨーロッパ全体にとって未曾有の危機であったことは容易に理解できよう。その中でスウェーデンという国がかろうじて中立を維持しえたのは、歴史の幸運な結果でしかないのかもしれない。言うまでもなく、結果についての解釈はいろいろと可能である。スウェーデンがその辺境的位置ゆえに軍事戦略上大きな意味をもたないで済んだこと、したがって兵や物資の通過問題が中心だったことや、スウェーデンの伝統としての中立政策などが指摘されている。

　しかし、幸運とはいえ結果はひとつの事実として新たな意味を持ち得るのでもあり、第2次大戦時におけるスウェーデンの中立は壮大な闇の中のひとつの光（希望）であったことは間違いな

いし、光りを見た人間たちは記憶からそれを消し去ることはできなくなる。

　もっともすべてが幸運だったという見方は、必ずしも適切ではなかろう。幸運もまた人の手によって導かれるものだからである。

　中立国スウェーデンは実は戦っていたのである。刻々と変わる周辺の戦力情勢の中で、それぞれの国がどの程度の戦力をスウェーデンに対して展開できるかを冷静に分析しつつ、息詰まる外交戦をくりひろげていた。スウェーデンの戦いは、血を流さないための戦いであった。それを可能とした理由もまた、いくつもあげられよう。

　しかし、あの時期のスウェーデン政府の指導者たちを思うとき、中立の維持がひとつの歴史性を賭けた戦いであったとみられるのである。彼らは時に世論に逆行しつつ、また、兄弟隣国を"見捨てる"決断を下しつつも、自分たちが守るべき対象に対して極めて忠実であり続けた。

　国家と国民を戦火にさらさないこと、血を流させないこと、これ以上のイデオロギーも、正義も大義もなかったのである。英雄もいなければ万骨も枯れない。政治指導者として自らが責任を負う範囲内の人々の生活を守る以上のことなどありえないことを実証したのである。

　人間の情念のモンスターであるファシズムと、人々の生活より上に観念（イデオロギー）を置こうとして暴走した社会主義の双方に対して新たな共存の思想を打ち立てたのであり、20世紀という時代を振り返るときこの事実は次世紀への数少ない遺産であるように思われるのである。

第4節　福祉社会の昨日から明日へ

4-1　近代化以前のスウェーデン

　近代産業社会に成熟化の方向を示すものとして、あるいは、これからの在るべき社会像として今日我々の知識にあるのは福祉社会のイメージである。福祉社会とは社会保障制度の進んだ社会であると一般には考えられているが、スウェーデンを鏡としながらこれまで様々な角度から考察してきたように、それは重要ではあるがどちらかと言えば可視的な部分なのであって水面下の膨大な構築物によって支えられているのである。社会のレベルで言えば、手慣れた民主的方法論、実務化した政治、権力の分散化、貧富差よりは世代差に基づく富の再配分化など透明度が高くアカウンタビリティ（責任主体の説明能力）に富む社会であるし、そこに住む個々の人間の側からみると、合理的思考能力、社会全体へと広がる共同体意識の共有、優れた政治的なセンス、社会システムへの信頼と責任、自己存在の脆弱性への認識と他者との関係への信頼、私有に対する一定の抑制力などの特性が浮かんでくる。

　ここで考えたいのはスウェーデンの文化的、歴史的特性についてである。これにはいくつかのアプローチがありうるのだが、私は近代化以前の時代に限定しスウェーデンにおける共同体のプロトタイプ（原型）を明らかにしたいと考えている。焦点を19世紀とそれ以前に置いてみたい。スウェーデンが福祉社会に向けて離陸態勢に入ったのは20世紀とりわけ社会民主党が政権についてからであり、また、急激にその高度を上げていくのは第2次大戦後であるのだが、この時期についての分析はどうしても社

会政策に重点を置かざるを得なくなるためスウェーデン的なるものはその背後に隠れて取り出しにくいからである。

◎貧しき時代からの遺産

ところで、スウェーデンがかつては非常に貧しい国であったことはよく知られているが、近代化前夜とも言うべき19世紀はスウェーデンにとって大変な国難の時代であった。1900年までの1世紀の間に人口は2倍以上の500万台に膨れ上がるのだが、その一方で飢饉なども加わり食料難に見舞われる。そして、19世紀後半から20世紀初頭にかけて100万人以上が主としてアメリカへと移住していった。岡沢憲芙氏の著作（『スウェーデンの挑戦』岩波新書、1991）から引用させていただくと、そのピークは1880年代から1900年代までの30年間でこの間に約75万人が国を去っている。その割合は当時の国民の実に4人に1人ぐらいになると言われているから、いかに深刻な事態であったか想像できよう。

スウェーデンの代表的音楽を収めたカセットテープに、その頃の様子をテーマにした曲が入っていた。The Lilac Years: Looking to America（ライラックの花咲く頃：アメリカに向かって）と題されたその曲は、スウェーデンの人々ならおそらくだれでも知っているものなのであろう。幸い歌詞が英訳されて歌われているので、苦難の最中に母国を後にする人々の悲哀と希望とが切々と伝わってくる。フルートの低音により寒風が吹き荒ぶ音が重なりつつ始まる、ゆったりとしたリズムのイントロが、荒涼とした冬の風景を連想させる。希望を求めて母国を離れざるをえなかった人々がこの曲のテーマなのだが、何度となくテープを聞きながらその都度私が思い浮かべたのは、去る人々ではなく残った、あるい

は、残らざるを得なかった人々の心情であった。移住後の生活にも多くの困難が待ち受けていたとは思うのだが、アメリカに旅立った人々にはまだ希望があった。しかし、同じ状況の中でとどまった人々こそ、その後のスウェーデン社会の礎となったのではないかと思えたのである。

　高齢者たちは、むろん居残ったであろう。

◎共同体と相互扶助のルーツ

　私は伝統的な共同体における高齢者への援助についても関心があったので、この点に関してオーランド教授にいろいろと質問した。このテーマで教授と話し始めたのはルンド大学に落ち着いてまもなくの頃だった。その時教授は、そのテーマなら自分よりも歴史学部のビルギッタ・オデーン教授の方がはるかに詳しいと言って、例によってその場で彼女のオフィスに電話を入れてくれた。あいにく彼女はフィンランドに出張中で、帰ってくるのは私の帰国予定日の直前だという。結局ギリギリのタイミングで会えたのだが、多忙な中で私のために午後の3時間を割いてくれた。オデーン教授はこの分野では知る人ぞ知る第1人者である。彼女が老いの研究に関わり出したのはガンナー・ミルダール夫人たちと一緒にスウェーデンの将来に関する研究プロジェクトを行ったときにさかのぼる。私が会ったときには、その6年前から開始されていたウプサラ大学、イエテボリ大学、ルンド大学による老いに関する共同学際研究に参加していて、老いの社会史研究の責任者の立場にあった。その他に、彼女は今後の老年学研究の重要なテーマを設定する全国委員会の委員長も務めている。この委員会の報告によって研究助成のプライオリティが決まるという話であった。Lots of administrative work（書類がたくさんで行政

的な仕事は大変）と言いながらも、終始ていねいに説明してくれ、途中2度ほど助手に指示して私のために資料を用意させてくれた。

　スウェーデンの中世には、高齢者の扶養についてふたつの要素があった。ひとつは聖書にある、汝の父母を敬えという教えであり、罪としては死罪にあたる。もうひとつはスカンジナビアに特有のことであった。すなわち、カトリック教会は10分の1税のうちその3分の1を貧者の救済にあてていたが、スカンジナビアでは教会が直接その役割を果たすのではなく、その部分の税を免除し家族が代行していた。つまり、カトリック教会が直轄的に救済事業を行うのではなく、家族に困窮した高齢者を見させていたのであり、それでも落ちこぼれる者には教区（parish）が責任を負う形が取られていた。オデーン教授は後者の方が重要であったと考えている。

　18世紀に至る頃になると、この役割を国家が引き継ぐ。この背景には徴税権をめぐる教会と国家の対立があり、後者がそれを獲得していく流れがあった。しかし、国家は教区単位での貧者救済は続けさせ、自らが直接行うことはしなかった。

　住民はそれぞれ教区に籍を置き、家族の役割を含め救済はその範囲内で行われていた。高齢者や子供で働ける者はオークションにかけられ、農家の家内労働用に引き取られて行った。食事や住居など生活面の責任は、引き取った家族が負う。オークションというとどぎつい表現になってしまい、まるで人身売買を競売でするような感じにとらえてしまうが、提供されるであろう労働力よりはその人間を食わせていく負担の方がずっと大きかったであろうから、その当時においてはこれは一種の福祉的方式だったのである。

労働を提供するだけの力がなくなると、教区内の家々を回って物乞いをすることが許されていた。しかし、よその教区まで出向いての物乞いは認められず、その場合には追い立てられたという。どの教区もそれほどの余裕などなかったのである。

老衰でさらに虚弱になった高齢者は、どうされたのであろうか。社会サービス法についての普及版に1枚の古い写真（だと思われる）が掲載されていて、ずっと私の頭にあった。竹で編まれた大きなバスケットに横たわっている老女である。藁布団を敷き、体の上にはムシロのブランケットが掛けられている。篭には木札が付いており、第32番、所属教区の名、彼女の名前、未亡人であること、子供の数2名という情報が記されている。オデーン教授にその説明を求めると、各教区は区内の居住者を皆把握していて、その中でも救済の対象となる人間たちには個々に番号を付けていた。この老女は32番目になりこの木札がその証明であったという。この老女は自分では歩けないのでこうして竹篭に入れられたまま村人の手で運ばれ、1軒1軒を巡回させてもらいながら食物と暖を与えられていた。1軒が受け持つの

（竹かごの老女：*Socialtjänst-översikt över socialtjänstreformen*, Svenska kommunförbundet, et.al., 1980, p.20）

は2日間程度である場合が一般的であった。こうした形式はスウェーデンでもとくに北部で多く見られ、南部では早くから小屋を建てそこで世話をしたという。

　こうしてみてくると、どの共同体であってもその成員のために相互扶助のシステムを、言わば共生の知恵としてもっていたことがよく理解できるであろう。北欧のような過酷な自然環境と生産力の乏しかったところであっても、否そうであったからこそ、この老女のレベルまで援助がなされたのであろう。負担は重ければ重いほど分散したほうが耐えやすいのであり、スウェーデンの教区共同体のように教区自体が弱者の救済を独占するのではなく、あるいは、できなかったために、各家々がそのためのサービスを今日風に言えばローテーションで提供していたという話は、昔のことでありながらなんとも現代的でもある。

　ところで私はまた、近代以前のスウェーデンにおいて救済を必要とする境遇に置かれた高齢者たちではなく、普通の高齢者たちがどのような援助を受けたのかも知りたかった。農業に基盤を置く共同体の場合、家督相続は当事者たちにとっては緊張を孕んだ極めて重要な問題である。家族関係に利害関係が強烈に持ち込まれるからである。それゆえ、安定した共同体はどの時代であれそのためのシステムをもっていたはずである。こうした前置きでオデーン教授に質問すると、彼女は、老父が息子に家督を譲るとき、母屋を出て農地の縁に建てた小さな隠居小屋に移り住む場合が多かったと語った。そして、相続した息子は、親が生きている間、生活上必要とする物を提供する責任を負った。

　だが、次に教授の口から出た言葉は私を驚かせた。家督相続に際し老父と息子が契約を交わしていたという。比喩的な意味で言われたのかと思って確認すると、ちゃんと文書化し法的効力を

持った契約書であるという返事であった。実の親子でどのような契約をしたのか是が非でも知りたくなったので教授に尋ねると、彼女はすぐに助手に指示してひとつの論文を持って来させた。その中に、実際の契約書が資料として載っていた。

　1880年1月19日に裁判所によって公的に認められたもので、父親と長男との取り決めである。この時父親は69歳、妻も健在であった。契約書は7項目から成っており、その内容は、相続と引き替えに息子が父親に負った責務を具体的に述べたものである。(1) 老親の住居として、中庭に面した南側の建物の一角を提供すること。建物の維持管理は息子の責任とする。また、井戸と、洗濯場を兼ねたビール醸造小屋を父親にも利用させること。(2) 食料として毎年、小麦1バレル（樽一杯の量の単位）、大麦4バレル、ビール醸造用にモルト1バレル、雑穀1バレル、じゃがいも1バレルを父親に提供すること。納期は半分を4月1日に、残りの半分を10月1日とするが、じゃがいもについては聖マイケル日（10月末）でよい。息子はまた両親のために毎年半バレルのじゃがいもを所有農地の中でも土質の良い場所に作付けすること。(3) 息子は、焚付け用や燃料として小枝、薪、木炭を提供すること。(4) 息子は毎週1回425グラムのバターと、毎日約1ないし2リットルの牛乳を提供すること。但し、冬の間は各々その半分でよい。(5) 息子は父の所有する羊1匹、小羊1匹に聖マイケル日まで飼料を与えること。また、この日に8.5キログラムの布地を提供すること。(6) 毎年12月中旬に少なくともラード4.5キログラムを提供すること。(7) 教会に行く場合のように必要な送迎の便は息子が提供すること、となっている。因みに、この父親は80歳まで生き肺炎で亡くなっている。

　神との契約に主軸をおくキリスト教の影響を考慮に入れても、

老後の生活保障のために息子とここまで具体的な約束を取り交わすというのは日本人にはなかなか理解できないことではなかろうか。公的拘束力をもつ契約などしなくても、また、これほど事細かく決めなくても、言わずもがなのことではないかという印象をもつかもしれない。

　だが、両者にとって自分の生活を守るためにこうした取り決めを結ばざるを得ない状況だったのである。おそらく、余剰などという言葉が現実性を持ち得ないほど厳しい環境にあったわけで、そこでは生活確保のために各々がギリギリの妥協をせざるを得ず、その結果が契約という形式であり、また、その内容であったと考えられる。情が彼らになかったのではなく、あったがゆえにこのような取り決めをしたのだと思える。息子の側からみれば、それにより父親から自立しやすかったということもあるし、一方、老親にとってもこうした形で子供を繋ぎ止めておかなくてはならなかった。当時、子供は息子も娘も15歳ぐらいで家を出て移動労働者となっていったから、親としてもある時点でそのひとりを呼び戻して後を継がせないことには老後の生活が成り立たなくなる。これはかなりむずかしかったようで、時には娘の夫と契約を結んだり、最悪の場合には身内ではない第3者と同様の契約をして老後の生活保障を図らなくてはならなかったのである。

　オデーン教授の話の中で私がとくに印象深く聞いたのは、スウェーデンでは近代化以前にあっても家族が拡大形態をとらなかったという点であった。これは私には大きな発見であり、現在のスウェーデン社会を理解するために決定的に重要な鍵になると思えた。歴史的にみて、家族が緩やかな結合形態のまま近代に滑り込めたところにスウェーデンの共同体特性が認められるから

である。多くの社会で家族は近代化の波に翻弄され、それがあたかも近代市民社会への産みの苦しみといった観を呈するものである。例えば、家族の援助義務なり社会保障制度の発達史を考えれば分かるように、家族が社会的、文化的に重要な位置を占めてきた社会の場合、その特性が社会保障制度を拡充していく上でバックファイアーとなり、人々を心理的にも撹乱させてしまい社会的コンセンサスの成立をむずかしくする。その過程で家族の在り方そのものが問題となっていくのだが、他の国々に比べてスウェーデンはそうした軋礫を余り経験することなく現在に至り得たということであろうか。したがって、家族に焦点をおいてみれば伝統的共同体のイメージと福祉社会のイメージとが、かなりの程度順接関係にあったという仮説も可能であろう。つまり、近代化以前において家族が拡大家族の形態に至らなかったというのは、現実的にも共同体モデルとしても家族が確たる社会制度でなかったことを示唆する。言わば「状態としての個人」が近代社会における「理念としての個人」へと順接変換し得たのではないかという解釈である。しかも、キリスト教の影響を受けながら成立していた緩やかな家族間関係に基づく相互扶助は、近代社会における社会保障制度という形態の相互扶助へとそのエートスは順接的に継承可能であったと思われる。

　これが社会民主党にとっての文化的基盤だったのではないだろうか。

　先にみた竹篭の老女の例からも想像できるように、スウェーデンの共同体は家族間の横の関係とその関係の表象にプロトタイプが求められるのであり、現実的、観念的に独自性の強かった家族の表象としての共同体ではなかったのではないかと考えられる。だから、スウェーデンの人々が「国民の家」という表現で彼

らの福祉社会を呼ぶとしても、この「家」の意味は日本人にとっての家とはかなり異なったニュアンスをもっていることになる。

スウェーデンは1913年という非常に早い時期に年金制度を導入した。そして、老親への扶養義務が法的になくなったのが、これまた他国に比べてかなり早く1957年のことであった。

4-2　社会サービス法とケアの思想
◎社会サービス法の内容

近代社会において最も重要なものは、言うまでもなく個人の自由意思である。それは、世俗化した社会における唯一の聖なるものである。しかも、それをイデオロギー化し続けるのではなく、社会づくりの原則として現実に相当程度社会改革してきたという一点だけで、スウェーデンという国は近代社会のひとつのモデルたりうるのである。

なぜなら、近代社会は成熟化していくにつれて複雑にして巨大なシステム社会になっていかざるを得ないからである。行政制度を始め人々の生活に影響をおよぼす政治的、経済的、社会的システムは全体像が理解しづらくなってしまう。合理的で効率性、機能性には富んでいてもこの巨大システムは官僚制という性質を内に成長させるから、単に小回りが利かなくなるだけでなく、個人に対して管理・抑圧機構となる可能性が高くなっていく。独裁者のいない管理社会のイメージで、未来社会への警鐘として語られてきてもいる。つまり、ヒューマン・サービスを含めたあらゆる領域で、メガシステム対一個人という図式になる。現実には個人の側が圧倒的に弱い立場に置かれるため、両者のバランスを可能な限り対等に回復する努力が求められてくる。

この関連で非常に興味深いのは、スウェーデンが世界に先駆

けて始めたオンブズマン制度である。言うまでもなく、オンブズマンとは単なる住民の苦情窓口ではない。それは現象的な一面にすぎない。その本質は、メガシステム対一個人のバランスが前者に傾き過ぎないようにするためのもう1つの非常に高度な社会的知恵である点に求められるのではないだろうか。その役割とは任命されたそれぞれの領域について「システム／制度の監視人」になることであり、その立場はシステムと個人双方に対して中立的であることによって、個人を守ることにあると考えられる。当然裁判に訴えるという方法も用意されてはいるのだが、それ自体は近代社会特有の図式そのものである。オンブズマンは裁判とは別のチャンネルによる紛争処理制度というか、正確には係争の形で顕在化する前に問題を解決しようと試みる制度である。

したがって、正義を司るといった性質を持っている。ただ、それが司法における正義と異なるのは、その正当性が国家権力に拠ってではなく、社会的権威に拠っている点であるように私には思える。むろん、司法の裁きにも権威はあるし、とくにスウェーデンでは裁判官に対する社会的評価は他国に比べ高いと言われているのではあるが、その本質となるとやはり権威よりは権力に支えられている。一方、オンブズマンの裁定も、その取り扱われ方に見られるように制度的規定により権力的な部分がまったくないのではない。しかし、両者の本質的な相違となると、このように考えられるであろう。

オンブズマンとは極度に複雑化したシステム肥大の社会における、限りなくインフォーマルであるフォーマルな存在なのであって、その一種の両義的特性ゆえに社会的権威を持ち得ると見るべきである。ごく少数の人間だけが、それぞれの領域で任命されるのである。しかも、その基準とされているのは当該領域にお

ける専門的知識や経験だけでなく、だれもが納得できる人格的評価である。

　文化人類学的イメージで言えば、オンブズマンとはポスト・モダン社会における司祭なのである。権力の分散化を進めていくと権力に依存しないソフトな権威が新たに構築される必要があるということが社会的に理解されなければ、オンブズマンは制度としても定着しないであろうし、最悪の場合には彼らが守ろうとする住民たちの手によってピエロにされていくであろう。

　言い換えると、社会サービス法とオンブズマン制度とは、歴史的な時間でみたときには同じ位相に位置していると考えられるのである。

◎社会サービス法の特性

　ところで、スウェーデンの包括的な社会福祉体制を完成させる基盤となった社会サービス法を初めて読んだとき、私がまず思ったのは一体だれがこの法律を書いたのだろうかということであった。行間から感じ取った意味を考えると、これは言わば100年先まで見通しているような少数にして有能な人間がストックホルムの中央政府にいて彼らの手になったものではないかと感じたからである。

　ところが、実際には10年もの歳月を費やし、気の遠くなるような綿密なプロセスが取られていたのである。ひとつの法律のために10年もの時間をかけること自体驚きなのだが、草の根レベルからスタートしていねいに合意を積み上げていくプロセスを知ると、逆になぜこれほど長い時間が必要であったのかもよく理解できるのである。つまり、民主的な方法論が徹底して現実に取られている。この点はスウェーデン的特性としていろいろな面で何

度も感じさせられたのだが、ここまで民主的手続きを厳密に実行していることの意味は可能な限り多くの意見を吸収しようとする意思の表われだけではなく、より本質的には権力なるものを特定の人間に専有させない決意にあるように思えたものである。

　この法律そのものはいたって簡単なものであって、英訳されたものは小冊子程度にすぎない。ある日、オーランド教授の研究室で私が社会サービス法について最初に感じたことを話したところ、教授は黙って書架から1冊の分厚い本を取り出して私の前に置いた。社会サービス法の準備段階で刊行された報告書の1つだという。1010ページの大きさで、1977年に出されている。ナンバー40となっていたから、一連の報告書の40番目ということになる。その厚さは準備に費やされた時間の厚さとともにそのプロセスのもつ重さを強烈に印象づけた。そして、私はその背景に何人の人間がどのような形で関わっていたのかを思わずにはいられなかった。同じ年にこれの要約版が41番目として出版されていて、こちらは169ページであった。したがって、成文化された社会サービス法には文字通り膨大な準備の背景があるわけで、法律自体はすでに集合的意思を反映していることになる。

　このように綿密な手続きが取られていることは、逆に言えば、法律が成立したあとの施行に関しては自動的に準備ができていることになる。しかしそれでいて、施行に当ってはそのための準備をきちっと進めている。こうした点にスウェーデンらしさを感じてしまうのだが、私はいろいろな機会に社会サービス法について質問してみた。その中で最も周知徹底していたのはプライバシーの尊重ということであった。印象的だったのは、ケアを受けている高齢者たちのプライバシーを重視するようになったという答えに続いて、以前は部屋に入るときにノックをしても返事を待た

ずに入室していたが、この法律が施行されてからは必ず返事を待ってから入るようになったという説明であった。同じ話を数回聞いたので印象に残っていたのだが、やや紋切り型の表現から、おそらく社会サービス法の理解を目的とした教育プログラムの中でこの説明がなされたであろうと想像できた。そして、このことは逆に、プライバシーの尊重が社会サービス法の中で最も重要な点であることを示しているのである。

◎ノーマライゼーションの意味

　私が福祉社会の人間観とでも呼び得る認識を得たのは社会サービス法だけからではなく、スウェーデン滞在中に出会った様々な人々の語る言葉からでもあった。確固としたひとつの人間観が社会サービスの制度のレベルから実際のケアのレベルに至るまで貫徹されているという印象を受けたのである。どこからアプローチしていっても必ずどこかで頑強な岩盤にぶち当るがごときものとして、この人間観の問題が迫ってきたと言えばよいだろうか。厳しいと言えば非常に厳しいとも言えるが、本質的には限りなく優しい人間観であり、社会的弱者という概念すらも自然融解させてしまう、ひとつに統合されたおおらかな人間観であった。また、それゆえに社会サービスの面だけでなく、あらゆる社会的人間関係を対等にし得る人間観である。

　制度が充実しているから人々の意識もそこまで徹底していくのか、あるいは逆に、人々の意識の変化が制度を変えてきたのかという疑問が出てくるかもしれないが、これは一種の鶏か卵か式の問いであるがゆえに、意味のないものである。長い時間をかけた両者のダイナミックな相互作用の結果としか考えられないからである。

ところで、社会サービス法に立脚しつつ、スウェーデンで高齢者ケアの原則とされているものが5項目挙げられている。それらの幾つかは日本でも言葉としてはすでに良く知られている。
　第1に挙げられているのは、ノーマライゼーションの原則である。これは5原則の中で最も良く知られているものであろう。従来の施設収容型ケアから地域社会における在宅ケアへの転換を象徴する考え方として定着しつつあるのだが、これだけでは分かったようで実はよく分からない。
　まず、スウェーデンの人々がこの概念をどう考えているかをみておこう。私はスウェーデン語を解せないから公式に英訳されたものに準拠して、考察を進める。「ノーマライゼーションの原則とは、各個人に、現実的にみて実行可能なかぎりノーマルな場所とノーマルな条件の元で生活し行動する（function）機会を提供することである」。この中で重要な点は、基本的にふたつに分けられるであろう。個人に機会を提供するという文脈と、ノーマルな場所とノーマルな条件とはなにかという問題である。
　一般には後者についてのみ関心が向けられているが、前者を理解することなしには後者も実は理解できない関係にあると考えるべきである。したがって、前者の重要性を強調しておきたい。しかるべき場所と条件が提供されたとき、その機会を活用し得る「個人」とはいかなる人間なのかという問題である。この問題を抜きにしては、ノーマルな場所なり条件とはなにかということも、また、それらと「現実的にみて実行可能なかぎり」という一見制限的な表現との接点も理解しようがないはずである。
　そこで、ノーマルな場所とノーマルな条件とはなにかということについて考えてみたいのだが、これはなかなかむずかしい問題である。ノーマライゼーションとはノーマルでない状態をノーマ

ルな状態に戻すという能動的意味をもっている。そこから、正常化、常態化、あるいは、ふつうの生活などと訳されている。最も大切な点はこの言葉のもっている能動的な意味と人間観との接点に立って考え始めることである。

　目に見える世界だけで考えれば、ノーマルでない状態がなんであるかはすでに十分過ぎるくらい語られている。心身に障害をもつ人々——高齢者の場合には高齢になるにつれてなにがしかの障害が避けられないものである——がその障害ゆえに、例えば必要な生活援助を受けるために施設と呼ばれる場所に移らざるを得なかったり、しかもそこでの生活がさまざまな制約を強いられるというように、一般の社会生活から隔離されていくことを是としない考え方である。そのためには、援助のための制度の問題、住宅の機能の問題、地域社会の中にあるさまざまなアクセス・バリアーの問題、さらにはハードな面を補うソフト面、すなわち、ケアシステムの問題というように実に多様な課題を解決していかなくてはならない。

　心身に障害をもつ人々とそうでない人々の間には日常生活において現実的な落差が存在している。この落差の解消が目に見えるレベルでのノーマライゼーションである。ところが、その背景には両者の間に存在論的価値落差が厳然としてあることは明白であるから、この落差の克服こそが問題の本質となる。これは、制度というよりも我々の意識にかかわることであり、制度によって演出される人間イメージに対して我々なりの人間観をいかに提示し得るかという問題である。

　私はノーマライゼーションに含意されている能動的な意味を、「回復」という言葉で理解したいと思っている。いかなる人であれ、人間にとって最も重要なことは自らの生活に対して主体者で

あることである。この主体の回復がノーマライゼーションの第1の意味である。障害のためにその人が苦痛、制約、苛立ち、不安などを経験せざるを得ないことは想像に難くない。まして、日常生活で他者の援助を求めなくてはならなくなると自分自身に対するふがいなさと他者への負い目とが重なり、知らず知らずに自分自身を弱者視していきやすい。

加えて、援助する側もその行為がまさに相手が自分でできないことへの補完として成立する性質上、その障害の観点から相手を理解しがちになり、彼らもまた弱者のイメージに迎合していきかねない。そして、なによりも現在の援助の制度自体が両者のそうした意識の在りようを巧妙に迫っている。その結果、ケアの状況においてその人自身が生活の主体者であることが当事者たちの意識から薄れていくのである。言うなれば、生活主体の放棄が自己演出され、また共同演出されているわけで、この状態こそが最もノーマルでないと考えるのである。

ノーマライゼーションを第1に主体の回復ととらえると、次には、ケアの関係を「する―される」、「与える―与えられる」という図式から、両者の意識においてより対等な関係に変えていくことが課題となる。つまり、機能的な援助関係にとどまるのではなく、それぞれの人間性を解放した、自然で瑞々しい人間関係の回復がノーマライゼーションの第2の意味なのである。では、そのような関係の回復とは一体どのようにして可能なのだろうか。その可能性はケアを提供する人々の意識の在り方から始まると思われる。

結論的に言えば、ノーマライゼーションとは弱者に弱者を演じさせない緊張感によって援助を提供することである。なぜなら、ケアの関係を真に対等なものにしようとするのであれば、このよ

うにしか考えられないからである。また、ケアの関係においてそれが可能になることにより、社会全体に対して人間の関係の在り方に新たな可能性のあることを提示し得るという意味で、福祉社会が要請する関係性に向けての戦略点にもなるのである。

◎**全人的アプローチと自己決定**
2番目は、全人的アプローチの原則である。これは、「個人の心理的、身体的、社会福祉的ニードを総合して把握し、ケアを受ける人間の側に立って援助を提供すべきである」と説明されている。この原則が打ち出された背景には、スウェーデンの場合サービスを提供するシステムが医療に関しては県、社会サービスについては市町村と分かれており、しかも後者にあっても特定のニードに応じてさらに縦割り式に分割されていたため、相互の連携が十分でなかったということがある。だが、ただ単にそうした現実的な問題があったからというだけではなく、より本質的には、援助を受ける人々を生活主体者と位置付けることに対応した提供側の自己変革という意味合いがあると思われる。つまり、特定のニード単位でみれば効率性は落ちることがあっても、受け手側が判断しやすいように援助をできるだけ一本化して提供しようとしているのである。

3番目は、自己決定の原則である。スウェーデンの定義によると「自己決定の原則は、個人の人格的統合性が尊重されることを意味する。人は自分自身の生活状態を決める権利を持つべきであり、実際に自己決定すべきである。高齢者のケアに当っては、個人の安全に対する権利と自分のことは自分で決める権利が結合されなくてはならない」となっている。

だが、自己決定の解釈に当っては慎重さが求められる。なぜ

なら、5原則の中でもこの原則が最も直接的にケアの関係に影響を与えると考えられるからである。解釈の如何によっては、ケアの関係がこの言葉によって逆規定される危険がある。

　字義通りにとれば、自己決定とはケアを受ける人間が自分にとって何が必要かを決めることである。生活主体者として、自分に関する事柄についてはその人に判断をしてもらうことである。この原則が提示されてきた背景には、何が必要かを本人ではなくケアを専門的に提供する側が決めてきたことに対する反省があると言えよう。その意味で、イニシアチブを受け手側にも委ねることによりケアの関係をより対等で相互的なものに変えていこうとする提供側の姿勢、立場と理解できる。自己決定という言葉が字義的な解釈を即導しやすいため、そしてそれは提供側の姿勢と立場を明確にしようとする表われとも受け止められるのだが、次の前提があってのことである点を忘れてはならない。すなわち、自己決定と言えどもケアの関係の継続性、常在性が前提にあり、その関係の新たな在り方を模索する文脈で提起されている問題だということである。

　したがって、自己決定には最低限ふたつの側面があるはずで、日常生活を送る上で自分にとって必要なサービスが何であるのかをその人自身に決めてもらうことと、他者の援助を受けつつもなお自分自身が自分の生活に責任を負う部分が何であるのかをも同時に決めてもらうことなのである。後者の意味が理解されない限り、自己決定の概念はケアに活かせない。つまり、ケアを受ける立場にある人に対して自らの生活への主体者であることを促す考え方と言える。そしてそのためには、障害の程度にかかわらずその人の中に残存している強さを、本人とケア提供者が共同して発見、開拓していくことが不可欠となる。

もう少し具体的に述べると、ケアを受ける立場にある人々に対して迷い甲斐のある選択肢をケア従事者たちがどれだけ多く、また、どこまで提示できるかが試されているのである。相手がどれを選択しても a little better になるような選択肢をその都度提示し続ければよいのである。受容や拒絶といった言葉に振り回され一喜一憂するのではなく、相手の選択をそのまま尊重し、その前提の上でケア従事者たちが選択肢の提示に疲れなければケアの関係に自己決定の原則が活かせるはずである。

◎社会参加の意味
　最後のふたつは一緒に論じたほうが理解しやすいように思われる。4番目は、影響と参加の原則で、「個人は自分自身の生活環境に対してだけではなく、社会全体に対しても影響を及ぼすことができなくてはならない」と解説されており、5番目は、適切な配慮の元での活動性の原則である。その意味は、「ノーマルで、刺激のある環境において他の人々との密接な交流の中で意味のある課題を達成すること」となっている。第4原則が一般的なレベルを表現しており、第5原則がそれをもう少し具体的に述べたものとも解釈できるが、両者のニュアンスを読み取ろうとすれば、前者は比較的元気な高齢者を想定しているのに比べ、後者は援助の必要度がそれよりも高くなった状態の高齢者を想定しているようにも思える。

　このふたつの原則の意味を、日本でも頻繁に使われている社会参加という言葉を軸に考えてみたい。日本では、生きがいの問題との関連で高齢者の社会参加が議論されているのだが、老いていく人間を理解すればするほど、私は現在のこの言葉の使われ方に嘘っぽさを感じるのである。確かに、定年退職後身体が

まだ元気なうちから老け込んでしまう人々に対して、社会的な交流への機会を提供し、かつまた、彼らの意識をその方向に啓発していくことは意義のないことではない。しかし、社会参加という言葉がそれだけのものであるとしたらなんとも中途半端なわけで、この言葉もずいぶん軽くなってしまう。言い換えると、活動的な老後を過ごした人々が衰えたとき彼らにとっての社会参加はどうなるのかが問われてしかるべきであろう。

　社会参加という言葉はもっと本質的な意味をもっているはずであり、高齢者に限らずすべての人間に当てはまるところから考えるべきであろう。つまり、社会生活を送ること自体が社会参加なのであり、それは具体的には社会的な人間関係に参加することを意味するはずである。高齢者を対象にする場合であっても、この基本的意味を確認しておく必要が当然あるのである。

　私は、年老いて衰え、日常生活を送るために他者の援助を必要とするようになった人間に対して社会参加の途を提示し得ないのなら、この言葉はむしろ使われないほうがよいと思っている。元気で活動的である間は現在言われているように社会参加すればよいのだが、そうした生活がいずれできなくなったとしても彼らは十分社会参加できるのである。すなわち、心身が衰えたとき社会的関係の中でケアを受けることこそが実は最も本質的な意味で社会参加していることなのである。そしてまた、ケアをいかに受けるかによって関係に参加している他の人々に影響を及ぼすことにつながるのである。このように理解すれば、社会参加とは大切な言葉であることに気付けるはずである。

　家族によってではなく社会的関係の中でケアを受けることの意味は、家族の援助機能が衰退しているからだけではなく、高齢者たちに社会の正当なる一員としてケアを介して社会参加して

もらう点にこそ見出だせるのである。人間観の視点からこれまでに考察してきたことを踏まえると、この結論は当然すぎるほど当然なのであり、また、この点が理解されて初めて、高齢者と呼ばれる人々は心身がまだ自由なときに自らなにをすべきかが考えられるのである。

4-3　ミネスルンド——共同匿名墓地
◎葬送方式と墓地形態への関心
　とくに意識して始めたことではないのだが、私は外国を旅しているときに旧い墓地を見るとなんとはなしに足を向けるようになった。墓地というのはそれぞれに独自の雰囲気をもっているものであるが、とりわけ旧い墓地の場合には墓石に刻まれた名前やその人の生没年などを見ながら、そこに眠る人がどのような人でどんな生き方をしたのかを想像するのは興味尽きないものである。墓石を媒介にしながら墓地の雰囲気やそこから見渡せる風景に浸っていると、その人が生きていた時代に自然にタイムスリップしていける。

　死とは古来より、人間にとって最大のライフ・クライシスであった。不安と恐怖の源泉であり、それゆえにまた、希望の源でもあったと言えよう。むろん、死に至るまでの肉体の苦しみも大きな問題であるのだが、それ以上に死後の存在への願いが切実なものとなる。だから、未開社会に生きる人々であれ我々の祖先であれ一様に、肉体の死を越えた存在の継続性を保証する観念を築きあげてきたのであり、そこに共通する論理特性は生と死と再生を主題とする循環的に見えてその実、絶えざる再生、すなわち、生まれ変わりを保証する運動的ダイナミズムである。ここで詳述する余裕はないが、死者をいとおしむ気持ちと生まれ来る者

を慈しむ気持ちは表裏関係にあり、また、通過儀礼とは1人の一生の内ですらその節目、節目に生と死と再生による社会的存在規定を共同演出するものであった。

　いわゆるポックリ死や突然の死を除けば、人が死に至るプロセスはその最終段階において彼／彼女を取り巻く人々に凄まじいまでのエネルギーを放出するものである。これは高齢の人であっても同じである。関わりの深かった人であればあるほど、その死によって自分の肉体の一部がむしり取られるような心理的苦痛を感ずる。死は死に行く当人だけに訪れるのではなく、看取った側もその死によって自分の一部を失い、そして新たに自分を発見していかなくてはならない。その意味で人間にとって生も死も、再生も希望も、具体的な関係の中の出来事としか考えられないのである。

　換言すれば、死に行く人の最後の願いが、自分が直接関係のあった人々の心の中で彼らと共に「生き続けたい」ということと同時に、看取った人々にとっては掛け替えのない人が物理的には絶対的に姿を失った後も自分の内面の世界では「生き続けている」と信ずる以外に、その出来事を受け入れる術がないというこ

とである。そして、死による別れの後に再会の機会の来ることを、両者とも信じたいのである。関係の中での生であり死であるがゆえに、死の先におけるその関係の継続性を信じようとするのであろう。

　死はまた、肉体を残すからその処理方法をめぐって現実的な問題も提起する。葬送と死者の居場所としての墓地は、したがって観念的問題と現実的問題との接点に位置する。しかし、近代社会におけるこの接点はひどく歪んだものになってしまっている。前者は近代医学の輝かしい歴史の影に追いやられてきたし、幸福原理としての資本主義の発達は唯物的思考をもたらしてきたから、人々の意識に一種の不死感を植え付けてしまったように思われる。死は突然、個的に訪れるものとなり、その先に希望を見ることが本当にむずかしくなったのである。そして、葬送と墓地は伝統なるものの慣性の力にまったく委ねられてきたのだが、20世紀の終りを目前にした今日、この慣性力も磨り減ってきたのである。どちらも末期的形骸化の様相を呈し、現実的問題への対処のみがあらわになった墓地は、本来は人を誘うべき場所であるはずが逆に近寄りがたい雰囲気を持つ所になってしまった。近親者とて儀礼的に足を向けるだけで、そこがいつでもだれでも束の間の再会のために訪れる場所であることも忘れ去られてしまったようである。

　しかし、極めて興味深いことには、近年、非伝統的な葬送・墓地形態を求める動きがあちこちで現れ始めている。日本では散灰の許可を求める運動が社会的に注目されているが、葬送方式だけでなく墓地形態においてもさまざまな試みが他の国々にも見られる。私はこうした一連の動きを、自らの死の儀式と死後の居場所を取り戻そうとする「回復運動」と考えている。そしてそこ

に、近代社会の未来への可能性を感ずるのである。もっと端的に言えば、その背景にある人々の意識の変化を考えると、歴史的な時間の転換点がそこに表象されているように思える。

　もっともこうした動きは独立して突然現われたのではなく、より大きな動きの一部を成しつつ起こるべくして起きてきたとも言えるだろう。近代医学の成功は、長命化と慢性疾患の顕在化という新たな現象をもたらし、治癒困難なケースと、かつては想像できないほど長くなった死にゆくプロセスにいかに対処するべきかという問題を社会的に提起するようになってきた。したがって、クォリティ・オブ・ライフの概念に代表されるターミナル・ケアの在り方についての関心の高まりを、死にゆく人が自らの死の迎え方を取り戻す運動と理解すれば、自らの葬送の仕方と死後の居場所をも取り戻そうとするのはこの運動の自然な成熟過程と考えられるのである。それでいて、取り戻そうとするものは両者で質的にかなり異なってくる。なぜなら、ターミナル・ケアの場合にはその対象は痛みからの解放であれやり残した事柄であれ、それ自体は具体的内容をもつ個的なものでありうるのだが、後者の場合にはその具体的形態はどうであれ、死後の永遠の時間をいかに「生きる」か、また、どの場所で別れを告げた人々と再会するのかという問題になるから、問われてくるのは個的な問題ではなく関係性と共同性の問題である。この点において、葬送や墓地の在り方は人々の志向する関係性と共同性を能動的な形で表現したものに他ならない。

　とりわけ、葬送方式にしても墓地の形態にしても単なる観念的な問題ではなく現実的な問題なのであるから、そしてまた、おもしろいことにこれらばかりは自分のことでありながら自分が直接取り仕切ることが不可能な事柄であるから、否応なしにだれもが

準備しておきたいはずである。葬式の費用は自分で残すとか、墓地を購入するとかはすでにごく普通に行われているが、先に指摘したように現実的問題の側に著しく偏った現在の在りようは「死者の魂へのケア」の視点が欠落したままになっている。だが、私は、ミドルクラス化した人々は今後自らの死後の人生の意味を求めるようになっていくと予想している。この文脈でも高齢化とはまことに興味深い現象であって、長い老後はプラニングのために十分な時間を与えてくれるはずである。伝統的な家族墓に代わるいかなる観念的な意味を見出せるのか、それをどのような具体的形で表現するのかは現時点では定かではないが、ひとつ言えることは、こうした意識の変化は死後の問題に止まるのではなく人々の生き方、価値の置き方、関係の持ち方、共同体（コミュニティ性）についての考え方等々、現実の社会における在りようと相互的関係にあるということである。

　こうした問題意識を以前から持っていて、いずれ機会があれば非伝統的葬送方式・墓地形態に関して比較文化研究を行いたいと考えていたので、この点でスウェーデンにどのような動きがあるのか、できれば予備調査ぐらいはしたいと願っていた。そして、私の控え目の願望は、予想以上に刺激に満ちた成果をもたらしてくれたのである。

◎共同匿名墓地の普及

　近年、スウェーデンではミネスルンドと呼ばれる共同の匿名墓地が新しい形態として急速に普及している。

　スウェーデンはルター派を国教とする国であり、埋葬による家族墓が一般的である。家族墓といっても、すでに指摘したように家族は伝統的に緩やかな社会制度であったから、墓地の場合も

父方と母方どちらに入ってもよいという。オーランド教授の話では、西海岸一帯の方がキリスト教の文化的影響が強く、スウェーデン全体では増加傾向にある火葬もこの地方では考えられないとのことであった。ただ、必要に迫られるという前置きで教授は叔父の例を挙げた。本人は埋葬を希望していたが下に他の棺がまだ残っており、そこ以外に場所が得られなかったこともあって結局火葬にせざるを得なかったそうである。墓は家族がいればそのまま維持できるが、身寄りのない人の場合には大体 30 年の契約を教会と結び、それ以後は他の人にまわしていく。最近の傾向として、新しい墓は段々小さくなってきている。ちなみに埋葬用の墓の規定サイズは縦 2.5 メートル、横 1.25 メートルの長方形で中央部に棺を埋める。そして、墓石を頭側の上に置く。一方、火葬用のものは縦横 1.25 メートルの正方形で灰を中心部に埋め、その上に墓石を置く。墓石にはその人の名前と出生と死亡の年月日を刻む。私がストックホルムからルンドまでの道中で見てきた墓地の印象として生花が多かったことを話すと、教授は、日曜日に家族が訪れる場合もあるが、遠方に住む人だと教会に一定の管理料を払い墓の掃除と生花の供えを代行してもらうことも少なくないと語った。

　火葬し空や海から散灰することもできるが、その場合には市当局から許可を得なくてはならない。

　こうした話をしている中で、教授がミネスルンドという言葉を口にしたのである。こちらが関心を示すと、教授は例によってだれを紹介したものかと思案顔になった。他のスケジュールが立て込んでいたから、このテーマのためにそれほどの時間を使う余裕はなかった。だれか 1 人に会ってミネスルンドの説明をしてもらい、具体例を 2 〜 3 案内してもらえたら有り難いといった状況で

あった。もっとも、1人に絞るというのはむずかしそうにみえて、実際には焦点をはっきりさせやすいから研究方法論としては戦略的である。私はミネスルンドを設計しているデザイナーに会いたいと思った。その役割の性質上、観念的問題と現実的問題の接点を表現しているはずであるし、言葉だけでなくイメージを媒介にしたコミュニケーションも可能ではないかと考えたからである。

かくして 10 月末の風の冷たい日に、私はルンド市内にオフィスを構えるひとりの女性デザイナーに会うことができた。始めに彼女のオフィスで 2 時間ほど話し、その後で 1 時間半かけて 3 か所を案内してもらった。かなり広いオフィスで私が訪ねたときには彼女の他に女性スタッフが 2 人いるだけだったが、机の数から想像するに他にもスタッフはいると思われた。身長 150 センチあるかないかの非常に小柄な女性で、ドイツからスウェーデンにきて 20 年近くになる。英語はうまく話せないと何度も言いつつ、ていねいに私の質問に答えてくれた。途中ドイツの母親から電話が入り 2～3 分話してから、また付き合ってくれた。結局、半日以上の時間を私のために費やしてくれたのだが、別れ際に、いろいろと質問をしてくれたおかげで自分も大変刺激を受けたし、ミネスルンドについて新たな関心が持てたと率直に語ってくれた。

実際の順序とは逆になるが、先に具体例を紹介しよう。最初に行ったのは、ある教会が伝統的墓地の一角に 1 年半程前に造ったというかなり広いミネスルンドであった。奥まったところに噴水があり、その中心に子供と成人と高齢者とがそれぞれ男女 1 組刻まれた円形の銅製彫刻がすえられていた。噴水を中心に 5～6 メートルの長さで石敷きの道が放射状に何本か引かれ外円部でつながっている。そして、噴水をはさんで向き合うところに

木製のベンチが2脚ずつ配置されていた。噴水は止められていた。

　飛び飛びに置かれた大きな石で囲まれたこの部分が全体のシンボルで、そのまたシンボルが円形の彫刻物であることは歴然としていた。両方のシンボルとも形としては円である。ミネスルンドに葬られているのは火葬された灰であり、その周辺部に広々と広がる芝生の下に埋められ、そこには立ち入ることはできない。

　確かに見渡す限り広々とした風景ではあったが、人工造成の感じが露骨で、大きな道路や畑が隣接している。新しいせいか、芝の繋ぎ目が目立っていた。

　彼女は黙ったまま先を歩き、噴水の彫刻を見ながら"brutal"と吐き捨てるように言った。残酷とも野蛮ともとれる意味だが、ひどいといった感じであろうか。その意味を本当に理解できたのは2番目と3番目を見た後だったのだが、剥きだしの具象的な彫刻とただ広いだけの、しかも造成されたスペースは彼女の中にあるミネスルンドのイメージとはおよそ掛け離れたものであった。

　ひどい例を最初に見せてくれた後、次に訪れたのは旧い小さな教会のこじんまりとした伝統的墓地の横続きに造られた小規模なミネスルンドであった（写真、参照）。自然のままの林の中にあり、1本の木をそのままシンボルにしてその回りに半径2メートル程度の円歩道が造られている。その中に生花を供える筒状のものが10個ほど地面から15センチ程度の高さで差し込まれていた。訪れる人は中心円部につながる緩やかに湾曲した2本の歩道のいずれかをたどって歩み寄る。他に、ひとつひっそりと置かれたベンチと中心円をつなぐ短い歩道がある。歩道の幅はどれも40センチぐらいであった。

　中心円部の回りの芝生の下に灰が埋められている。散立する広葉樹はすでに葉を落とし、枯れ葉が芝生の上を覆っていた。正

面に向かって右手側には自然のままの小さな谷がある。ミネスルンドの境界は弧を描くわずかな盛土によってそれと分かるだけで、差し込む陽光が芝生の上に木々の影をひいている。

　最後の所は、比較的新しく、やはり伝統的墓地に隣接してあった。ここでもシンボルは円形をした泉で、真ん中の石をつたって水がちょろちょろ常に流れている（写真、参照）。生花はそのままこの泉に供えるようで、この時には8束ほどが半ば朽ちかけた状態にあった。その状態がどれも同じようであったから、おそらく最近葬られた人に捧げられたちのではないかと思われた。規模は小さく、やはり周囲の自然の風景の中に溶け込むように設計されていた。

　3か所のミネスルンドを比べると、そのデザイン特性が理解できる。シンボルの基本形は円であり、それによって永遠性を表現している。また、噴水なり泉の流れる水は無限定の形によって同

じように永遠性を演出している。また、どのミネスルンドにもいくつかのベンチが中心部分に置かれていた。数は決して多くない。そこに座ってみると、中央のシンボル部分だけでなく、そこを通してより深い自然の景色に視線が誘われていく。ミネスルンドは共同の匿名墓地であるから、訪れた人はシンボルと風景を介して故人と沈黙の対話をすることになる。したがって、ベンチの位置は極めて重要になるのである。家族墓のように故人を思い起こさせる具体的媒介物はないからである。

　私が最も強く印象付けられた点は、それゆえにと言うべきだろうか、デザインが自然との一体感を表現しようとしていたことであった。2番目の例が如実に示すように、存在する自然を極力そのまま使いながら、さり気なく自然の世界に帰っていくような雰囲気こそがミネスルンドの本質であるように思われたのである。

　日本を発つ前に読んだ岡沢憲芙氏の著作（『スウェーデンはいま』

早大出版部、1987）に、スウェーデンの人々は自分たちを"森の人"と形容するのを好むという一節があって、私の脳裏になんとなく残っていたのだが、ミネスルンドを通して初めてその意味が分かったように感じられた。

◎尖鋭化した個人主義と匿名性

　ミネスルンドがスウェーデンに初めて造られたのは1958年であったが、急速に普及するようになったのは1980年代に入ってからである。私が滞在した1988年の時点で全国に400～500か所、また、火葬者の30～50％はこの墓地形態を選んでいるのではないかという話であった。一般的傾向としては、高齢世代よりは若年世代に、農村部よりは都市部に多い。キリスト教の伝統の強い地方の人々にはまったく受け入れられないのだが、最近は地方の中小都市の小さな教会でもミネスルンドを造り始めている。大都市部では高齢者層にも確実に広がってきた。つまり、これほど人気があるとは教会関係者たちも予想できなかったのであり、その勢いは今後も続いていくと予測されている。

　ミネスルンドを利用するには、大変興味深い所定の方式に従わなくてはならない。灰にするところまでは通常の火葬と同じなのだが、そこから先は、小さな壺に収められた灰の管理はミネスルンドの管理人の手に委ねられる。管理人が芝生の下にそれを埋めるのであるが、遺族や故人とゆかりのあった人々はその場には立ち会うことが許されていない。これは法律で定められているという。したがって、芝生のどの箇所に故人の灰が埋められたかは管理人だけが知っていることで、遺族たちには秘密とされる。また、芝生の部分に立ち入ることも禁止されている。故人に会うためにミネスルンドを訪れた人たちは、何人もの灰が埋められて

いる芝生を見ながらシンボルと風景を介して故人と対話することになる。これが、共同匿名墓地の匿名の意味である。

その意味と共同墓地でもあることの意味は後述するが、ミネスルンドの芝生のどこかに一輪の生花が挿されている場合を想像したらよい。1輪の花によってミネスルンドの観念性はいともたやすく破壊されてしまうのである。故人のパーソナル・スペース（専有スペース）は最初から与えられていないのであり、換言すれば、生前ミネスルンドを選んだときから死後、自分とこの世との具体的な接点（自分だけの接点）を放棄し、一挙に共同性の世界に入るのである。

ただ、こうした観念的特性とミネスルンドの現実的方式との間に危うさがあるのも事実で、それゆえに法律による匿名性の確保が必要となるのではないかと思われた。というのは、故人の灰は1か所にまとめられて集合的に埋められているのではなく、芝生の下には実は専有スペースがあるからである。1辺を50センチとするスロットが整然と区画されていて、故人の灰壺はそのひとつに入れられる。つまり、芝生1枚が個人のアイデンティティの世界と集合的匿名性の世界とをバランスさせているわけである。魂の問題であっても現実の契約である以上、専有スペースを抜きには成り立たないということであろうか。

だから、共同匿名墓地であるミネスルンドには、定員があることになる。好評のため定員が埋まり切ってしまうと芝生部分を広げて新たに増設するか、既存部分に盛土をして地下2階建にするしかなく、とくに後者のケースが可能かどうか当局と交渉中のところがあるという半ば笑い話のような実際の話を聞いた。また、前者の場合には最初のデザインと調和した増設は非常にむずかしく、新しい芝生部分が変にはみ出した格好になってしまう

からミネスルンドにとって最も重要な、デザインによる観念性の演出が脅かされる危険がある。

　次に、ミネスルンドが急速に広がってきた現実的事情を整理しておこう。まず、伝統的な埋葬方式に比べて費用が少なくてすむということである。また、維持管理を管理人がずっと代行してくれるから、自分の死後家族が墓守りの手間から解放されること。加えて、1960年代以降人々の地域移動が激しくなっていくにつれ、家族墓を訪れたり管理することが大変になってきたこと、またその結果、出生地で亡くなる人が激減してきたことも挙げられる。こうしてミネスルンドは、大都市に住む多くの人々の希望するものとなってきたのである。

　一方、背景的事情としてはスウェーデンにおける家族の在り方が指摘できよう。近代以前においても家族は拡大形態をとらなかったし、社会集団としての凝縮性、その中での紐帯もさほど強くないままに近代に滑り込んで来た。墓地にしても家族墓が伝統的であったが、父方、母方のどちらに入るかに関してそれほど強い社会規範はなかったと言われている。しかも、第2次大戦以後、産業化に伴い人口移動が顕著になり、その一方で福祉社会が形成されていくにつれ、それまで家族の果たしていた相互扶助機能が急速に社会化されていった。つまり、かつて存在していた家族の絆は、現在でもさまざまに機能しているのは事実ではあるが、むしろ今日では家族であることのシンボル性が問われるようになっている。ミネスルンドが死者の居場所の形態である点において、今日のスウェーデン人たちはこの問題の岐路に立っていることになる。それはまた、完成度を高めてきた福祉社会が死者に対していかなる福祉サービスを提供すべきであるのかというまったく新たな問題をも提起しているのである。福祉社会の明日はこ

の問題を抜きにはおそらく展望し得ないはずであるが、後述するようにミネスルンドとて必ずしもその答えになっているとは言いがたいように思われた。

　換言すると、墓地の現実的側面に関する限りはミネスルンドは極めて機能的であるが、その観念的側面には空洞があり未だ言葉によって埋め切られてはいない。敢えて言えば、この部分については社会的にもあまり議論されていないのではないかという印象さえ受けた。合理的でプラグマティカルなスウェーデンの人々は死と死者の問題をも、彼らの得意とする方法によって了解できていくのであろうか。

　こうした問題状況の構造的接点に立っているのは、教会の牧師とミネスルンドの設計者である。前者は言うまでもなく、死と死者への福祉サービスを伝統的に専有してきた立場にあり、観念的側面を支える役割を担ってきたはずである。しかし、ミネスルンドの出現によって彼らの観念もまた試されていることになる。残念ながら牧師と話す機会は最後まで持てなかった。私に付き合ってくれた女性デザイナーは教会との契約で仕事をしているから牧師たちと話す機会は当然非常に多く、彼女によると、牧師たちはミネスルンドに対してはアンビバレントだという。そこが自然と調和のとれた美しい場所であることは認めても、死者たちが匿名であることを恐れている。残された家族との関係の機会が失われてしまうからである。牧師の役割は死者の魂のケアというよりは、それを媒介にして、また彼らの墓地を手元に置くことにより、生きている人間たちへの言葉によるケアであると考えれば、彼らが普及著しいミネスルンドにアンビバレントであるのはよく理解できよう。

　一方、ミネスルンドを設計する者は、その現実的側面と観念的

側面の両方をイメージによって表現するのが仕事であるから、ミネスルンドの可能性を具体的な形にしなくてはならない。私が話した女性デザイナーは、その小柄さからは想像できないほどの迫力でこの問題と格闘していた。ミネスルンドはそれ独自の雰囲気をもたなくてはならないから、デザインはそれぞれに異なっている。こじんまりとした林や森のある美しい場所、あるいは幾何学的な形を始めからもっているような特別な場所であることが大切である。そうした所でないとデザインはむずかしい。独自の雰囲気を演出できない場所に無理して造ってしまうと、匿名性のイメージだけが突出してしまうからである。自然との調和と、それゆえに自然の中への吸収が感じられる柔らかい雰囲気によって、匿名であることを包み込んでいく。だから、新しいものを設計するときにはその場所に行き、そこにひとりでいて、その場所と対話してイメージを作る。イメージがまとまるまで何度も足を運ぶのだと言う。

自分はデザインによって死者に対して敬意の念を表さなくてはならないし、また、家族に対してもこのメッセージを伝えなくてはならない。それには、我々は死において皆平等であり、未知の世界で一緒であることをシンボリックに示す必要がある。主要なテーマで言えば、loneliness（ひとりであること）と connectedness（つながっていること）を同時に可能とするような雰囲気を求める。そして、実際には必ずしもひとりということはないのだが、そこを訪れる人はどちらかと言えばひとりであろうと考えているのだという。

家族であってもお互いの connectedness は、かってに比べるとずいぶん失われてしまっているし、家郷を離れてしまった人々もたくさんいる。しかし、そうした人々の心の中に、ある風景の記

憶が残っているはずである。それが現実の記憶である必要は必ずしもないのであって、強いて言えばconnectednessの記憶である。それをシンボリックに表現したものがミネスルンドである。

　キリスト教が渡来する以前、とくに青銅器時代、スカンジナビアの人々は遺体を火葬にふし、自然の美しい場所に灰を埋めたり、撒いたりしていた。ときには、その印としてその場所に石をいくつか置くこともあった。死者は、したがって、自然の中に居場所をもっていたのであり、そこは匿名の場所でもあった。ミネスルンドがなぜ近年スウェーデンで出現してきたのかを理解するには、こうした古い歴史を理解しなくてはならない。

　スウェーデンは風景の豊かな、自然のすばらしい国である。森は彼らにとってのhome、安心していられるところであった。しかし、キリスト教が入ってきて人々の心に根を下ろし、埋葬と家族墓が一般化していったのである。

　彼女の話を私の解釈を入れてまとめると、このようになる。すでに明らかなように、ミネスルンドの特徴とはキリスト教渡来以前の素朴な死生観の世界への回帰にあると言えそうであり、それは自然の風景との一体化へと帰着していく。こうした傾向が福祉社会スウェーデンにおいて現われている事実は、今後の社会の在り様を考える上で極めて暗示的ではある。

　近代市民社会がそれなりに成熟してきたとすれば、そこにいかなる共同体が成立し得ているのか、その共同性を死者たちに対していかに表現できるのかが問われていることになる。長寿化が定着し生活という言葉がキーワードとされる現在、長い世俗化の時間を経て新たな形而上学、死生観が求められるようになってきたのである。あるいはまったく逆に、尖鋭化した個人主義はそれらを必要とせずに死を迎え得るのであろうか。

参考文献

- Berger, Peter L. 1977 *Facing up to Modernity: Excursions in Society, Politics, and Religion*, Basic Book, Inc., New York
- Geertz, Clifford, 1973 "Thick Description: Toward an Interpretive Theory of Culture". In *The Interpretation of Cultures: Selected Essays*. Basic Books, New York, 3-30.（= 1987 吉田他訳「厚い記述―文化の解釈学的理論をめざして」『文化の解釈学 I』岩波書店）
- Glaser, Barney and Anselm Strauss 1965 *Awareness of Dying*, Aldine Publishing Company, New York（= 1988 木下康仁訳『死のアウェアネス理論と看護―死の認識と終末期ケア』医学書院）
- 木下康仁 1990「Grounded Theory の理解のために」看護研究、23（3）：2-19
- Kinoshita, Yasuhito and Christie Kiefer 1992 *Refuge of the Honored: Social Organization at a Japanese Retirement Community*. University of California Press
- 木下康仁 1997『ケアと老いの祝福』勁草書房
- 木下康仁 1999『グラウンデッド・セオリー・アプローチ―質的実証研究の再生』弘文堂
- 木下康仁 2003『グラウンデッド・セオリー・アプローチの実践―質的研究への誘い』弘文堂
- 木下康仁 2005 編著『分野別実践編　グラウンデッド・セオリー・アプローチ』弘文堂
- 木下康仁 2007a『ライブ講義 M-GTA―実践的質的研究法・修正版グラウンデッド・セオリー・アプローチのすべて』弘文堂
- 木下康仁 2007b『改革進むオーストラリアの高齢者ケア』東信堂
- 西下彰俊 2007『スウェーデンの高齢者ケア―その光と影を追って』新評論

あとがき

　数量的、質的を問わず研究法の理解と習得には時間と経験が必要で、手っ取り早い方法はない。質的研究法の場合には方法自体と研究する人間とが密接に関係して進めるところに特徴があるから、経験的な学習が一層重要となる。しかし、質的研究ではスタートラインに立ったときにどこまで、どのように進めばゴールなのか、あるいは、そもそもゴールはどこなのかコース全体が見通せない不安感にもつながる。数量的研究法では大小さまざまなハードルが待ち構えているから、進むべきコースははっきりみえやすい。

　経験的学習であるということは、見たり、まねたり、しゃべったりというところから始めてもよいのである。わからないということをあいまいにするのではなく、逆にオープンにして積極的に学習に組み込む。「見る」、「まねる」、「しゃべる」は基本的な学習技法であるから質的研究法の学習に限ったことではないが、最初は入りやすい学び方である。こうしたことは一般には感心されず禁止的に受け止められるであろうから敢えて指摘しておきたい。質的研究法の学習会や研究会への参加が有効なのは、いろいろな経験者が参加しているからこうした学習がしやすいし、また、臆せずしゃべることで自分の理解が適切かどうかを確認しやすいからである。改めて言うまでもないが、最初の学習の仕方のことであり、人の研究をそのまままねる話ではない。ただ、こうした学習にはそれなりの時間をみる必要があり、論文作成が差し迫ったときからでは無理で、修士論文の課題があるときには少なくともその1年前に集中して学んでほしい。また、カリキュラム上もそうしたニーズに対応することが必要である。

　と同時に、並行して学習できることとして、関心のある質的研

究法を用いた作品、研究例を「読む」ことができる。そして、印象に残る作品、こんな風な仕事を自分もいずれはしてみたいと思えるような作品にいくつか出会うことである。読むことは自分のセンシティビティの訓練になるし、部分ではなく作品全体についてイメージをもてるからである。自分なりに評価した作品例があると、研究方法の学習とも連動して理解が深まるから効果的である。

さて、当然、学習方法にはもう1つ残っている。「書く」ことである。質的研究法はだいたいが最終的には書いて報告することになるからであるが、これも習練が不可欠で簡単に身に付くものではない。ただ、次のようにするとそれほどむずかしくはない。書くことを練習する、書くために書くというよりも、書くことを生活習慣化する。ジョギングをするように、ウォーキングをするように、日常生活の一部にしてしまう。慣れないと大変に思われるであろうが、ここにはポイントがある。それは、書く内容があれば、書くことはむずかしくはないということである。つまり、考えていること、アイデアがあれば、メモとして書くことは習慣化しやすい。例えば、グラウンデッド・セオリー的思考法（木下、1999、20-23）を試せば、比較法の活用によりアイデアはどんどん出せるようになる。着想の訓練にもなるから、一石二鳥である。

さらに、書く練習から「記述」へと学習を進めるときのポイントは、書いていくときに途中で新しい着想を得る経験をすることである。このように説明するとこれもむずかしいことのように思われるだろうが、これはある程度まとまったものを書くことで経験できるものである。そうした経験をするのがむずかしいのではなく、自分が注意していないとそれに気がつかないもののようである。授業のレポートでもそうした機会になるので、意識していく。記述の能動性がなぜ自然に作動しやすいかというと、頭で考えていた時に比べて実際に記述していくとそれによって論理的な

幅が明確に絞られていくのでその先のアイデアが浮かびやすいのではないだろうか。

　ここで述べたことはどれも高度でも難解でもなく、基本的なことである。要は、基本的なことを継続することとなる。それもまた大変ではあるが、努力すればだれでもできることである。

　最後に、本章の第2章は序章でも触れてあるように、東信堂から出版された『改革進むオーストラリアの高齢者ケア』からのものである。今回、転載を許諾していただいたことに感謝している。同書の中で Mrs. A の話がどのような位置関係にあるかを理解してもらうために、少し説明しておきたい。事例研究を全体の構成にどのように生かすかを考えるヒントになるかもしれない。

　この本はオーストラリアの高齢者ケアについて、基点となる大きな変化が始まった1985年の「高齢者ケア改革戦略」から、次の大きな変化である1997年の「高齢者ケア構造改革」を経て、現在に至るまでの20年強にわたる改革の流れに焦点をあてている。改革の流れとは施設ケアから在宅ケアへの転換を指すのだが、オーストラリアは精力的にこの制度改革に取り組んできている。利用者の個別性を尊重している点も、重要な特性である。そして、その過程で彼らが作り上げてきた方法や考え方は、介護保険の枠組みに現在埋没気味になっている日本の状況に対して極めて重要な示唆を与えると思われる。

　高齢者ケアに関するオーストラリアの特徴を要約すると、第1に、システマティックなアセスメント制度を世界に先駆けて導入しその機能を拡大させつつ高齢者ケア制度の中心に位置付けていること、ケアマネジメントの重視、また、日本ではあまり紹介されてこなかったがケアマネジメントとセットで理解すべきものとしてブローカレッジ方式が挙げられる。ブローカレッジ方式とは簡単に言えば、ケアマネジメント事業所が連邦政府や州政府から1人当たり定額で補助を受け、請負総額の範囲内で利用者全員が

在宅生活を継続できるよう必要に応じてサービスの増減を調整していく方式のことである。例えば、こうしたなかから生み出されたのが目的志向型ケアプランである。ケアマネジメントとブローカレッジをセットとする方式は、複合的ニーズをもち施設ケアが相当とアセスメントされた高齢者を在宅で支援する包括的在宅ケアプログラムに組み込まれており、施設入居代替策としてのこの種のプログラムは重点施策となっている。

　また、近年では在宅の介護者支援を強力に拡充してきており、その方法も注目に値する。介護者はオーストラリアでも多くの場合自発的にその役割を担っているのだが、公的責任として介護者支援を打ち出し、独自の支援方式を導入している。これも興味深い。また、高齢者ケアと文化背景の多様性との関係もユニークでエスニック・コミュニティが重要な役割を果たしている。

　こうした背景を踏まえて読むと、Mrs. Aの話はさらに味わい深くなろう。

　これまでと同様、本書も弘文堂編集部の中村憲生氏にお世話になった。今までになくいろいろと議論することがあったが、そのおかげでどうにかまとめ上げることができた。感謝申し上げる。

2009年9月

木下　康仁

［著者紹介］
木下　康仁（きのした　やすひと）
1953年　山梨県小菅村生まれ
1984年　カリフォルニア大学サンフランシスコ校、人間発達・エイジング研究科博士課程修了（Ph. D.）
現　在　聖路加国際大学看護学研究科特命教授、立教大学名誉教授
主　著　『定本 M-GTA：実践の理論化をめざす質的研究方法論』医学書院、2020
　　　　『シニア　学びの群像』弘文堂、2018
　　　　『ケアラー支援の実践モデル』（編著）ハーベスト社、2015
　　　　『グラウンデッド・セオリー論』弘文堂、2014
　　　　『文化と看護のアクションリサーチ』（訳）医学書院、2010
　　　　『老人の歴史』（訳）東洋書林、2009
　　　　『改革進むオーストラリアの高齢者ケア』東信堂、2007
　　　　『ライブ講義 M-GTA』弘文堂、2007
　　　　『分野別実践編　グラウンデッド・セオリー・アプローチ』（編著）弘文堂、2005
　　　　『グラウンデッド・セオリー・アプローチの実践』弘文堂、2003
　　　　『グラウンデッド・セオリー・アプローチ』弘文堂、1999
　　　　『福祉社会事典』（共編）弘文堂、1999
　　　　『ケアと老いの祝福』勁草書房、1997
　　　　『老人ケアの人間学』医学書院、1993
　　　　『福祉社会スウェーデンと老人ケア』勁草書房、1992
　　　　『老人ケアの社会学』医学書院、1989
　　　　『死のアウェアネス理論と看護』（訳）医学書院、1988
　　　　『慢性疾患を生きる』（共訳）医学書院、1987

質的研究と記述の厚み──M-GTA・事例・エスノグラフィー

2009（平成21）年11月15日　初版1刷発行
2023（令和5）年8月15日　同　3刷発行

著　者　木下　康仁
発行者　鯉渕　友南
発行所　株式会社　弘文堂　101-0062　東京都千代田区神田駿河台1の7
　　　　TEL 03(3294)4801　　振替 00120-6-53909
　　　　https://www.koubundou.co.jp

装　丁　笠井亞子
印　刷　三美印刷
製　本　牧製本印刷

© 2009 Yasuhito Kinoshita. Printed in Japan

JCOPY　〈(社)出版者著作権管理機構　委託出版物〉
本書の無断複写は著作権法上での例外を除き禁じられています。複写される場合は、そのつど事前に、(社)出版者著作権管理機構（電話 03-5244-5088、FAX 03-5244-5089、e-mail: info@jcopy.or.jp）の許諾を得てください。
また本書を代行業者等の第三者に依頼してスキャンやデジタル化することは、たとえ個人や家庭内での利用であっても一切認められておりません。

ISBN978-4-335-55131-4

グラウンデッド・セオリー・アプローチ
関連書 Modified Grounded Theory Approach

グラウンデッド・セオリー・アプローチ　　木下康仁 著
──質的実証研究の再生
定価（本体2300円+税）

グラウンデッド・セオリー・アプローチの実践
──質的研究への誘い　　木下康仁 著
定価（本体2000円+税）

分野別実践編 グラウンデッド・セオリー・アプローチ
木下康仁 編著
定価（本体2300円+税）

ライブ講義M-GTA──実践的質的研究法
修正版グラウンデッド・セオリー・アプローチのすべて　　木下康仁 著
定価（本体2400円+税）

ケア現場における心理臨床の質的研究　　小倉啓子 著
──高齢者介護施設利用者の生活適応プロセス　　木下康仁 序
定価（本体2200円+税）

ソーシャルワーク感覚　　横山登志子 著
定価（本体2200円+税）

健康マイノリティの発見　　標美奈子 著
定価（本体1800円+税）

質的研究と記述の厚み　　木下康仁 著
──M-GTA・事例・エスノグラフィー
定価（本体2400円+税）